香港意得集团有限公司
香港大学饶宗颐学术馆
黑龙江大学满族语言文化研究中心

滿族文化搶救開發研究 叢書
Manzu Wenhua Qiangjiu Kaifa Yanjiu

《清文指要》整理研究

魏巧燕◎著

北京大學出版社
PEKING UNIVERSITY PRESS
黑龍江大學出版社
HEILONGJIANG UNIVERSITY PRESS

图书在版编目（CIP）数据

《清文指要》整理研究 / 魏巧燕著. -- 哈尔滨 : 黑龙江大学出版社 ; 北京 : 北京大学出版社, 2017.9（2021.7 重印）
ISBN 978-7-5686-0135-1

Ⅰ. ①清… Ⅱ. ①魏… Ⅲ. ①满语－研究 Ⅳ. ①H221

中国版本图书馆 CIP 数据核字（2017）第 178915 号

《清文指要》整理研究
《QINGWEN ZHIYAO》ZHENGLI YANJIU
魏巧燕 著

责任编辑 杨琳琳
出版发行 北京大学出版社 黑龙江大学出版社
地 址 北京市海淀区成府路 205 号 哈尔滨市南岗区学府三道街 36 号
印 刷 三河市春园印刷有限公司
开 本 720 毫米 ×1000 毫米 1/16
印 张 18.25
字 数 252 千
版 次 2017 年 9 月第 1 版
印 次 2021 年 7 月第 2 次印刷
书 号 ISBN 978-7-5686-0135-1
定 价 55.00 元

前　　言

清朝入关后，作为官方文字的满文在全国范围内得到普遍的应用。朝廷颁布的谕旨、诰敕、题奏、咨呈等正式文书，民间刊印的小说、诗词等文学作品，应用满文书写者为数不少，进而形成数以万计的满文文献。会话体文献内容通俗易懂，语言灵活生动，篇幅长短适宜，学习者在你来我往的交谈或短幅小故事的讲述中能够实现语言入门的目的，因而受到旗民人等的欢迎。纵观满语会话体文献的产生，多集中在清朝中后期，此时距满文创制已有百余年的时间，受汉族文化的影响，满语文使用日渐衰落，这为满语会话体文献的编纂、刊行创造了客观条件。一方面，满族人快速转用汉语令清朝统治者对“国语”的前景顿感危机；另一方面，学习满语文，使用满语文，也成为部分人接近八旗官员家庭、寻求仕途捷径的良策。在这样的社会背景下，满语文的教学自然受到清朝统治者和各民族群众的格外关注。于是，满语会话体文献应运而生，并成为满语文学习者的首选。

目前，满语会话体文献研究成果各具特色。校注方面有庄吉发先生译注的《清语老乞大》、郑光先生编著的《清语老乞大新释》、张华克先生校注的《清文指要解读》《续编兼汉清文指要解读》；专题研究论文方面有季永海先生的《〈清语老乞大〉研究》《〈清文启蒙〉语音研究》、屈六生先生的《论清末满语的发展——兼评〈满蒙汉三合教科书〉》、赵令志先生的《清代满汉合璧字辞书及其作用探析》、赵志忠先生的《从〈清文启蒙〉看清代前期满族人的双语使用》。对研究者而言，短小精练的会话，内涵同样丰富，研究人员不仅可以从语言学角度对语言现象开展基础研究，而且可以透过会话内容，从文化视角分析民族文化内涵。满语会话体文献研究整理选取的角度不尽相同,或解释词句意义,或剖析语法功能,或揭示文化内涵,因此,貌似浅显易懂的满语会话体文献,在研究整理方面也大有文章可做。

笔者将《清文指要》《续编兼汉清文指要》作为研究对象,是对满语会话体文献研究的一个尝试。首先,《清文指要》两部文献中的百余篇课文并不冗长,便于学习者研读;课文触及衣食住行、婚丧嫁娶、宗教信仰、待人接物,涵盖了满族社会生活的各个方面,蕴意深厚,具有研究价值。在文本整理的基础之上,笔者对《清文指要》的版本进行阐述,对语法现象做描写分析,对满族文化内涵进行探究,希望能将会话体文献《清文指要》的研究推向深入。将满语会话原文与汉语译文对照阅读,并尝试用满语思维去理解整个句子的含义,或许可以避免以汉文原文先入为主的模式学习满语。

全书共分五章,前四章为专题研究,内容涉及《清文指要》的成书背景、版本体例、语法与修辞、文化内涵;第五章为文本整理,系《清文指要》全文转写、满汉对译、译注,并附汉文原文,以便我们在研读时一目了然,掌握这百余篇课文的精髓。具体来讲,在介绍《清文指要》的成书背景及体例后,重点选取会话过程中常见的词句,对数范畴、格范畴、多义词、同义词、近义词等词法现象以及判断句的句法问题进行分析,并把视角转向学界关注较少的满语修辞,将会话、修辞与语用有机结合起来。

值得注意的是,从义务教育的小学一年级起,语文教科书中的课文可谓精挑细选,皆是学童教育的正面素材。反观《清文指要》两部文献,则是从正面教育延伸到反面教育,《续编兼汉清文指要》记录了酗酒、赌钱、装鬼、闹鬼等各种不良的社会现象和吊唁、大祸等悲凉情感事件,已经不局限于《清文指要》劝人学习、教人向上的正能量说教,更加突出满语会话体文献贴近社会生活的特点。诵读之下,教人正身律己,研精致思。

目录

绪　论

有清一代，形成了卷帙浩繁的满文古籍文献，其内容十分广泛，涉及政治、经济、军事、外交、民族、法律、历史、天文、地理、水利等诸多方面。但随着满文的逐步衰落，满族人对满语满文的掌握大不如前，到乾隆时期，满族对满文的掌握已到了令人担忧的地步。汉语汉文大量充斥到满文之中，满语中的汉语借词越来越多，满文的使用规范遭到破坏。在这样的情况之下，清朝政府开始鼓励编刻满语教材和满语读本，这样做的首要目的就是要使八旗子弟明确自己的身份，以使用满语满文作为己任，改变其衰落的命运。因此在这一阶段编写的满文文献集中体现了这一目的，如《钦定清汉对音字式》《清文启蒙》《清文指要》《续编兼汉清文指要》《三合遍览》《满语会话》《十二字头》《清语易言》《清文虚字指南编》《清文虚字解》《清文接字》《清话问答四十条》《翻译指南》《大清全书》《无圈点字书》《清文汇书》《清文补汇》《御制清文鉴》《御制增订清文鉴》《御制四体清文鉴》《五体清文鉴》《清汉文海》《清文典要》《同文广汇全书》《满汉类书全集》《六部成语》《清语摘抄》《翻译类编》等。这些教科书和辞书的编纂在一定程度上延缓了满文衰败的进程，但仍然无法阻止其退出历史舞台的趋势。

清朝编纂满文教科书，希图扭转满文日益衰败的趋势。教科书中完全从教学的角度按照教学的方法系统地对满文的使用进行规范讲解。此外，还有一些文献采用会话体的形式，在双方谈话之中倡导八旗子弟应具有身为满族人的民族意识,宣扬国语骑射对保持满族特性的重要意义。像这样的会话体文献主要有《清文指要》《续编兼汉清文指要》《清文启蒙》(卷二兼汉满套语)《清话问答四十条》《清语老乞大》等,虽然数量不多,但传播较广。

一、满语会话体文献的特点

满语会话体文献具有十分鲜明的特点。

第一,以民间坊刻本为主。满文文献版本有很多种类,既有刊行本,又有抄写本,刊行本又可以分为官刻和坊刻。满语会话体文献主要集中为刻本,并且为民间坊刻。北京刊刻满文文献比较著名的民间书坊有三槐堂、聚珍堂、文渊堂、明德堂等,其中三槐堂是刊刻出版满文文献最多的一家书坊。从编排形式上看,满语会话体文献大多采用满汉并列书写的方式刊行,每一纵行,左半边为满文,右半边为汉文,由上至下书写,由左至右排列,方便对照。

第二,以满汉合璧形式为主。会话体文献一般都为双语编写,清代满语会话体文献以满汉合璧形式为主。清朝入关伊始,满族人对满文的掌握程度还是非常好的,此时无论是满族还是其他民族都表现出对本族语言的使用优于对其他民族语言的使用的态势。随着满汉民族之间交往的深入,满族人对满语和汉语达到同等熟练的水平,此时语言掌握的程度最高。至乾隆时期,满族对满文的掌握水平开始下滑,汉语的普及范围更大,各少数民族对汉语的使用频率加大,导致满语满文的逐渐衰落。此时会话体文献以满汉合璧的形式出现,既能有助于单语学习者的理解,又能满足双语使用者的需要。除此之外,满蒙汉合璧的读本也占有一定比例,如《满蒙汉三文合璧教科书》《满蒙学堂刻本》等。除了民族语言间的合璧形式,还存在满文与外文合璧的读本,如《清语老乞大》即为满语与朝鲜语合璧的读本。

第三,会话内容丰富。会话内容往往涉及日常生活的方方面面,不拘泥于一种题材,这样可以反映满族生活的各个方面,使读者不仅了解满族的物质生活，而且可以通过祭祀、信仰类内容了解满族的精神文化。也有的会话以单一问题为主，如《清语老乞大》主要反映元末明初时期中朝民间贸易及人民生活状况，对于研究满语文及其传播状况、了解中朝贸易历史特点以及满族与朝鲜族文化交流具有重要的参考价值。

第四，会话方式随意。会话体文献最明显的特征就是两人之间会话方式的随意性，口语的表达直抒胸臆，没有固定的套路、模式，这样设计的满语教科书，最大的优点就在于可以反映满族会话方式的原貌。

第五，语言灵活多变。内容丰富和会话方式随意等特征决定了满语会话体文献语言的灵活性。在语言的选择上更适合语境的变换，突出人物的性格，因此更能表现出满语的特色。这是其他形式教科书所不具备的一个优点。

二、满语会话体文献的整理和研究

满语会话体文献在卷帙浩繁的满文文献中占有一席之地，对这类文献的整理研究工作从来也未曾停止过。

在整理校注方面，郑光编著的《清语老乞大新释》、中国台湾学者庄吉发译注的《清语老乞大》①、中国台湾学者张华克校注的《清文指要解读》和《续编兼汉清文指要解读》等堪为代表作。满语会话体文献在重新整理校订出版时，专家、学者一方面重新编排版式，在技术层面将字迹模糊不清的改为清晰，增加了罗马转写，使读者应用起来更加便捷，另一方面，校订原著中的缺点和错误，有的还新增了口语音标、要点解析，这些都为满语学习者提供了优质的学习条件。

在专题研究方面，主要有季永海的《〈清语老乞大〉研究》和《〈清文启蒙〉语音研究》、吴雪娟的《论满文翻译观》、赵令志的《清代满汉合璧字辞书及其作用探析》、林毅的《清代满汉双语会话书研究》、王敌非的《清代满文读

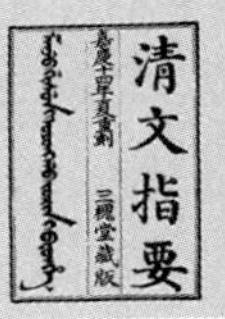

① 庄吉发. 清语老乞大. 台北：文史哲出版社，1976.

本会话类文献研究》、赵志忠的《从〈清文启蒙〉看清代前期满族人的双语使用》等论文，对会话体文献的总体特点以及单一文献的内容、特点、价值进行阐述，使读者对会话体文献的关注日益浓厚。

第一章 《清文指要》概况

一、《清文指要》的成书背景

1. 国语骑射政策的引导

清朝自入关之初就将“国语骑射”定为国策。满文自1599年创制，经历了发生、发展的过程，只可惜满文的发展还并未到达极盛阶段就已开始悄悄衰落。从入关前努尔哈赤时期满文创制的开端，到入关后顺治、康熙时期的巩固，清前期的重要文件均采用满汉两种文字书写，个别机密文件只采用满文书写。但是随着满族对汉文化的接触不断增多，越来越多的满族人开始熟练应用汉语，导致在语言的应用方面由开始的满文多于汉文，发展到应用满汉文持平，再到大部分人通晓汉语而不知满语。清前期和清中期政府曾多次下达命令，要求官员以满文应答，有不知满语者甚至要受到责罚。

同样，作为满族重要生产生活方式的骑射也遭到了废弃。众所周知，满族是一个骁勇善战的民族，早在入关之前，就在其生息繁衍的白山黑水地带过着游猎的生活。自满族先世就传习着精于骑射的传统，因此满洲素以“城郭射猎之国”著称。入关问鼎中原，满族更是将“骑射”定为国之根本。清朝前期多次下诏强调国语骑射的重要性，若有不善者也会如同不懂满文者一样受到相应的责罚。

产生这种现象的原因在于，满族的生存环境发生了改变。中原地区不似东北地区寒冷，同时也并无东北山林的茂盛树木，狩猎活动因此不像从前一样普遍，尽管清朝皇帝特意修建了围场，每年都要进行少则一月，多则数月的围猎活动，但这正是在无法完全满足狩猎活动的条件下产生的保持民族特性的补救措施。一方面，满族骑射受到民族内部由生存方式的改变所带来的影响，另一方面，更需清朝统治者格外关注的就是，满族入关面临的是具有强大同化能力的汉文化的入侵。

发源于中原地区的汉民族一直以农耕文化为主。当少数民族政权面对着众多其他民族时，为了更加稳定地维护统治，势必要按照汉民族的生产生活方式进行管理，从而缓和民族内部矛盾，达到长治久安的目的。因此在满汉相互接触的过程中，必定会产生民族之间的融合和文化涵化的现象。在两种文化相互影响、发生变迁的过程中，双方都会发生一定的变化，这种变化的结果或是文化接受，或是文化抗拒。显然，满族很好地接受了汉文化的内涵。首先表现为生产方式上的转变，逐渐由狩猎文化改变为农耕文化。早在后金进入辽沈地区时，皇太极即已开始重视农业生产，所以满族不再以骑射作为日常生活的重心，并且固定的农耕文化极大地满足了满族的物质需求，经济基础的转变必然导致上层建筑发生改变。因此，满文的衰落与骑射的废弛从这一点来讲是不得不经历的。

在这样的社会条件下，如何继续进行对满语言的学习，如何保存这种语言使其长久发展，成为人们思索的问题。于是，顺应当时的时代潮流，讲解满语满文的书籍应运而生。《清文指要》正是在这样的历史背景下产生和流传开来的。

2. 民间书坊的推动

《清文指要》的刊行，也得益于民间书坊的发展。《清文指要》（manju gisun i oyonggo jorin i bithe）成书于清朝乾隆年间，分上、下两册，上册名为《清文指要》，下册名为《续编兼汉清文指要》（sirame banjibuha nikan hergen i kamcibuha manju gisun i oyonggo jorin i bithe）。由于此书没有“御制”二字，

因此当时在各民间书坊竞相刊刻，广为流传的有嘉庆十四年(1809)夏重刻的三槐堂藏本。本书所根据的范本出自日本天理大学图书馆藏的微缩胶卷影本。

《清文指要》的原书作者不详，台湾学者张华克根据《清文指要》的记载内容推测，此书应该是由一个精通满汉双语的朝廷翻译官之类的人编撰的，这样推测的原因在于《清文指要》之中留有细节，似乎可以表明作者身份。如《清文指要·序》曾记录："因此，我在里头走的空儿，将老辈传说，并我学记的，一句一句的集凑着，共集百条。"据此，我们可以猜想《清文指要》的作者很可能是在衙门里面行走当差的人员，既然能将老辈语言传说集凑，那么作者的身份就可能是满文翻译官，只有这样的人才能兼通满汉两种语言，且能熟练自如地运用。况且，历史的传统表明，顺治时期已有翻译童试，雍正朝也有翻译乡试，乾隆朝更有翻译会试，考试之后择优录取翻译人员。并且从《清文指要》的内容来看，作者是十分熟悉翻译取仕的过程的，例如第三课《学翻译》、第四课《考翻译》就是专门以翻译作为对话的主题的。同时，《清文指要·序》提到的"百条"通过张华克的分析对比得出，《清文百条》即为《清文指要》《续编兼汉清文指要》的原本，《清文指要》对《清文百条》并非完全抄录，而是进行了重新编排和整理，个别语句或增或删，或重新翻译，只在字词上略加置换，对错误之处进行更正，而并不影响原书作为学习范本的作用。

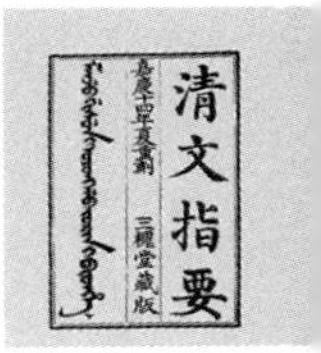

3. 满语研习的需要

在传世的满文古籍中翻译汉文经典的著作最多，从而限定了这些古籍本身承载的文史价值。与此相较，由满文创作的文献所承载的价值就显得尤为突出了。专家学者们更属意于研究满族人自身创作的作品，《尼山萨满》《清语老乞大》《异域录》《清语启蒙》《御制清文鉴》《百二老人语录》《随军纪行》《御制避暑山庄诗》《御制盛京赋》《太祖皇帝大破明师于松山之战书事文》《寻夫曲》《满谜》及《满文诗稿》等一系列满文古籍被认为是研究满语言的范本之作，这种满族人原创著作更贴近满族的社会、文化、历史等方面，因而具有很高的价值。同样，《清文指要》以满文为主，汉文翻译作为辅助工具，是初学满文者的首选之书，《清文指要》对满语言的应用更加原汁原味地反映满语的规律和特点。

对满文的学习离不开辞书的帮助。清代在编纂满文或满文与其他民族文字合璧的辞书方面同样拥有很大成就，包括刊本和抄本近乎一百种，例如《大清全书》《清文汇书》《清文总汇》《清文补汇》《御制清文鉴》《御制增订清文鉴》《五体清文鉴》《御制四体清文鉴》《三合便览》《清汉文海》《满汉类书全集》《同文广汇全书》《翻译类编》等。清代辞书种类繁多，分类详细，是满语学习不可或缺的工具。与此同时，还有一些讲解满语语法和进行满语诵读的满文原创文献，例如《清文虚字指南编》就是专门针对满文虚字进行讲解的文献，《满蒙汉三文合璧教科书》以满文、蒙文、汉文三种文字辑成课文，满足不同民族对满文的学习要求。利用这些辞书对《清文指要》对译，理解每一个词语的含义，归纳其在句中的用法是获取知识的重要手段。

二、《清文指要》的版本与体例

1.《清文指要》的原本

需要指明一点，清朝时期另有一部会话体文献，名为《清文百条》。《清文指要》与《清文百条》在内容上有诸多重合之处，例如《清文指要》第一课与《清文百条》第一条相同，第六课与第二条相同，第七课与第三条相同，第十七课与第四条相同，等等，雷同之处甚多，并且《清文指要》的作者在《清文指要·序》中明确提出："我在里头走的空儿，将老辈传说，并我学记的，一句一句的集凑着，共集百条。"这里的"百条"究竟是指什么，作者并没有给出明确的答案。而通过《清文指要》与《清文百条》的对比可知，两者很可能是同一内容的两本书，只不过两书在编排过程中将内容的顺序进行了调整。《清文百条》的个别有错误之处在《清文指要》中都得到了修正，例如圈点不清、汉语翻译不顺、满文表达含混等问题，可知《清文百条》的时间要更早，是嘉庆十四年夏三槐堂刊刻的《清文指要》的原本。

《清文指要》原书共分两部分：第一部分名为《清文指要》，范围从第一课到第七十六课；第二部分名为《续编兼汉清文指要》，范围从第七十七课到第一百零一课。与《清文百条》对比多出了一条。通过对比可知，《清文指要》的第三课、第四课是从《清文百条》的第三十九条中分离出来而形成的两课。

在此我们将《清文指要》与《清文百条》加以列表对照，使读者可以一目了然，知道两者的对应关系。

清文指要	清文百条	清文指要	清文百条	清文指要	清文百条	清文指要	清文百条
一	一	二十六	四十六	五十一	十六	七十六	九十三
二	三十七	二十七	五十九	五十二	九十四	七十七	四十七
三	三十九	二十八	五十六	五十三	二十一	七十八	一百
四	三十九	二十九	五十五	五十四	八十六	七十九	三十三
五	四十二	三十	六	五十五	八十三	八十	十八
六	二	三十一	五十三	五十六	八十一	八十一	二十八
七	三	三十二	五十二	五十七	十	八十二	三十六
八	十一	三十三	七十	五十八	九	八十三	七十六
九	五十	三十四	六十八	五十九	八	八十四	七十五
十	五十一	三十五	六十三	六十	四十九	八十五	九十九
十一	四十	三十六	六十一	六十一	二十九	八十六	七十九
十二	二十七	三十七	五十八	六十二	二十五	八十七	八十
十三	十四	三十八	四十一	六十三	二十四	八十八	八十二

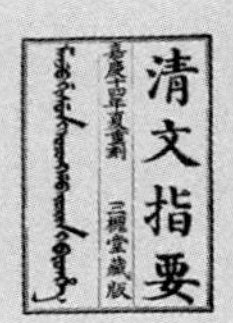

续表

清文指要	清文百条	清文指要	清文百条	清文指要	清文百条	清文指要	清文百条
十四	十七	三十九	三十八	六十四	二十三	八十九	四十三
十五	三十四	四十	四十四	六十五	二十二	九十	三十五
十六	三十	四十一	四十五	六十六	二十六	九十一	八十八
十七	四	四十二	九十八	六十七	四十八	九十二	七十三
十八	九十二	四十三	九十五	六十八	九十六	九十三	七十二
十九	九十七	四十四	八十五	六十九	七	九十四	六十九
二十	五十七	四十五	九十一	七十	十五	九十五	六十七
二十一	九十	四十六	三十二	七十一	十九	九十六	八十九
二十二	六十	四十七	六十六	七十二	五十四	九十七	三十一
二十三	十二	四十八	七十四	七十三	二十	九十八	七十八
二十四	十三	四十九	六十四	七十四	七十一	九十九	六十五
二十五	八十四	五十	五	七十五	八十七	一百	六十二
一百零一	七十七						

在《清文指要》重新整理的过程中，对《清文百条》内容的顺序进行了重新编排，这样做也是有一定原因的。综合《清文指要》的内容我们可以发现，在开篇的前十课大部分都是对满族特色内容的宣扬，第一部分的内容基本上都与督促八旗子弟励志上进有关，告诫满族人要以学习满文、骑射为主，少从事与此无关的享乐、吃喝，这样才能在仕途上有所作为，描写的内容也都是明快、易于读者接受的。但到了《续编兼汉清文指要》时，文章中大量充斥着疾病、死亡、迷信、鬼神等内容，感情色彩显得消极阴郁。从理解的角度

分析，作者如此安排，是充分从读者出发来考虑的。首先《清文指要》是一本供人学习满语满文的基础教材，若刚开始学习满文就接受一些消极、忌讳的话题，难免影响学习情绪，因此首先要为初学满文的八旗子弟树立起学习满文的信心和信念。由此观之，作者用心良苦。

2. 版本与编排体例

《清文指要》成书于清乾隆年间，共五卷，现存世六种版本。《续编兼汉清文指要》是《清文指要》的续编，成书于乾隆五十四年，共两卷，现存世三种版本。该文献是清朝最早刊行的一部大型满汉对照教材，最常见的版本为嘉庆十四年三槐堂刻本。

三槐堂刻本版《清文指要》规格大致为 15×23 厘米，全书分为序、卷上、卷中、卷下四个部分，卷上为“字音指要”，卷中、卷下共一百零一课课文，满文竖排，从左至右书写，每页满文 4—6 列不等，视内容多少而定，每列之间留有间距，留出汉原文部分的空间。

《清文指要》未对每个满语单词进行对译，只在每一分句结束时，在行间写出每一分句的汉语原文。全书采取会话体形式。由于满语的应用日趋衰落，至嘉庆朝时期北京地区大部分满族人的满语水平已经很低，如何让他们重新掌握满语满文，就需要仔细思索。语言的学习不是一蹴而就的，要由简入繁，循序渐进。会话体的应用，目的即为通过口语练习培养满语学习者的语言能力。同时，一种语言的学习就是要从日常生活中、衣食住行里逐渐去熟悉、去感知。越自然的对话越反映这种语言的活力与灵活，因此会话体的形式是非常适合初学者使用的。

汉语原文也是值得我们仔细品味的。清朝时期的汉语与现代汉语不尽相同，无论是单词还是句子，都带有半文半白的特点。我们可以从《清文指要》的原文中看出当时人们的说话习惯和特点。例如“那们”“这们”“空儿”“罢咧”“自然……”“……来着”等，这些都是当时语言状况的反映。同时，从《清文指要》还可以看出满语和汉语之间的相互借用、个别字采用蒙古文字的现象,这些都是语言之间、民族之间相互接触、融合的结果。

《清文指要》最重要的作用是,它是一本满语学习的文献,因此对满语语法的学习就显得很重要了。作者牢记这一点,因此对满语词法和句法进行反复联系,在文章中也不止一次地强调要"反复热习",基本在每个篇目都有对相同语法现象的应用。

3. 一百零一课的分类

《清文指要・序》以及前二十课集中点明掌握满族"国语骑射"的重要作用,涉及内容明确具体。对比历史档案类文献可知,无论是在《满文老档》《满洲实录》《国史院档》中还是在《满洲源流考》中,开篇均记载了满洲起源的三仙女传说。我们对《清文指要》和《满文老档》在开篇内容上的差异加以简单的对比。

tere mudan i cooha de dahabufi gajiha muksike gebungge niyalma
那 次 的 军 在 使降 拿来的 穆克希克 为名的 人

alame. mini mafa ama jalan halame bukūri alin i dade bulhori omode
告诉 我的 祖父 父亲 世代 改变 布库里 山 的 根在 布尔瑚里 湖在

banjiha. meni bade bithe dangse akū, julgei banjiha be ulan ulan i
生活 我的 地方在 文字 档子 没有 古代的 生活 把 辗转

gisureme jihengge, tere bulhoriomode abkai ilan sargan jui enggūlen
说 来的 那 布尔瑚里 湖在 天的 三个 女儿 恩古伦

jenggūlen fekūlen ebišeme jifi, enduri saksaha benjihe fulgiyan tubihe be
正古伦 佛库伦 洗澡 来 神 喜鹊 送来的 红色 果子 把

fiyanggū sargan jui fekūlen bahafi anggade ašufi bilgade dosifi beye de ofi
最小的 女儿 佛库伦 得到 在口 含 到咽喉 进入 身体 在 因

bukuri yungšun be banjiha, tereihūncihin manju gurun inu. tere bolkori omo
布库里 雍顺 把 生 他的同族 满洲 部落 是 那 布尔瑚里 湖

šurdeme tanggū ba. helong giyang ci emu tanggū orin gūsin ba bi. minde juwe
方圆 百 里 黑龙 江 从 一 百 二十 三十 里 有 我在 二

jui banjiha manggi. tere bulhori omoci gūrime genefi sahaliyan ulai
儿子 生了 后 那 布尔瑚里 从湖 迁移 去 萨哈连 乌拉的

narhūn gebungge bade tehe bihe seme alaha.[①]
那尔浑 为名的 地在 住了 曾 告诉了

译文：

那次出征招降带来的名字叫穆克希克的人说："我的祖父、父亲世代生活在布库里山下的布尔瑚里湖。我们当地没有文书档案。古时候的生活，相传着说来。在那个布尔瑚里湖，天的三个女儿恩古伦、正古伦、佛库伦洗澡来了。神圣的喜鹊送来的红色的果子被最小的女儿佛库伦得到了，衔在嘴上，进入咽喉，有了身孕，生了布库里雍顺。他的同族是满洲部落。那个布尔瑚里湖方圆一百里，距黑龙江有一百二三十里。"穆克希克生了两个儿子后，从那个布尔瑚里湖迁往萨哈连乌拉的名字叫那尔浑的地方居住了。

从以上的内容可以看出，官方正史的记载更注重满族的正统性，并且以上几部重要文献均是满族入关之前及清朝开国之初完成的，为满族的起源披上神秘的外衣，可以印证满族崛起、统一全国的合理性，所描述的内容充满神秘性、趣味性，具有"天授人权"的意味。这与清朝统治稳定之后，为挽救满文的衰落而进一步加强满语满文的应用这一目的是不同的，因此《清文指要》在开篇课程内容的设置是以念满洲书、学清话、学翻译、考翻译、射步箭这些语言技能、作战技能为主，目的是使八旗子弟明确民族性，不必涉及满族起源问题，因此两类文献在内容上存在明显差异。

《清文指要》记录的内容可以称得上是包罗万象，十分丰富。

第一类反映满族国语骑射。主要有第一课《念满洲书》、第二课《学清话》、第三课《学翻译》、第四课《考翻译》、第五课《经常的说》、第七课《念书去》、第十课《为学要紧》、第十四课《射步箭》、第二十一课《叫背书》、第五十二课《打围》。

① 旧满洲档. 台北：台北故宫博物院，1969：4241—4242.

第二类反映满族价值观念。例如第十二课《当差行走》、第二十二课《弹琵琶》、第二十三课《放章京》、第二十七课《做好事》、第三十一课《弟兄》、第三十二课《孝道》、第三十六课《看小说》、第五十三课《赌钱》、第六十七课《信实》、第七十二课《金锭子》、第七十七课《远虑》、第八十三课《乱撒米粮》、第一百课《喝酒》。

第三类反映满族礼仪习俗。例如第二十四课《道贺》、第二十六课《拜年》。

第四类反映满族祭祀信仰。例如第三十课《吃大肉》、第五十课《上坟》、第五十八课《闹鬼》、第五十九课《算命仙》、第六十四课《吊唁》。

第五类反映满族人日常交往。例如第六课《偶遇朋友》、第八课《成材的孩子》、第九课《做伴》、第十一课《找朋友》、第十三课《款待客人》、第十五课《直言》、第十六课《交恶》、第十七课《现成的饭》、第十八课《为朋友》、第二十课《囊中之锥》、第二十五课《留言》、第二十八课《老大人》、第二十九课《旧时候的人》、第三十三课《劝告》、第三十四课《说情》、第三十五课《不收礼物》、第三十七课《穿衣》、第三十八课《拿书》、第三十九课《请托》、第四十课《盘缠银子》、第四十一课《买黑豆》、第四十二课《郊游》、第四十三课《发迹》、第四十五课《指教》、第四十六课《生气》、第四十七课《真假》、第四十八课《贱货》、第四十九课《赌场》、第五十五课《瘸子》、第五十七课《气色》、第六十课《不成器》、第六十一课《烂醉》、第六十二课《老生子》、第六十三课《貂鼠褂子》、第六十五课《拘泥》、第六十六课《若梦》、第六十八课《装鬼》、第六十九课《姻缘》、第七十课《夫妻》、第七十一课《大祸》、第七十三课《人皮》、第七十五课《买衣》、第七十六课《家雀儿》、第七十八课《抹脸》、第七十九课《撒谎》、第八十课《好马》、第八十一课《盛怒》、第八十二课《委屈》、第八十四课《病入膏肓》、第八十五课《天生的恶人》、第八十六课《拿腔》、第八十七课《巨响》、第八十八课《一服打药》、第八十九课《朝珠》、第九十一课《讨人嫌的》、第九十二课《愁眉》、第九十三课《伤损》、第九十四课《奴才们》、第九十五课《畜生心肠》、第九十六课《复原》、第九十七课《没坐性》、第九十八课《怯弱》、第九十九课《吃药》、第一百零一课《提拔》。

第六类描写自然环境。例如第十九课《及时雨》、第四十四课《下大雪》、第五十一课《大雨》、第五十四课《大风》、第五十六课《明月》、第七十四课《春景》、第九十课《燥热》。

我们可以看出,以上的内容大部分都是对日常生活的描写和记叙,这也正是满语会话体文献所能反映的特点,日常生活用语可以更好地让初学者贴近生活,所学的满语满文更加纯正。

4.“国语骑射”主旨的宣讲

众所周知,满族是一个骁勇善战的民族,早在入关之前,就在其生息繁衍的白山黑水地带过着游猎的生活。满族先世传习着精于骑射的传统,因此满洲素以“城郭射猎之国”著称。[①] 直至入关问鼎中原,满族更是将“国语骑射”定为国之根本。“上欲以蒙古字,制为国语颁行,巴克什额尔德尼、扎尔固齐噶盖辞曰:‘蒙古文字,臣等习而知之,相传久已,未能更制也。’上曰:‘汉人读汉文,凡习汉字与未习汉字者,皆知之;蒙古人读蒙古文,虽未习蒙古字者,亦皆知之。今我国之语,必译为蒙古语读之,则未习蒙古语者,不能知也。如何以我国之语制字为难,反以习他国之语为易耶?’额尔德尼、噶盖对曰:‘以我国语制字最善,但更制之法臣等未明,故难耳。’上曰:‘无难也。但以蒙古字合我国之语音,联缀成句,即可因文见义矣,吾筹此已悉,尔等试书之,何为不可?’于是上独断,将蒙古字制为国语,创立满文,颁行国中。满文传布自此始。”[②]“世宗即位,奋图法祖,勤求治理,唯恐子孙仍效汉俗,预为禁约,屡以无忘祖宗为训。衣服、语言,悉遵旧制,时时练习骑射,以备武功。虽垂训如此,后世之君,渐至懈废,忘其骑射。至于哀宗,社稷倾危,国遂灭亡……恐日后子孙忘旧制,废骑射,以效汉俗,故常切此虑耳。我国士卒,初

---

① 杨锡春. 满族风俗考. 哈尔滨:黑龙江人民出版社,1988:158.

② 太祖高皇帝实录. 卷三. 万历二十七年己亥二月辛亥朔:44.

有几何，因娴于骑射，所以野战则克，攻城则取。天下人称我兵曰：立则不动摇，进则不回顾，威名震慑，莫与争锋。”[①]“命八旗满洲勤习骑射……满洲技艺，莫要于骑射，我朝定制，每月演习六次，春秋二季操练骑射……著八旗都统、前锋统领、护军统领晓谕属下章京等，嗣后各将军该管兵丁严加督课，务令勤学骑射……各旗员子弟倘有不加意训导不亲赴骑射处所者，经朕查出，从严治罪，决不宽贷。”[②]“八旗子弟务以学习国语、专精骑射为事……旗下世仆，学习清语骑射最为紧要。”[③]勉诸王等习骑射。谕曰：“朕恭阅《实录》。当太宗文皇帝时，王贝勒内即有懒于骑射之事。今承平日久，想诸王中亦必有废弛者。我国自开基以来，首重骑射，理宜恪遵旧典，服习勤劳。即如朕每岁行围，犹能于马上驰射，此乃众所共见者。着通谕阿哥、诸王，各宜凛遵祖训，黾勉奉行，亿万斯年，传之子孙毋替。”[④]清朝历代皇帝对国语骑射的重视从未减弱。清朝从中央到地方各级满蒙官员，特别是承办八旗事务及边疆少数民族事务的满蒙官员一般都用满文缮写公文，不准随意使用汉文，否则重者治罪，轻者训斥。例如乾隆十一年，西宁办事大臣莽古赉、驻藏办事大臣傅清二人因用汉字缮折奏事，故乾隆帝降旨曰：“驻扎西宁办理青海番子事务之副都统莽古赉、驻藏办事之副都统傅清，尔等陈奏事件，莽古赉每次俱用汉折，傅清亦间用汉折，各省督抚提镇内，有满洲大臣用汉折奏事者，原因办理地方民情及绿营事务。今莽古赉、傅清系满洲大臣，且系办理蒙古、唐古忒事务，所有事件，理应用清字奏折。伊等竟仿效外省大臣，用汉字奏折，殊属非是，著饬行。嗣后奏事，俱著缮写清字奏折，并寄谕众佛保知之。”[⑤]由此观之，满族非常注重保持其民族特性，并且越到满族的中后期，对“国语骑射”的重视程度越加大。

---

① 太宗文皇帝实录．卷三二．崇德元年丙子十一月癸丑：404.

② 高宗纯皇帝实录．卷一四三．乾隆六年辛酉五月丁亥：1058.

③ 高宗纯皇帝实录．卷五五七．乾隆二十三年戊寅二月庚辰：54.

④ 高宗纯皇帝实录．卷一零二一．乾隆四十一年丙申十一月丁酉：690.

⑤ 高宗纯皇帝实录．卷二五八．乾隆十一年丙寅二月丁酉朔：334.

《清文指要·序》开篇就明确提出:“清语者,乃满洲人之根本,任凭是谁不会使不得……我等幸而生在盛世,因是满洲,若不会说清语,每遇人问及,就张口翻眼,比这个可羞的有么……连自己的身分也丢了,岂不可惜么?”足见作者对满语满文的重视。因此在课文内容设置上有多篇名目涉及清语,例如第一课《念满洲书》、第二课《学清话》、第三课《学翻译》、第四课《考翻译》、第五课《经常的说》、第七课《念书去》,作者在充分强调满语满文学习的重要性的同时,还不忘告诫大家学习要讲求正确的方式方法,如《清文指要·序》提及“未学翻译以前,当知先学清语为要”,而且作者苦口婆心,以满文的学习犹如盖房一般的比喻向八旗子弟阐述学清语要循序渐进、脚踏实地:“下笔时,奈何清语短少,不合卯榫,不成套数,虽学至老,难免庸愚名色。粗比即如盖房,若无柁柱砖瓦等项,独把匠人们叫来,拿什么做呢?唯有束手观望而已,无有成房之理呀!”

满族以骑射作为国本,崇尚尚武精神。《黑龙江外记》记载:“鸟枪马步射,春秋皆操四十日……春秋操射,兵如匠役,养育兵;官如管档主事、仓屯站官、实缺笔帖式例不与……旗人本业在骑射,若虽文,有转武时……土人步射,随意张弛,无德可观,然挽强命中,是其所长。索伦箭所以利于战也,至小儿甫三、四岁,置马背,略无恐怖;七、八岁便喜叠骑骣马;过十岁,类能驰峻阪如平地;稍长,则马上射生,以虚发为耻,性相近也。”①这段是对满族人重视骑射的描写。

《清文指要》第十四课《射步箭》、第五十二课《打围》、第五十五课《瘸子》都对骑射有所提及,尤以第十四课《射步箭》笔墨最多。作者首先提出骑射的重要,“射步箭啊,是咱们满洲要紧的事。看着容易,难得主宰”,然后继续传授射步箭的要领,“身子要正,没有毛病;脖子要平,很自然。又搭弓硬,箭出得有劲,再根根着,才算得好啊”,最后鼓励说,“把这几处记着。要说是改了,不拘到哪里去射箭,一定是出众的”。在这一课之中描写了几个射箭

① 西清. 黑龙江外记·卷四. 哈尔滨:黑龙江人民出版社,1984:46.

的术语,例如 gunirembi,“吐信子”,意思是在拉满弓的状态下不射箭,而在收回一点的时候才放箭。第五十二课《打围》一文描绘了骑马拉弓射野鹿的情境。打围首先要准备工具,佩带 jebele,即弓箭袋、撒袋,过程中要放围、加马、搭弓、射箭,若要捕鹿还需要以鹿哨进行诱引。第五十五课《瘸子》一文对满族的尚武精神也有部分涉及。满族人要长枪、要腰刀,在日常生活中时常对这类军器进行练习,进行比试。

从以上的例句中可以明显看出,清朝一直强调“国语骑射”的重要性,在会话体文献中反复强调,希图八旗子弟可以时刻谨记民族特性,要说好满语、练好步箭,彰显满族身份。

第二章　《清文指要》中的满语语法

现阶段学术界对满语语法的研究著述主要有季永海、刘景宪、屈六生的《满语语法》，刘景宪、赵阿平、赵金纯的《满语研究通论》，屈六生的《满文教材》，等等。这些专家对满语语法进行了系统的梳理和总结，主要从语音、词汇、语法三个方面进行分析，读者可以通过以上参考书目进行满语语法的学习。本书在此将不再对满语语法做系统的阐述，仅结合《清文指要》及其他满语文献，从语法研究的角度择六个问题进行重点探讨。

一、名词的数范畴

名词有数的语法范畴，可以分为单数和复数。复数与单数相对，当表示两者或两者以上的数量时就可以用复数概念表达。单数的表示法很简单，复数的表达则需要在词干上接缀一定的附加成分。在此重点探讨复数的表达方式。

复数范畴一般指的是指人名词复数范畴。根据元音和谐律，在指人名词的词干上分别接缀附加成分-sa、-se、-si、-so、-ta、-te、-ri，有时在接缀这些附加成分时，原词词尾-n 要脱落。《清文指要》出现过的名词数范畴统计如表 1 所示。

表 1 《清文指要》名词数范畴统计

表示亲属称谓	表示职业身份	表示动物
deo 弟弟—deote 弟弟们	manju 满洲人—manjusa 满洲人们	monio 猴子—monio sa 猴子们
age 阿哥—agese 阿哥们	amban 大臣—ambasa 大臣们(词尾-n 脱落)	
mafa 祖先—mafari 祖先们	hafan 官员—hafasa 官员们(词尾-n 脱落)	
omolo 孙子—omosi 孙子们(词尾-lo 脱落)	looye 老爷—looyesa 老爷们	
	antaha 客人—antahasa 客人们	
	faksi 工匠—faksisa 匠人们	
	taitai 太太—taitai sa 太太们	
	uksin 披甲—uksin sa 披甲们	
	wabure 砍头的—wabure sa 砍头的们①	
	jui 孩子—juse 孩子们(词尾-i 脱落)	
	gucu 朋友—gucuse 朋友们	
	beye 自己—beyese 自己们	
	nikan 汉人—nikansi 汉人们	
	hehe 女人—hehesi 女人们	
	aha 奴才—ahasi 奴才们	
	asihan 年轻人—asihata 年轻人们	
	sakda 老人—sakdasa 老人们	

① 选自《清文指要》第九十四课《奴才们》,结合上下文语境,“砍头的们”仍指“奴才们”,是主子对犯错奴才的一种称呼。

在这些名词及其复数形式中，只有“monio”（猴子）一词不是指人名词，但其复数形式也写作了“monio sa”（猴子们）的形式，这是很少见的一种现象。究其原因，满语史短暂，数范畴还未经发展成熟，满语即呈现出颓势，因此非指人名词的复数形式比较少见。动物名词的复数我们最常见的就是“morin”（马）一词，复数形式表示为“morisa”，在词干上接缀指人名词复数形式，同时词尾音节-n 脱落。像这类的动物词语还有 ihan（牛）—ihasa（牛群）、singgeri（鼠）—singgerisa（群鼠）。

二、名词的格范畴

满语属于黏着性语言，有着丰富的词尾变化，而且要借助虚词作为其表达语法意义的手段。格范畴作为重要的虚词内容，在满语语法中有着举足轻重的地位。我们在实际阅读文献或档案的过程当中，往往由于对格附加成分的掌握不够深刻而出现误读的现象，因此在满语的学习中要充分注意每一个格的用法。下面进行详细分析。

满语当中专门用来表示“格”的语法范畴的词叫作格附加成分。格范畴属于虚词范围，在句中不能单独使用，不表达独立的概念，也不能在句中独立充当成分。格通常放在名词、代词、动名词或者名词性词组等结构之后，与前面的词构成一定的关系，表达自己的概念和语法意义。满语中的格附加成分主要有六个，即 i、ni、be、de、ci、deri。

1. 充当定语的格

属格 i 或属格 ni，表示的含义为“的”，用在名词、代词、名词性词组等之后，表达领属关系。这两个属格附加成分的区别在于用在辅音 n 之后的附加成分写作 i，但是读作 ni；当名词以 ng 结尾时，附加成分写作 ni，读作 ni。例如：

例 1. uthai nikansi meni meni ba i gisun i adali.

译文：就像汉人们各处的乡谈一样。（第一课《念满洲书》）

例 2. sikse dobori ilaci ging ni erinde isinafi.

译文:昨天夜里到了三更的时候。(第六十八课《装鬼》)

除此之外,属格附加成分 i 与其他词结合时还有以下几种固定用法。

构成名词性词组,例如:na i muhaliyan(地球);构成副词性词组,例如:ulhiyan ulhiyan i(渐渐地),ulan ulan i(逐渐地);构成形容词性词组,例如:najen i(现成的);构成惯用短语,例如:……i muterei teile(尽力)。

2. 充当宾语的格

(1)宾格附加成分 be,作用就是指示谓语动词所涉及的对象或事物,含义为"将""把""使"等,用在名词、代词、动名词和名词性词组之后,表示动作的对象。满语中,及物动词与直接宾语间的格附加成分 be 通常可以省略,也就是说,只有直接宾语的格附加成分 be 可以省略,间接宾语的格附加成分 be 则不能省略,这是 be 的一个特点。例如:

例 3. mini manju gisun be ai dabufi gisurere babi.

译文:我的清话哪里提得起来?(第二课《学清话》)

例 4. ubaliyambure be tacici, umesi ja dabala.

译文:学翻译很容易罢咧。(第三课《学翻译》)

(2)经格附加成分 be,含义为"经过……",用在名词、表示地点的代词等之后,表示动作所经过的场所和地点,其后面的动词为不及物动词。例如:

例 5. alin i antu ergi be baime wesihun ici genehe.

译文:往山阳里去了。(第五十二课《打围》)

例 6. alin i oforo be murime dulefi tuwaci.

译文:转过山嘴子去一看。(第五十六课《明月》)

3. 充当补语的格

(1)方向格附加成分 de,含义为"向""于""与"等,用在名词、代词、名词

性词组等之后,表示动作、行为的方向和目的。例如:

例 7. manju gisun de mangga gucuse de adanafi gisure.

译文:就了清话精熟的朋友去说话。(第五课《经常的说》)

例 8. bi kemuni gūwa ba de geneki sembi.

译文:我还要往别处去呢。(第六课《偶遇朋友》)

(2)工具格附加成分 de,含义为“按照”“凭借”等,用在名词、名词性词组之后,表示行为、动作的手段、方法。但在实际应用中比较少见。例如:

例 9. kooli de baita be yabumbi.

译文:照例行事。

例 10. kooli de aniyai dubede boolafi bodobumbi.

译文:例应年终报销。

(3)从 – 比格 ci,含义为“自”“由”“比”“离”等,用在名词、代词、动名词、名词性词组等之后,表示动作的起点或比较关系。例如:

例 11. cimari ceni bithe šejilebuci, emke, emke ci eshun.

译文:今日早起叫他们背书,一个比一个生。(第二十一课《叫背书》)

例 12. nantuhūn fusihūn sere gebu ci guweme muterakū kai.

译文:不能免下贱的名色啊!(第二十二课《弹琵琶》)

(4)方向格 ci,含义为“往”“向”“朝”等,用在名词、名词性词组之后,表示动作的方向。但在实际应用中比较少见。例如:

例 13. juse abka ci tuwahai.

译文:孩子们直往天上看。

例 14. tubaci ubaci jihengge.

译文:由那里来这里的。

(5)从 – 比格 deri,含义为“从”“由”“自”等,用在名词、名词性词组之后,表示动作的起点。例如:

例 15. tede bi fa i hoošan be usihibufi sangga deri dosi tuwaci.

译文:我把窗上的纸湿破,从窗户眼儿往里看。(第三十九课《请托》)

6. 工具格 i 或 ni,含义为“以”“用”等,用在名词、名词性词组等之后,表示行为的工具、手段。例如:

例 16. duleke manggi kemuni fe an i omimbi.

译文:过去了,又是照旧地喝啊!(第六十一课《烂醉》)

例 17. homin i meihe be juwe meyen obume lashalame sacina.

译文:拿锄头把蛇砍为两段。(第七十二课《金锭子》)

4. 充当状语的格

位置格 de 的用法。

(1)表示时间的位置关系,相当于汉语的表示时间的介词“在”“于”“当”等。例如:

例 18. udaci, emu sain morin udacina, hūwaitame ujire de inu amtangga.

译文:要买,买一匹好马!拴着喂着也有趣儿。(第八十课《好马》)

例 19. šara fancaha de wajimbio.

译文:生气就完了吗?(第八十一课《盛怒》)

(2)表示空间的位置关系,含义为“在……里”“在……上”“在……时”等,用在名词、代词、动名词和名词性词组之后,表示动作、行为的场所、时间。例如:

例 20. aba saha de ureshūn bime.

译文:围场上熟。(第八十课《好马》)

例 21. abka de deyere gasha bi, na de fekesire gurgu bi.

译文:天上有飞禽,地上有走兽。

(3)表示动作的原因或者根据,de 位于句中,含义为“因为”“由于”等。例如:

例 22. šahūrun de jime muterakū.

译文:因寒冷而不能来。

例 23. sikse dobori emu jergi ayan edun de enenggi umesi beikuwen ombi.

译文：昨夜刮了一阵大风，今天很冷。

总之，满语中的格附加成分有着相当丰富而完整的形态结构，所表现出来的语法功能及词句关系也比较系统和全面，但在每种用法当中表现出的形式和内容是有所不同的。满语的格附加成分有一个词语表现两种格的情况，并且格附加成分一般也不接缀在前面词语的词尾结构上，而是单独成词。在语法功能方面，格附加成分是与其他词发生联系的媒介，格附加成分也是句子成分的重要标志，而且较为稳定。我们了解满语格词缀的使用方法，目的在于分析句子成分，这是翻译句子的关键。因此在分析句子时，在满文的翻译过程中，我们一定要把握住格的特点，不能把格附加成分直接转换到译文中，这就要求我们清楚地理解格附加成分在原文中的语义和具体的语法作用，这对句子成分的分析是十分有效的，对满文句子的翻译也同样有效。

三、满语中的判断句

判断句是满语句子中最普通、最常见的一种句型，它是对事物进行断定的语言形式，可以分为肯定和否定两种形式。无论肯定还是否定都是对主语进行的一种断定，这也是区别判断句与其他类型句子的关键。

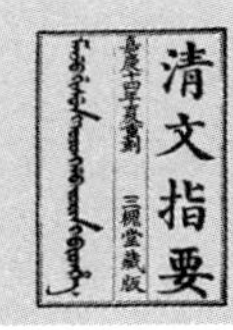

1. 肯定判断句

一般来讲，肯定判断句有几种固定的表现形式，尽管形式各异，但表达的含义却是完全相同的。

(1) 主语部分 + 谓语部分 + inu 形式。例如：

例 1. ere uthai hutu serengge inu dere.

译文：这个大略就是鬼吧！（第六十八课《装鬼》）

例 2. age sini ahūn i gisun inu.

译文：阿哥，你兄长的话对。（第九十七课《没坐性》）

(2) 主语部分 + oci + 谓语部分形式。例如：

例 3. inu waka oci ai.

译文:可不是什么。(第一课《念满洲书》)

例 4. hutu oci etuku be gamara kooli bio.

译文:要是鬼,也有拿衣裳的理吗?(第六十八课《装鬼》)

(3)主语部分 + seci + 谓语部分形式。例如:

例 5. yala alin genggiyen muke bolgo seci ombi.

译文:真可谓山清水秀。(第五十六课《明月》)

例 6. omosi mama seci ombi.

译文:竟是个子孙娘娘。(第六十二课《老生子》)

例 7. ujui uju halhūn seci ombi.

译文:可算得头一等热天了啊!(第九十课《燥热》)

(4)主语部分 + serengge + 谓语部分。例如:

例 8. tere serengge, fulhū i dorgi suifun kai.

译文:他呀,是囊中之锥啊!(第二十课《囊中之锥》)

例 9. ere yali serengge, weceku i kesi kai.

译文:这个肉啊,是祖宗的恩惠呀!(第三十课《吃大肉》)

2. 否定判断句

否定判断句最常用的句型为:主语部分 + 谓语部分 + waka 形式。例如:

例 10. beleni bisirengge sini jalin dagilahangge geli waka.

译文:现成的又不是为你预备的。(第六课《偶遇朋友》)

例 11. sini tafularangge sain gisun waka oci ai.

译文:你劝的可不是好话什么?(第九十九课《吃药》)

满语判断句有其自身特点。首先,在结构上一般由主语和谓语两部分组成,主语部分可以加 oci、seci 等词,谓语部分可以加 inu 等词,否定判断句则在谓语动词后加 waka 一词。其次,判断句中的谓语部分一般由名词、名词性词组或者动名词词组来充当。

四、多变的动词 sembi

《清文指要》全书共有满文单字 2407 个,出现上百次的字不到 10 个,而且大多数为助词,例如 akū、seme、bi、i、de、be 等,只出现一次的单字多达 1489 个,这样对单字的统计有益于初学者的学习,若能掌握千余个满文单字,基本便可以阅读满文文献了。

在文章的阅读中对动词的掌握至关重要,因为满语动词形态变化丰富。笔者选取 sembi 一词,分析其在不同句子结构中的用法。动词 sembi,常用含义为:①称为,把……认为是……;②出现在句末或分句末,说明前面的话是引语,前面常使用引导词 hendume 等;③出现在一段话的末尾,说明前面的话是插入语;④(…… ki sembi)想……,想要……,拟,欲;⑤(…… rahū sembi)恐怕……;⑥和状词组合;⑦用于句末,前面的词多为动词的行动形式,表示在……情况下,……时候;⑧表示强调。[1] 根据 sembi 在句中的成分不同,它可以有多种变化形式。

1. seme 的用法

(1)seme 在句子中有时用在形容词或形容词短语之后,与形容词或形容词短语合起来一起表示"……的样子"。例如:

例 1. muse damu mujilen be teng seme jafafi.

译文:咱们只是拿定主意。(第二课《学清话》)

例 2. ere tob seme sain be iktambuha boode urunakū funcetele hūturi bi gisun de acanaha secina.

译文:这个正与"积善之家,必有余庆"的话相合了。(第八课《成材的孩子》)

tob seme 形容"正是……"。

---

① 胡增益. 新满汉大词典. 乌鲁木齐:新疆人民出版社,1994:636.

例 3. lak seme gūnin de acanarakūngge akū.

译文:无有不爽爽利利随心的。(第十二课《当差行走》)

lak seme 既可以形容快速、紧急的样子,又可以表达恰好、刚好、正值、适的含义。在文中选取的是第一种解释。

例 4. uthai kang seme gisurembi.

译文:就直言奉上。(第十五课《直言》)

kang seme 形容高声说话的样子。

例 5. dule luk seme tulhušehe ni.

译文:原来阴得漆黑。(第十九课《及时雨》)

luk seme 形容烟雾浓厚,天气阴沉的样子。

例 6. si tere be ume yokcin akū seme ja tuwara.

译文:他不成材料,轻看了。(第二十四课《道贺》)

(2)seme 可以做连词,在句中连接两个动词,表示并列关系,可以理解为"并且"。例如:

例 7. bi hukšeme gūniha seme wajirakū.

译文:我可感念不尽。(第一课《念满洲书》)

例 8. toktofi mini ubade darimbi seme aliyaci.

译文:一定到我这里。(第十一课《找朋友》)

例 9. tojin funggala hadambi seme belhe.

译文:预备带孔雀翎子。(第二十三课《放章京》)

例 10. duka neici seme hūlaci.

译文:叫开门呢。(第二十五课《留言》)

(3)seme 表示顺承关系。例如:

例 11. uthai orin aniya bithe hūlaha seme inu mangga kai.

译文:就念二十年的书,也难啊。(第三课《学翻译》)

例 12. aibide genembi seme gisun werihekū.

译文:往哪里去,没有留下话。(第十一课《找朋友》)

例 13. tere niyalmai gisun yabun holo kukduri, akdaci ojorakū seme bi aika henduhekūn.

译文:我没说过那个人语言品行虚假、夸张、不可信吗?(第十六课《交恶》)

例 14. minde hahi oyonggo baita bi seme kanagan arame gisurehei.

译文:只管推脱着说,我有紧要的事。(第十七课《现成的饭》)

(4)seme 表示转折关系,常翻译为“但是、只是、不过”。例如:

例 15. gūnici ai hacin i taciha seme, inu ere hūman dabala.

译文:想来就是怎么样地学去,不过这个本事儿罢了。(第五课《经常的说》)

例 16. ai hacin i ferguwecuke mangga de isinaha seme, niyalma de efiku injeku arara dabala.

译文:就学到怎样精良地步,不过供人的玩笑罢了。(第二十二课《弹琵琶》)

例 17. asihata teike jeke seme uthai yadahūšambikai.

译文:年轻的人,就是才吃了,也就饿啊!(第二十六课《拜年》)

例 18. ai hacin i šayolame jugūn jukiha doohan caha seme, ini weile be suci ombio.

译文:任凭怎样地吃素、铺路、修桥,岂能解他的罪呢?(第二十七课《做好事》)

例 19. yar seme šun dositala gisurehe seme šadara ba inu akū.

译文:连接不断地说一日话儿,也不乏。(第二十九课《旧时候的人》)

(5)seme 表示因果关系,表达“因为、所以”的含义。例如:

例 20. baibi tašaraburahū calaburahū seme, tathūnjame gelhun akū kengse lasha gisurerakū.

译文:只恐怕差错了,说得迟疑不敢简断。(第五课《经常的说》)

例 21. bi sinde emu gisun hebdeki seme, ududu mudan niyalma takūrafi solinaci.

译文:我要和你商量一句话,打发人去请了好几次。(第十一课《找朋友》)

例 22. geli simbe aliyarahū seme, tede arga akū.

译文:又恐怕你等着,因此没有法儿。(第十三课《款待客人》)

例 23. bi hono dere de ainara seme, imbe solinaha bihe.

译文:我还脸上过不去,请他去来着。(第十六课《交恶》)

例 24. imbe majige baktambure de geli ai wajimbi seme ini elere ebsihei akšulame becere be kirime.

译文:就略容着他些,又费了什么?所以忍着他的尽量痛责。(第十八课《为朋友》)

例 25. sini urgun nure be omime jiderahū seme, jortanggi uttu gisurembi dere.

译文:想是恐怕来吃你的喜酒,故意地这们说罢了。(第二十三课《放章京》)

(6)seme 表示判断语气,一般为肯定。例如:

例 26. niyalma seme jalan de banjifi, ujui uju de tacirengge oyonggo.

译文:人生在世,头等头,是为学要紧。(第十课《为学要紧》)

例 27. udu fucihi enduri seme hūturi isibume banjinarakū kai.

译文:就是神佛,也不便降福啊!(第二十七课《做好事》)

例 28. erei ama inu emu jalan i haha seme yabumbihe kai.

译文:他的老子也是一辈子行走的汉子来着。(第四十八课《贱货》)

(7)seme 起到引号作用,既可以表示直接说的话,也可以表示转述某人的话语。例如:

例 29. dahanduhai juwe niyalma tuwanjiha bihe, age be wesike seme, cohome urgun de acanjiha sehe.

译文:跟着有两个人瞧来着,说阿哥升了,特来道喜。(第二十四课《道

贺》）

例 30. bi mini ahūn boode akū, looyesa dosifi teki seme.

译文：我说我哥哥不在家，让老爷们进去坐坐。（第二十四课《道贺》）

例 31. bi booi urse i baru, ere abka faijume, hasa yabu, akūci, muse toktofi aga de amcabumbi kai seme.

译文：我望着家里人说，这天气不妥当，快走，不然，咱们一定要着雨啊！（第五十一课《大雨》）

（8）seme 与模拟词连用，表示“……的状态”。例如：

例 32. cimari ceni bithe šejilebuci, emke, emke ci eshun, eke eke seme gahūšame, deng deng seme ilijambi.

译文：今日早起叫他们背书，一个比一个生，哼啊哼地张着嘴，咯噔咯噔地打磕绊。（第二十一课《叫背书》）

例 33. jugūn giyai de yabure, gemu ilime muterakū, ho ha seme sujumbi.

译文：走着见街道上的人，全站不住，喝喝哈哈地跑啊！（第五十四课《大风》）

例 34. emgeri oksoci, ashaha gu fiyahan kalang kiling seme guwembi.

译文：一旦移步，佩玉玛瑙，铿铿锵锵地响。（第七十三课《人皮》）

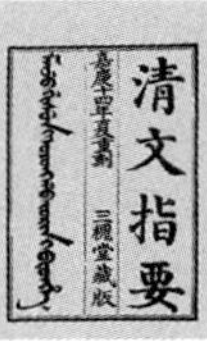

2. semeo 的用法

semeo 用于句末，表示反问，义为“吗、乎、哉”，多与 akū 或以-hakū、-rakū 结尾的动词否定式连用，也可与名词连用。例如：

例 35. age sini ere gisun, majige tašarabuhakū semeo.

译文：阿哥，你这个话，不错了些儿吗？（第二课《学清话》）

例 36. inenggidari ebitele jefu manggi, fifan tenggeri be tebeliyehei fitherengge, aika alban semeo.

译文：终日吃得饱饱的，抱着琵琶弦子弹的光景，还算是差事啊？（第二十二课《弹琵琶》）

例 37. ere durun anahūnjaci, soroki akū semeo.

译文:像这样让起来,不忌讳吗?(第三十课《吃大肉》)

例 38. ede mimbe wakašaci, bi sui mangga akū semeo.

译文:因这个怪我的不是,我岂不屈吗?(第七十九课《撒谎》)

3. sere **的用法**

sere 有时与 anggala 一起组成递进关联词组,含义为"不但……而且……"。例如:

例 39. hergen arabumbi sere anggala hono ubaliyambu sembikai.

译文:不但教写字,还教翻译呢!(第七课《念书去》)

例 40. suwe inenggi biya be untuhuri manabuha sere anggala, bi inu mekele hūsun baibuha.

译文:不但你们虚度光阴,我也是徒然费力啊。(第二十一课《叫背书》)

例 41. hūturi ekiyembumbi, sere anggala, ai bihe seme wajirakū.

译文:不但折福啊! 就有什么不完呢?(第八十三课《乱撒米粮》)

例 42. ini baru guculere niyalma akū sere anggala, fisa jorime toorakūoci, uthai ini jabšan.

译文:不但没人和他交结朋友,若不指着脊背骂,就是他的便宜。(第九十五课《畜生心肠》)

4. serengge **的用法**

serengge 为动词 sembi 的现在-将来时动名词形式,兼有动词和名词的特征。其构成形式为在动词现在-将来时形式后接缀附加成分-ngge,具有"……的"含义,相当于判断的语气,表示"是……,所谓……"。例如:

例 43. manju gisun serengge, umesi ujui uju oyonggo baita.

译文:清话啊,是咱们头等头要紧的事。(第一课《念满洲书》)

例 44. tere age serengge, musei fe adaki kai.

译文:那个阿哥,是咱们旧街坊啊!(第八课《成材的孩子》)

例 45. ere yali serengge, weceku i kesi kai.

译文:这个肉啊,是祖宗的恩惠呀!(第三十课《吃大肉》)

例 46. sain morin serengge, bethe akdun, on dosombi.

译文:所谓的好马,腿子结实,耐得长。(第八十课《好马》)

五、同义词的连用

满语中有些词语的基本意义相似,称为同义词。同义词连用是指同义词并列连在一起使用的现象,这一现象非常普遍,这样做可以加强语言的灵活性,既可以做到避免用词的重复,又表示突出、强调之意,使语言富于变化。同义词连用一般要求两个同义词词性相同,在句中共同充当句子成分。满语中同义词语的大量存在,也为同义词连用提供了基础。《清文指要》中同义词的连用现象十分突出。尽管同义词在整体上表达的含义相似,但同义词之间仍然存在微小差异,或是范围对象不同,或是程度有轻有重,或是感情色彩存在差异,需要具体问题具体分析。

1. 动词连用

例 1. gūniname bahatala, dere aifini dukseme fularakangge labdu.

译文:及至想起来,早已脸上臊红了很多。(《清文指要·序》)

dukseme、fularakangge 都有“发红”的语义,dukseme 尤其指“(脸)羞红、(脸)涨红”,fularakangge 则指“发红”,因此 fularakangge 的使用范围要比 dukseme 大。

例 2. šame tuwame mutuha juse.

译文:看着长大的孩子。(第八课《成材的孩子》)

šame、tuwame 皆有“看”之意,但二者仍有细微差别,šame 表示看到的形态,tuwame 代表看的状态。

例 3. tacin fonjin de amuran, gabtara niyamniyara, eiten hahai erdemu, se de teisu akū.

译文:好学问,马步箭,大凡汉子的本事,不对他的年纪。(第八课《成材的孩子》)

gabtara、niyamniyara 皆有“射箭”之意。gabtara 为“射(箭);照射”,niyamniyara为“射马箭,马上射兽”,gabtara 比 niyamniyara 所指范围更大,niyamniyara则专指射马箭,属于专业术语。

例 4. bi yargiyan i ini funde girume korsombi.

译文:我真替他愧恨。(第十课《为学要紧》)

girume、korsombi 皆有“羞愧、惭愧”之意。girume 义为“羞、害臊、羞愧、惭愧”,korsombi 义为“怨恨、悔恨;可惜”,感情色彩上 korsombi 要比 girume 更加强烈。

例 5. yabuha feliyehe be bodoci, cooha de faššaha feye baha.

译文:论行走,出过兵,得过伤。(第二十三课《放章京》)

yabuha feliyehe 为固定搭配,义为“行走”。yabuha、feliyehe 皆有“行”之意。yabuha 表示“行走;从事;执行;提亲”等含义,feliyehe 表示“走动;迈步;说亲”。

例 6. ama eme jobome suilame ujihe hūwašabuha kesi be gūnici.

译文:要想着父母勤劳养育的恩。(第三十二课《孝道》)

jobome suilame 为固定搭配,含义为“辛苦、劳苦、困苦”。jobome、suilame 皆有“艰难、辛苦”之意。jobome 指“忧愁;劳累”之意,suilame 指“辛苦、劳苦”之意,jobome 比 suilame 所指范围更大。

例 7. ai hacin i gosiholome songgoho seme, ai baita.

译文:任凭怎么样地痛哭,中什么用啊!(第三十二课《孝道》)

gosiholome songgoho 为固定搭配,义为“痛哭”。gosiholome、songgoho 皆有“哭”之意。gosiholome 指“痛、悲哀;(味)苦”之意,songgoho 表示“哭泣、啼哭”之意,songgoho 比 gosiholome 程度更深。

例 8. inenggi šun de sargašara efire be hono ai sembi.

译文：白日里游玩的，说他做什么？（第五十六课《明月》）

sargašara、efire 皆有“玩耍”之意。sargašara 表示“逛、游玩”之意，efire 表示“玩耍、游玩”，两词含义十分接近。

例 9. buceme susame ojorakū.

译文：就死也不依。（第七十六课《家雀儿》）

buceme susame 为固定搭配，语义为“一味纠缠、死乞白赖”。buceme、susame 皆有“死”之意。buceme 表示“死；达到顶点的状态”，susame 表示“死、断送；杀”，两词含义相近。

例 10. si cingkai uttu jolhocome jilidaci.

译文：你总爱这样挣跃生气。（第八十一课《盛怒》）

jolhocome、jilidaci 皆有“生气”之意。jolhocome 表示“怒得往前冲”，jilidaci表示“发怒、动怒、发脾气”，jolhocome 比 jilidaci 感情色彩更浓，发怒的程度更深。

例 11. kejine beye kemuni šurgeme dargime.

译文：好些工夫身子打战。（第八十七课《巨响》）

šurgeme dargime 为固定搭配，含义为“战栗、战战兢兢、打战”。šurgeme、dargime 皆有“战栗”之意。šurgeme 语义为“战栗、胆战”，dargime 义为“打战、战抖”。

例 12. mini baru ijaršame injembi.

译文：望着我眯嘻眯嘻地笑。（第九十六课《复原》）

ijaršame injembi 为固定搭配，含义为“微笑、含笑”。ijaršame、injembi 皆有“笑”之意。ijaršame 语义为“笑眯眯、笑盈盈”，injembi 含义为“笑、嬉笑”。

动词同义词在连用的时候，动词的形式也值得探讨。本书中列举的 12 个动词同义词连用的情况中，例 1、2、4、6、7、9、10、11、12 均使用动词副动词形式，例 3、5、8 则采用了动词的将来时或过去时形式。动词的形式是根据句子成分的要求而不同的。

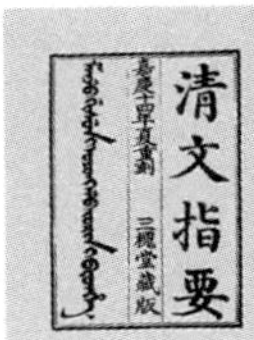

2. 名词连用

例 13. jai niyaman hūncihin umai gūwa niyalma akū.

译文：再是亲属，并非别人。（第七课《念书去》）

此句 niyaman hūncihin 为固定搭配，义为“亲属”，其中 niyaman 义为“心脏；亲戚、亲族”，hūncihin 义为“亲、同族、血亲”，两者虽有不尽相同的释义，但在此处求同存异，共同表示“亲属”之意。

例 14. niyalma de efiku injeku arara dabala, nantuhūn fusihūn sere gebu ci guweme muterakū kai.

译文：不过供人的玩笑罢了，不能免下贱的名色啊！（第二十二课《弹琵琶》）

efiku injeku 为固定搭配，义为“笑柄、玩笑、玩戏”。efiku、injeku 皆有“玩笑”之意，其中 efiku 表示“儿戏、玩笑、戏局”，injeku 表示“笑话、笑料”；nantuhūn、fusihūn 皆有“下等”之意，nantuhūn 表示“肮脏、污秽、龌龊；贪污的、卑鄙的；恶劣的”，fusihūn 表示“往下；西边；卑贱、地位低下的；谦词，贫寒的”，当表示“下等”这一含义时，nantuhūn 比 fusihūn 程度更深，感情色彩更强烈。

例 15. emu bade tecefi bithe cagan tacin fonjin be leolembihede.

译文：坐在一处，论起书籍学问来。（第二十九课《旧时候的人》）

bithe cagan 为固定搭配，义为“书籍”。bithe、cagan 皆有“书籍”之意。bithe 指“文字；经书；书信；公文；（文）科、儒”，cagan 可指“书籍；白色”，在“书籍”这一含义中，bithe 的范围要远大于 cagan。

例 16. inu emu baita sita de etuci acarangge.

译文：该当有事情的时候穿的。（第三十七课《穿衣》）

baita sita 为固定搭配，义为“事务”。baita、sita 皆有“事情”之意。baita 指“事情、事务；事故；案件；办法；灾难”，sita 字典中的释义是“同 baita”。

例 17. tuttu ohode, labdu gebu algin de holbobuhabi.

译文：要是那样，于声名大有关系。（第四十课《盘缠银子》）

gebu algin 为固定搭配，义为“名誉、名望、名声”。gebu、algin 皆有“名”之意。gebu 指“名字；名望；称号、谥；名目；名次；派别”，algin 为“名誉、名声；风声、信息”之意，gebu 比 algin 应用的范围更大。

例 18. emu dangšan orho tunggiyeme bahaci, gemu gihan ningge.

译文：拾着一根草，都是稀罕的。（第四十三课《发迹》）

dangšan、orho 皆有“草”之意。dangšan 指“线头；草芥”，orho 义为“草”，dangšan 比 orho 含义多。

例 19. jai fafun šajin umesi cira, talu de emu baita tucinjici, dere be absi obumbi.

译文：再王法很紧，偶然出来一件事，把脸放在哪里呢？（第四十九课《赌场》）

fafun šajin 为固定搭配，义为“法令、法纪、禁令”。fafun、šajin 皆有“法令”之意。fafun 表示“法律；刑罚”，šajin 义为“法则、禁约；（宗教的）法规、法度”，šajin 的应用范围比 fafun 更大，还包括宗教的法度。

例 20. šehun bigan de kai.

译文：在漫荒地里。（第五十一课《大雨》）

šehun bigan 为固定搭配，义为“旷野”。šehun、bigan 皆有“旷野”之意。šehun 表示“敞亮、明亮；空旷的、荒凉的；辽阔、广大”，bigan 指“旷野、野外；野生的”，šehun 比 bigan 所表达的范围要大。

例 21. dartai andande, emu meifehe be dulefi.

译文：转眼之间，就过了一个山坡子。（第五十二课《打围》）

dartai andande 为固定搭配，义为“顷刻、瞬间、暂时”。dartai、andande 皆有“瞬间”之意，但所指时间范围很小。dartai 表示“瞬间、片刻；暂时”，andande表示“一会儿、瞬间”。

例 22. da jokson de mini emu mukūn i ahūn udahangge.

译文：起初是我一个族兄买的。（第五十八课《闹鬼》）

da jokson 为固定搭配，义为“当初”。da、jokson 皆有“起初”之意。da 表示“根源；中心；原来的、当初的”之意，jokson 表示“当初、起初；（马）瘦、无膘”。

例 23. ini boo nahan be susubuha, agūra tetun be hūwalaha.

译文：把他家闹了个七零八落，家伙器皿打了个净。（第七十一课《大祸》）

agūra tetun 为固定搭配，含义为“器具、器皿”。agūra 表示“器皿、器械；仪仗”，tetun 表示“器皿、器具；棺材”之意，agūra、tetun 皆有“器皿、器具”之意。

3. 形容词连用

例 24. cohome gehun iletu bolgo getuken.

译文：盖因彰明较著。（《字音指要》）

gehun、iletu、bolgo、getuken 四个词语皆有“干净、明亮”之意，gehun 指“明亮；清楚的、明明白白的；徒然地、白白地”，iletu 表示“显然的、明显的；公开地；大方、豁达；封谥用语，显”，bolgo 表示“干净、纯净”；getuken 表示“明白、清楚、详细；干净、洁净”。像这样四个同义词语连用的现象在《清文指要》中尚属首例。

例 25. tere anggala, siden i baita de oci, ginggun olhoba.

译文：况且公事上，小心谨慎。（第八课《成材的孩子》）

ginggun olhoba 为固定搭配，含义为“恭谨小心”。ginggun、olhoba 皆有“谨慎、仔细”之意，ginggun 含义为“敬、恭敬、谨”，olhoba 含义为“谨慎、小心；封谥用语，慎”，由此观之，olhoba 既然可以用于谥号，就要比 ginggun 更见正式些。

例 26. beye giru udu waiku daikū bicibe, fi de sain, dotori bi.

译文：他身量虽然歪斜，笔下好，有内囊。（第二十四课《道贺》）

waiku daikū 为固定搭配，含义为“弯弯曲曲”。waiku 之意为“歪、不正”，daikū 一词在胡增益的《新满汉大词典》中并未出现，只在 waiku daikū 这一短语中出现。

例 27. sara bahanara niyalma sabuha de, basure teile akū.

译文：有识见的人看见，不止笑话。（第三十六课《看小说》）

sara、bahanara 皆有“知道、知晓”之意。sara 义为“知道、晓得；审查、鉴；照见”，bahanara 指“懂得、通晓；领会、料到”，显然 sara 比 bahanara 的范围更大。

例 28. fungsan yadahūn kai.

译文：穷得腥气。（第四十三课《发迹》）

fungsan yadahūn 为固定搭配，义为“穷光蛋、穷酸”。fungsan、yadahūn 皆有“穷”之意。fungsan 表达“很穷；膻”，yadahūn 表达“穷、贫穷”。

例 29. hacin hacin i baita, gemu tob seme acanaha, heni majige tašarabuhakū.

译文：按件都算得对当，一点儿也不错。（第五十九课《算命仙》）

heni majige 为固定搭配，义为“一点儿、些微”。heni、majige 皆有“一点、稍微”之意。heni 表示“少许、些微”，majige 表示“（面积、体积）小；（强度、程度）小；稍微”的含义，majige 比 heni 划分的范围更加细致。

例 30. kur kar etufi.

译文：穿上衣裳，雄雄实实的。（第六十二课《老生子》）

kur、kar 皆有“鲜明”之意。

例 31. ere udu inenggi gūngkame halhūn ojoro jakade, fa be sujahai.

译文：这几日，因为闷热的上，把窗户支着。（第六十八课《装鬼》）

gūngkame halhūn 为固定搭配，义为“闷热”。gūngkame、halhūn 皆有“热”之意。gūngkame 表示“（闷）热”，halhūn 含义为“炎热、暑、暖”。

例 32. i aika emu usun seshun niyalma oci, bi inu gisurerakū bihe.

译文：他要是一个毁毁弄弄的厌恶人，我也不说来着。（第七十九课《撒谎》）

usun、seshun 皆有“厌恶”之意。usun 含义为“可憎恶的、可厌恶的；迂腐的(人)”，seshun 含义为“胡闹、作怪；让人厌恶的，让人讨厌的；让人厌恶的人”。

4. 副词连用

例 33. juwe nofi akdarakū，emgi sasa genefi tuwaci.

译文：二人不信，一同前去看时。（第七十二课《金锭子》）

emgi sasa 为固定搭配，含义为“一同、一起”。emgi、sasa 皆有“一起、一同”之意。emgi 表示“一同、共、一起”的含义，sasa 表示“一齐、共同”的语义。

例 34. ini baru getuken šetuken i neileme gisurecina.

译文：向他明明白白地往开里说啊！（第九十八课《怯弱》）

getuken šetuken 为固定搭配，含义为“清清楚楚、明明白白”。getuken、šetuken 皆有“明白”之意。getuken 语义为“清楚、详细；利落、利索；干净、洁净”，šetuken 在胡增益的《新满汉大词典》中同样没有单独词条解释，只在短语 getuken šetuken 中出现。

例 35. ekšeme saksime sini boode jio nakū.

译文：急急忙忙地到你家里来。（第九十九课《吃药》）

ekšeme saksime 为固定搭配，含义为“急急忙忙、仓促”。ekšeme、saksime 皆有“急忙”之意。ekšeme 表示“急忙；迅速；着急、发怒”，saksime 在胡增益的《新满汉大词典》中同样没有单独词条解释，只在短语 ekšeme saksime 中出现。

5. 其他词连用

例 36. fiyan nonggime eldemburakū oci，joo dere.

译文：不能荣耀增光罢咧。（第十课《为学要紧》）

此句为感叹词连用。joo、dere 皆有“罢”之意。joo 是一个多义词，既可以表示“诏书”之“诏”，又可以表姓氏之“赵”，还可以作为感叹词表达“不再计较、算了、罢了”之意，同时它还可以作为动词 joombi（停止）的动词命令式；dere 同样是一个多义词，名词表示“脸面；桌子；方面”，感叹词表示“无非如此、罢了”。在此我们求同存异，取两词共同所属“罢”之意。

例 37. bi suwembe aliyahai elei elei amu šaburaha.

译文：我只管等你们，几乎没有打睡。（第十三课《款待客人》）

此句为名词与动词连用。amu šaburaha 为固定搭配。amu 为“瞌睡、打盹儿”之意，šaburaha 为“入睡、快要睡着、瞌睡”之意，两词含义十分相近。

从以上的分类列举可知，同义连用的词语以动词、名词、形容词居多，同义连用的副词不多，感叹词则更少，并且在这些例子之中有一个稍显特殊，为名词与动词共同表达相似含义，进行连用。

六、相近的否定词 akū、waka、ume

满语中 akū、waka、ume 三个词在语义上都含有否定意味，但是各词的词性、语法功能却各有不同。各位专家学者虽对此类问题有所关注，但对各词的分析也是仁者见仁，智者见智，各有分歧。赵志强的《论满语的 akū——兼与锡伯语比较》一文论述了 akū 一词的功能。作者认为 akū 是表示否定意义的动词 akūmbi 的词根形式，从动词的时、式的语法形式看，akū 是动词 akūmbi 的现在时形式，而非其命令式，并且 akū 具有时、态、体等形态变化，可以与 ombi、bimbi 结合为复合结构。晓春的《满语否定动词 akū 的语义及起源》一文认为 akū 在句中有时做助动词，有时做虚词，有一定的形态变化形式。此外，栗振复的《谈谈几个虚词》一文对 akū 的词性进行了分析，认为 akū 多用作副词，修饰动词、形容词和副词等，同时也经常用作动词。作者指出，若区分 akū 是副词还是动词，可以从其与何词连用进行判断。akū 若与动词、形容词连用即为副词，若与名词或名词性成分连用则是动词。佟永功、季永海的《从满文文献看满语的形动词》一文还列举出了 akū 作为形动词的情况。waka、ume 两词也仅出现在各文章中的个别位置，只在论及其他问题的时候稍有提及，尚未形成专题研究。笔者希望能够从《清文指要》等满语文献中有重点、有选择地摘录出含有 akū、waka、ume 的例句，从中总结其使用规律，提出一些见解。

1. akū 的用法

第一，akū 做实意动词。

akū 一词在胡增益的《新满汉大词典》中被界定为名词，其释义如下：名词。①要求它前面的词为主格形式；没有，无，不具有，不存在。②不，不是。③不曾有，无。康熙《御制清文鉴》将 akū 释为：

eiten jaka wajifi untuhun ohe be, akū sembi.

一切 东西 完毕 空 成 把 无 称为

译文：一切东西完了成空称为“无（没有）”。

季永海编著的《满语语法》和刘景宪等编著的《满语研究通论》将 akū、waka 归为否定副词和无形态变化动词一类。我们暂且分析以下几个例句：

例 1. tongki fuka akū hergen i dangse.

字点 字圈 没有 字 的 档子

译文：无圈点老档。

例 2. sini mergen akū kai.

你的 智慧 没有 啊

译文：甚矣，汝之不惠。（《愚公移山》）

例 3. baibi ishunde ijishūn akū.

白白地 互相 顺 没有

译文：只是彼此相左。（《清文指要》）

例 4. lak seme gūnin de acanarakūngge akū.

恰好 心思 对 不 去适应的 没有

译文：无有不爽爽利利随心的。（《清文指要》）

例 5. se mulan de akū.

年纪 在 没有

译文:不在年纪。(《清文指要》)

例 6. minde umai akū bade mimbe aibe bu sembi.

对我 全然 没有 地方 教我 把什么 给 说

译文:我并没有,教我给什么。(《清文启蒙》)

以上各句中,akū 都是实意动词,含义为"没有",表示对 akū 一词之前的所有内容的否定。通过例 1,我们可以明显地看出,akū 一词否定的不仅是在位置上离它最近的 fuka 一词,同时还否定了 fuka 之前的 tongki 一词,合起来表示"没有圈点"。

同样地,例 2 中 akū 否定的是 sini mergen 这一名词性词组,其中 sini 做定语,修饰中心语 mergen,因此 akū 最终否定的还是中心语 mergen,翻译顺序应是"你的智慧没有啊"。此句是翻译自汉文典籍,汉语译文是"甚矣,汝之不惠",汉语习惯在形容词前加入表达否定概念的"不、非"等词,来表达相反的含义。由于满语与汉语之间词语使用的不一致性,在满汉对译时容易出现词性混淆的情况。

通过以上例句我们还能看出,akū 之前的句子可以有各种结构。例 1 中 akū 前否定的是并列词组,例 2 中 akū 前面的成分是偏正结构短语,例 3 中 akū 前面的是主谓结构短语,例 4、例 5 和例 6 中 akū 前面的是介词结构短语,其中例 4 较例 5、例 6 稍显复杂。

综上所述,我们可以将含有 akū 一词的句子用这样一个公式表示:X + akū(+ 其他),其中 akū 为实意动词,否定其前面的所有内容,再与其后的其他成分组成一定的语法关系,也可以以 akū 一词结句,同样构成一个完整的句子。

除此之外,akū 还有一些固定搭配的用法,用来表示单词、词组与句子之间的关系,从而组成关系连词。例如……teile akū……inu(geli)表示"不仅……而且(又)……"。

第二,动词否定式附加成分-rakū 的用法。

动词的否定式表示动作或者行为不发生、未发生,它可以分为两种形式,一种是现在-将来时的否定式,另一种是过去时的否定式。

(1)现在-将来时的否定式是在动词的词干上接缀附加成分-rakū构成。

例7. dergi de duibuleci isirakū bicibe, fejergi de duibuleci funcetele bi .

上 与 比较 不及 虽然 下 与 比较 多余 有

译文:比上不足,比下有余。(《清文启蒙》)

例8. wesihun be goidame muterakū, gincihiyan sarin jai bahara de mangga.

贵 把 持久 不能 华 宴席 再 得 在 困难

译文:胜地不常,盛筵难再。(《滕王阁序》)

例9. fang šeng yasa sohiha, neici ojorakū.

方 生 眼睛 眯 开 不可以

译文:(方)生眯目,不可开。(《聊斋·瞳人语》)

(2)过去时的否定式是在动词一般过去时后接缀附加成分-kū,或者在动词一般过去时形式后加 akū 构成。例如:

例10. eniye si kemuni emgeri ergere jirgara be alihakū bade, ainu jui mimbe waliyafi genembini.

母亲 你 常 一次 安息 安逸 把 未受 如何 孩子 把我 丢弃 去

译文:母尚未得一享安逸,何遂舍儿而去?(《聊斋·乐仲》)

例11. ere gemu sini urehekū haran.

这 全都 你的 不熟练 因由

译文:这都是你没有熟练的缘故。(《清文指要》)

如前所述,笔者认为 akū 是实意动词,否定其前面的所有内容,那么动词现在-将来时的否定式可以看作是在动词现在-将来时形式后加 akū 构成的。例7可以还原为 * dergi de duibuleci isika akū 形式。

语音总是出现在文字产生之前,人们为了记录语音,才创制出一种文字，所以对文字记录形式的分析首先要考虑语音的发展规律。根据语音学理论，一个语音和其他语音组成一串连续的音时，难免相互影响，从而产生语音上的变化。* isika akū 两词连读时，akū 一词元音在词首减少，这是因为首先 akū 并不重读，并且它前面的单词 isika 又是以元音结尾的，两个元音相遇就造成了 akū 的首个元音丢失，读音为[isik′ɑq′ɔ]。辅音[k′]为舌面后送气清塞音，在其后元音[ɑ]的影响下而变成小舌音[q]，进而又变为颤音[r]，最终形成[isirɑq′ɔ]的语音形式，相应产生 isirakū 的文字记载。同样，例 8 的 muterakū 应为 * mutere akū 的最终变化形式。mutere 的最后一个元音丢失，这是因为 mutere 后所接 akū 一词的词首也是元音，这样语音的发生就更加流畅。例 9 同理可证。例 10 * aliha akū 的前一个单词的收尾元音与后一个单词的起始元音相同，均为[ɑ]，在发音方法上需要口腔紧张两次，极为不便，因此脱落一个元音，只留一个。例 11 同理可证，在此不做赘述。

第三，akū 的疑问形式 akūn 的用法。

akū 的疑问形式是在动词词干后接缀附加成分-n 构成，即 akūn 的形式，词汇意义为“没有吗”。康熙《御制清文鉴》中 akūn 的释义为：

yaya jaka ba akū aise seme fonjire gisun.

一切 东西 地方 无 说什么 说 问的 话

译文：说一切东西都没有的问话。

例 12. gebu alibuhao, akūn.

名字 呈了吗 没有吗

译文：递名字了没有？(《清文指要》)

例 13. suwede ginggulere hergen tacibumbio, akūn.

对你们 楷书 字 教吗 没有吗

译文：甲：还教你们清字楷书啊？

乙：不呢。(《清文指要》)

例 14. neneheci hūwašahao, akūn.

比从前 成就了吗 没有吗

译文:比先前出息了没有?(《清文指要》)

例 15. ing ing hendume, si fu žen de alahao akūn.

莺 莺 说 你 夫 人 对 告诉吗 没有吗

译文:莺莺云,你曾告夫人知道也不?(《满汉西厢记》)

例 16. aitubume mutembio akūn.

救护 能吗 不是吗

译文:能相救否?(《聊斋·娇娜》)

例 17. sinde tsoo cenghiyang ni bithe bio akūn.

在你 曹 丞相 的 文书 有吗 没有吗

译文:你有曹丞相文凭否?(《三国演义》)

通过以上几个例子我们可以总结出这样的规律,akūn 总是与动词的疑问式连用,并且前面有的用逗号隔开。两个动词表示并列关系,连续发问,akūn 相当于对其前面的疑问动词起到强调作用。以上几个例子中两个疑问动词的部分可以分别译为"呈没呈""教没教""成就没成就""告诉没告诉""能不能""有没有"。

2. waka 的用法

第一,waka 做名词。

waka 在《新满汉大词典》中的释义为:名词。①不是,不算;②过错,错误,(是)非;③不好,不妙。康熙《御制清文鉴》将 waka 释为:

giyan akū be, waka sembi.

道理 无 把 非 称为

译文:将无理称为非。

试分析以下例句。

例 18. niyalma i uru waka be saha.

人 的 是 非 把 知道了

译文:知道人的是非了。(《清文指要》)

例 19. inu waka oci ai.

是 非 什么

译文:可不是什么。(《清文指要》)

例 20. uru be waka seci ojorakū. sere anggala, waka be uru seci

是 把 非 若说 不可以 即使 非 把 是 若说

inu ojorakū.

也 不可以

译文:以是说非使不得,以非说是也使不得。(《清文启蒙》)

例 21. ere be niyalmai waka sembi, beyei waka sembi.

这 把 人的 不是 说 自己的 不是 说

译文:这是人家的不是啊,是自己的不是。(《清文启蒙》)

例 18 中的 waka 是名词,理由有两方面。第一,waka 与 uru 为并列关系,它们前面的 i 为领属格词缀,要求其后为名词或者名词性结构;第二,waka 后边的 be 为宾格词缀,在句中做宾语,宾语一般都要求名词充当,因此此句的 waka 为名词。例 19 同理可证。例 20 前半句 waka 之后为动词 seci,做其宾语,因此为名词,后半句 waka 后有宾格词缀 be,同样以名词词性做宾语。例 21 中的 waka 虽为名词,但词汇意义为"不是",与否定动词不同,此处含义类似于"错误、缺点"。

第二,waka 做实意动词。

waka 除了可以做名词外,还有实意动词的用法,表达"不是、非"的词汇意义。例如:

例 22. tere jui musei ere jušen gurun i niyalma waka.

那个 孩子 我们的 这 诸申 国 的 人 不是

译文:那个孩子不是我们诸申国的人。(《国史院档》三仙女传说)

例 23. te ging hoton kemun be jurcembi kooli waka kai.

现在 京 城 准则 把 违背 你 不是 啊

译文:今京不度,非制也。(《郑伯克段于鄢》)

例 24. beleni bisirengge sini jalin dagilahangge geli waka.

现成 有的 你的 为 预备的 又 不是

译文:现成的又不是为你预备的。(《清文指要》)

例 25. sefu sembio? waka kai.

师傅 称吗 不是 啊

译文:是师傅吗? 不是啊。(《清文指要》)

例 26. age sini ere uthai waka ohobi.

阿哥 你的 这 就 不是 成

译文:阿哥,你这就不是了。(《清文启蒙》)

从以上的例 22、23、24、26 中我们可以看出,waka 的用法与 akū 类似,waka 也是对其前面的所有内容进行否定。例 25 的 waka 作为答语可以单独成句,成为独立成分,这也是 waka 一词与 akū 不一致的地方。

第三,waka 的疑问形式 wakao 的用法。

waka 的疑问形式是在动词词干后接缀附加成分-o 构成,即 wakao 的形式,词汇意义为“没有吗”。

例 27. manju bithe hūlambi wakao?

满洲 书 读 不是吗?

译文:不是念清书吗?(《清文指要》)

例 28. age si uttu gisurembi wakao?

阿哥 你 这样 说 不是吗

译文:阿哥,你不是这么说吗?(《清文指要》)

例 29. si sain gūnin sembi wakao?

你 好 心 说 不是吗

译文:你说不是好心吗?(《清文指要》)

从上面几个例子中我们可以总结出两点规律:第一,wakao 表达疑问形式时,要求其前面的动词为原型形式,这与 akū 要求其前面动词为疑问形式完全不同;第二,wakao 所表达的语气不是需要回答的疑问,而是明知故问的反问,起到了加强语气的作用,常译为“不是……吗”。

3. ume 的用法

ume 在《新满汉大词典》中的释义为“副词;不必、不要、别、勿”。康熙《御制清文鉴》将 ume 释为:

joo naka sere gisun, ši jing ni da ya i cang u fiyelen de , wang, in
罢了 停止 说的 话 诗 经 的 大 雅 的 常 武 章 在 王 尹

ši i baru, ere sioi i bade baicabu, ume elhešebume, ume indebure, ere ilan
氏 向 这 徐 的 地方 查看 勿 使缓慢 勿 使歇程 这 三

baita be šanggabu sehebi.
事情 把 成 说了

译文:停止时说的话。《诗经·大雅·常武》卷云:“王谓尹氏……省此徐土,不留不处,三事就绪。”

例 30. doigomšome bodoro de isirakū, ume ulhiyen i badarambure,
预先备用 筹划 于 未得 勿 逐渐 地 发展

badaraka de, kiceci mangga kai.
滋蔓 时 勤 困难 啊

译文:不如早为之所,无使滋蔓,蔓难图也。(《郑伯克段于鄢》)

例 31. yaya webe seme ume bodoro.
诸凡 谁 说 勿 考虑

译文:别论他是谁。(《清文指要》)

例 32. ume ici kani akū ojoro.
勿 顺 投合、一致 没有 可以

译文:不可不随和。(《清文指要》)

例 33. age ume ehe gūnire.
阿哥 别 坏 想

译文:阿哥,别不好思量。(《清文启蒙》)

例 34. elheken i oso ume hahilara sehe.

慢慢 地 使令词 别 着急 说

译文:说教慢慢地,别着急。(《清文启蒙》)

例 35. dekdeni henduhengge sain, angga jalu ašu, angga jalu ume gisurere sehebi.

流传 说的 好 口 满 含 口 满 勿 议论 说

译文:常言说得好,满口含,莫要满口言。(《清文启蒙》)

通过以上的例子我们可以发现,ume 在句中的位置一般都是在动词之前,并且要求其后所修饰的动词是以-ra、-re、-ro 结尾的形式。既然 ume 用来修饰动词,那么 ume 就可以视为表示否定含义的副词。

例 32 中的 ici kani akū 在满语词典中被当作一个固定搭配来解释,含义为"不随和",在此我们可以将每个词语分开来考虑。ici 义为"顺",kani 义为"投合、一致",属于满语同义词语连用的现象,前面否定副词 ume 用来修饰这两个形容词,含义为"不和顺",又如前文我们对 akū 的分析,它是对其前面所有内容的否定,那么就是"没有不和顺",双重否定表达肯定含义,即"随和"之意。这种双重否定的现象在满语中并不常见。同样地,例 33 的 ume 后修饰了 ehe 这一形容词,也表明其否定副词的属性。

综上所述,akū、waka、ume 这三个词在满语中都有表示否定的意味,但三个词语词性不同,用法功能不同。akū 与 waka 都是有形态变化的实意动词,同时 akū 还有个别做形容词的用法,waka 也有表示名词的用法。与这两个词语相比,ume 的用法较为简单,即作为否定副词修饰动词和形容词。

第三章 《清文指要》中的满语修辞

一、修辞的表达手段

汉语文献早在先秦典籍中即有关于修辞的片段言论,而满语修辞及其研究至今尚未受到应有的重视。我们以《清文指要》为语料,从语句的结构、均衡、变化、侧重、联系、声音等六种表达手段的运用上分析《清文指要》中的满语修辞,以便了解会话体文献修辞手法的主要特征。

1. 语句的结构

文章由句子组成,句子由单词组成,在组合的过程之中就会产生结构方式,句子的结构方式主要包括两种,即横式结构和纵式结构。

(1)横式结构就是句子与句子之间彼此并列,从句与从句之间没有从属关系。属于此种类型结构的当属并列复句和选择复句。

第一,满语并列复句一般应包含明显的关联词语,例如"emu derei…… emu derei……",表示"一边……一边……"。《清文指要》一书的并列复句并不多见,最明显的一句为:

例 1. emu derei nure booha be dagilabuha, emu derei cing sere emu fileku yaha dabuha.

译文:一面叫收拾酒菜,一面点了一盆旺火。(第四十四课《下大雪》)

第二,满语选择复句常用关联词语有"embici……, embici……""……

ocibe，……ocibe”“eici……，eici……”，都表示“或者……或者……”之意。例如：

例 2. damu jobošorongge，jeku ambula bargiyara aniya，embici isabume asarara be gūnirakū，suje boso elgiyen baha ucuri，embici mamgiyame fayame baitalara oci.

译文：所虑，年谷丰登，或忽于储蓄，布帛充赡，或侈于费用。（《字音指要》）

例 3. menggun ocibe，damtun ocibe.

译文：或银子，或当头。（第四十课《盘缠银子》）

例 4. eici suweni beyebe suwe sartabuha sembio，eici bi suwembe tookabuha sembio.

译文：算是你们自己误了自己，还是算我误了你们呢？（第二十一课《叫背书》）

例 5. eici boo uncafi jefu sembio，eici bekdun arafi etu sembio.

译文：或是花了产业弄吃的呢？做下账弄穿的吗？（第六十六课《若梦》）

（2）纵式结构就是按照顺序依次顺承的结构方式。属于这一类型的复句有转折复句、递进复句、条件复句、让步复句、双重否定句、因果复句。

第一，满语中表示转折复句的关联词语有“udu、secibe、bicibe、gojime、seme、bime”，含义为“虽然……，但是……”“虽然……，却……”。例如：

例 6. tuttu secibe，inu terei sakdasa de wajirakū sain ba bifi.

译文：虽是那么说，也是他的老家儿有余荫。（第八课《成材的孩子》）

例 7. tuwara de ja gojime，fakjin bahara de mangga.

译文：看着容易，难得主宰。（第十四课《射步箭》）

例 8. gucuse de endebuku be tuwancihiyara doro bicibe，banjire sain juken be bodome tafulambi dere.

译文：虽说朋友里头有归过的道理，也论相与的好不好劝罢咧。（第十

五课《直言》)

例 9. beye giru udu waiku daikū bicibe, fi de sain.

译文:身量虽然歪斜,(但)笔下好。(第二十四课《道贺》)

例 10. yar seme šun dositala gisurehe seme šadara ba inu akū.

译文:(即使)连接不断地说一日话儿,也不乏。(第二十九课《旧时候的人》)

例 11. mini beye bici fulu akū, akū oci, ekiyehun akū bicibe, sini funde antahasa be tuwašaci inu sain kai.

译文:虽说是有我不多,没有不少,(但是)替你待待客也好啊。(第三十五课《不收礼物》)

例 12. iletu holo gisun bime, hūlhi urse yargiyan baita obufi.

译文:明明是假话,糊涂人们当作真事。(第三十六课《看小说》)

例 13. te bicibe, bi udu sain ningge eturakū bicibe, gūnin dolo elehun.

译文:即如,我所不穿好的,心里却安然。(第三十七课《穿衣》)

例 14. giru getuken gese bicibe, dolo surhūn akū.

译文:外面虽像明白,心里不敞亮。(第四十五课《指教》)

例 15. anggai ergide sini baru banjire sain sere gojime, enggici bade tuhebu-rengge ja akū.

译文:口里虽说是向你好,背地里陷害得不轻。(第四十七课《真假》)

例 16. udu sain baita bicibe juse omosi de encehen akū oci, erin de acabume waliyara de mangga.

译文:虽是好事,要是子孙没力量,难按着时候上坟啊!(第五十课《上坟》)

例 17. sain jaka akū bicibe, boode ujihe mihan niongniyaha kemuni udu fali bi.

译文:虽然没有好东西,家里养的小猪儿鹅还有几个。(第五十一课《大雨》)

例 18. musei šan de donjiha yasa de sabuhangge, labdu akū bicibe, absi akū tanggū funcehebi.

译文:咱们的耳朵里听见,眼睛里看见的,虽然不多,至少也有一百还多。(第五十三课《赌钱》)

例 19. udu acanaha bicibe, damu jidere unde baita, ainahai ini henduhe songkoi ombini.

译文:虽然相合,但只未来的事,未必就照他那说的呢!(第五十九课《算命仙》)

例 20. bi udu jai ucaraha seme inu baire de mangga ombi.

译文:我虽再遇见了,也难求情了。(第六十一课《烂醉》)

例 21. an i ucuri be feliyerakū bicibe, sabuha dari mini baru dembei sebsihiyan.

译文:素日虽然不常往来,一见了我很亲热。(第六十四课《吊唁》)

例 22. age i gisun giyangga bicibe, si damu emken be saha gojime juwe be sahakūbi.

译文:阿哥的话虽有理,但你只知其一不知其二。(第六十五课《拘泥》)

例 23. ere udu julen i gisun de hanci bicibe, yargiyan i te i forgon i aisi be temšere urse de, durun tuwakū obuci acambi.

译文:这个虽与野史相近,实在可与如今争利的人,做个榜样啊!(第七十二课《金锭子》)

例 24. bai oilorgi de mentuhun i gese bicibe, dolo ja akū.

译文:外表虽像老实,心里却不平常。(第七十九课《撒谎》)

例 25. si damu buda jetere be sara gojime, bele jeku i mangga babe sahakūbi.

译文:你虽知道吃饭,但只未知米粮的艰难处啊。(第八十三课《乱撒米粮》)

例 26. udu sele wehei gese niyalma sehe seme, terei gisun de mujilen efujerakūngge akū.

译文:就说是铁石人心,听见那个话,没有不动心的。(第八十四课《病入膏肓》)

例27. niyalmai sukū nerecibe, ulha i duha kai.

译文:虽然披的人皮,却是畜生的心肠啊!(第九十五课《畜生心肠》)

例28. da beye bahara unde bicibe, cira inu aituha……ere mudan bucehekū bicibe, sukū emu jergi kobciha kai.

译文:虽然没还原,脸色也转过来了……这一次虽然没死,可脱落一层皮啊。(第九十六课《复原》)

例29. ini beye bai hahardaha gojime, se oron unde.

译文:他的身子虽然长大成汉子了,岁数没到呢!(第九十七课《没坐性》)

第二,满语中表示递进复句的关联词语主要有"teile akū、sere anggala……inu、tere anggala、bime",含义为"不但……,而且……""……又……""况且……"。例如:

例30. balai bade emu okson seme inu feliyerakū, tere anggala, siden i baita de oci, ginggun olhoba.

译文:混账路一步儿也不肯走,况且公事上,小心谨慎。(第八课《成材的孩子》)

例31. niyalma kundulere teile akū, beye yabure de inu hoo hio sembi.

译文:不但人尊敬,而且走着也豪爽。(第十课《为学要紧》)

例32. suwe inenggi biya be untuhuri manabuha sere anggala, bi inu mekele hūsun baibuha.

译文:不但你们虚度光阴,我也是徒然费力啊。(第二十一课《叫背书》)

例33. yaya baita isinjime jaka uthai giyan fiyan i icihiyabumbi, eredade, dolo getuken.

译文:凡事一到,就教办得有条有理,而且心里明白。(第二十八课《老

大人》)

例 34. fuserekengge inu teksin, tuttu bime tuku suje jiramin.

译文:锋毛儿也齐,而且面子的缎子很厚。(第六十三课《貂鼠褂子》)

例 35. sain ningge etuci, fiyan tucirakū bime, elemangga kušun.

译文:就是穿上好的,不但没样儿,而且不舒服。(第六十三课《貂鼠褂子》)

例 36. ere durun i ušan fašan kengse lasha akū ojoro anggala, doigon ci emu yargiyan babe inde ulhibuci, niyalma inu gūnin usafi.

译文:像这样拉拉扯扯的,不但没简断,就是预先把实在处给他知道了,人也心里烦了。(第六十七课《信实》)

例 37. nambuhai gisurere oci ombio, tere anggala, yabuci mini ciha, yaburakū oci inu mini ciha.

译文:捞着逮着说话,成吗?况且,走也在我,不走也在我。(第六十七课《信实》)

例 38. bele baharakū bime, fulhū waliyabure.

译文:不但不得米,反倒把口袋丢了。(第七十七课《远虑》)

例 39. sain morin serengge, bethe akdun, on dosombi, aba saha de ureshūn bime gurgu de mangga, giru sain bime, ildamu.

译文:所谓的好马,腿子结实,耐得长,围场上热,牲口上亲,样儿好而且良善。(第八十课《好马》)

例 40. ini baru guculere niyalma akū sere anggala, fisa jorime toorakūoci, uthai ini jabšan.

译文:不但没人和他交结朋友,若不指着脊背骂,就是他的便宜。(第九十五课《畜生心肠》)

第三,《清文指要》中的条件复句不多,关联词语为“tetendere”,含义为“既然……”。例如:

例 41. manjurame muteci tetendere gulhun muyahūn ojoro be kicerakū oci, ambula hairacun.

译文:既能清语,不务完全,深为可惜。(《字音指要》)

例 42. suwe manju bithe be hūlaci tetendere, uthai emu julehen i tacicina.

译文:你们既然念清书,就一拿步儿学是呢。(第二十一课《叫背书》)

第四,满语中表示让步复句的关联词语主要有“tere anggala、anggala、udu……seme、ine mene”,含义为“与其……,不如……”“宁可……也不……”“就是……也不能……”。例如:

例 43. baitangga gūnin be baitakū bade fayabure anggala, bithe tacire de isirakū.

译文:与其将有用的心思费于无用之地,不如读书啊。(第二十二课《弹琵琶》)

例 44. udu fucihi enduri seme hūturi isibume banjinarakū kai.

译文:就是神佛,也不便降福啊!(第二十七课《做好事》)

例 45. musei ubade mangga hūdai udara anggala, tubaci udafi gajici ubui jabšan bahambikai.

译文:与其咱们这里拿贵价儿买,(不如)从那里买了拿了来加倍的便宜啊。(第四十一课《买黑豆》)

例 46. boode bai tere anggala, sargašara gese geneci.

译文:与其在家里白坐着,莫若闲旷的一样。(第五十九课《算命仙》)

例 47. ine mene emu jergi etuku udafi buci, inde hono tusangga dere.

译文:将计就计地买一套衣裳给他,倒像有益的样呢。(第七十五课《买衣》)

例 48. emu belge seme ja de bahangge semeo, tere anggala, muse ai bayan mafa.

译文:就是一粒米是轻易得的吗?况且咱们又是什么富翁呢?(第八十三课《乱撒米粮》)

例 49. hacingga okto i baitalabure anggala, beye ekisaka ujirengge wesihun.

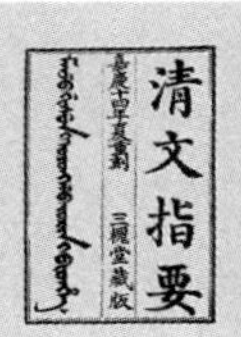

译文:与其用各项的药材,不如自己静静地调养为贵。(第九十九课《吃药》)

第五,双重否定句表达肯定的意味,这样的用法更能突出强烈的感情色彩,也使得语言的运用显得灵活生动。例如:

例 50. lak seme gūnin de acanarakūngge akū.

译文:没有不爽爽利利随心的。(第十二课《当差行走》)

例 51. gūnici ba ba i usin hafukakūngge akū kai.

译文:想来各处的地亩,没有不透的了。(第十九课《及时雨》)

例 52. gucuse imbe jondombihede, gemu emekei seme, uju fintarakūngge akū.

译文:朋友们提起他来,都说是可怕呀!没有不头疼的。(第四十七课《真假》)

例 53. tumen hacin i gūnin seolen ede isinjifi, uthai muke de oboho adali, geterembuhekūngge akū.

译文:竟把那万宗的思虑,付与流水,无有不干干净净了。(第五十六课《明月》)

在具体的语言运用中常常是纵式结构和横式结构交替,相互交织、相互渗透,从而突出语言的灵活性。

第六,因果复句表示由一个原因,引起一种结果,常见的关联词语有“ede(因此)、tuttu ofi(所以)、jakade(因此)”。例如:

例 54. ede niyalmai yekeršeme basure be hono aisembi, beyei ubu sibiya inu waliyabumbi kai.

译文:这上头别说人家讥笑打趣,连自己的身份也丢了。(《清文指要·序》)

例 55. ede mujakū gūnin baibuha secina, musei hebdehe babe, inde alaha.

译文:因此竟很费了心了,把咱们商量的去处告诉了他。(第十八课《为朋友》)

例 56. ere tede darabumbi, tere ede bederebumbi.

译文:你给我拿酒,我给你回钟。(第三十九课《请托》)

例 57. tuwaci aifini ergen yadahabi, ede yafahan uksin sa imbe jafafi gamaha.

译文:看时早已断气了,所以步兵们把他拿了去。(第七十一课《大祸》)

例 58. mini gūnin de elhe akū, tuttu ofi, gelhūn akū ta seme jiderakū.

译文:我心里不安,因此不敢常来。(第十七课《现成的饭》)

例 59. uttu ofi, udu inenggi giyalafi tuwanarakū oci gūnin de baibi ojorakū.

译文:因此,要隔几日不去看,心里只是不过意。(第二十九课《旧时候的人》)

例 60. geli solire be aliyambio, uttu ofi, bi gucuse be guilefi amba yali be jekenjihe.

译文:还等着请吗? 因此,我会了朋友们来吃大肉来了。(第三十课《吃大肉》)

例 61. tuttu ojoro jakade niyalma takūrahakū.

译文:因为那样没使人去。(第三十课《吃大肉》)

例 62. amala age i gisun bi sere jakade teni ebuhu sabuhū genehebi.

译文:后来说有阿哥的话,才急忙去。(第三十八课《拿书》)

例 63. mini gucese, ere udu ucuri feniyen feniyelefi genere jakade, canggi bi inu tubade isinaha.

译文:我的朋友们这几日会成群儿去的上头,前日我已经到了那里去了。(第五十九课《算命仙》)

这些关联词语的使用可以使句子层次更加清晰,分析句子成分时更加明白。

2. 语句的均衡

语言的均衡是将语言通过修辞的方式调整得更加协调、更具美感,使人在阅读时产生一气呵成的连贯感以及朗朗上口的韵律感。均衡可以体现在词语的选择、句式的搭配、篇章的结构上。同样,要想达到满语语言的均衡可以有很多途径,此处结合《清文指要》主要分析的手法有对偶、对照、对比。

(1)对偶的手法是用语法结构相同或者相似、音节数目完全相同的一对句子来表达相反或相近的含义。在《清文指要》中对偶方法运用灵活,数量众多。

例64. angga ci hokoburakū hūlambi, gala ci aljaburakū tuwambi.

译文:不住口地念,不离手地看。(第二课《学清话》)

例65. emu inenggi fiyakiyara, juwan inenggi šahūrara.

译文:一日晒,十日寒。(第三课《学翻译》)

例66. inenggidari hūlaci gisun ejembi, erindari gisureci, ilenggū urembi.

译文:每日地念,话就记得了;时刻地念,舌头就热了。(第五课《经常的说》)

例67. jeterengge alban i bele, baitalarangge caliyan i menggun.

译文:食的是官米,使的是帑银。(第二十二课《弹琵琶》)

例68. ucun be tacihangge, uce i amala ilimbi, baksi be tacihangge bakcin de tembi.

译文:学唱的立门僻,学儒的坐对膝。(第二十二课《弹琵琶》)

例69. jeci jeterengge akū, etuci eturengge akū.

译文:要吃没吃,要穿没穿。(第二十七课《做好事》)

例 70. tukiyeci acarangge be tukiyerakū, jafataci acarangge be jafatarakū oci.

译文:若是应荐举的不荐举,应约束的不约束。(第二十八课《老大人》)

例 71. niyalma de jorišaci acara bade jorišambi, tacibuci acara bade tacibumbi.

译文:该指拨人的去处,指拨;该教导的去处,教导。(第二十九课《旧时候的人》)

例 72. orho hasalafi morin ubaliyambi, turi sofi niyalma kūbulimbi.

译文:剪草变马,撒豆变人。(第三十六课《看小说》)

例 73. tasha be jafarangge ja, niyalma de bairangge mangga.

译文:擒虎易,告人难。(第四十课《盘缠银子》)

例 74. teifungge tuherakū, gebungge ufarakū.

译文:有拐棍不跌跤,有名望不失著。(第四十五课《指教》)

例 75. ja de ja, mangga de mangga.

译文:钉是钉,铆是铆。(第四十六课《生气》)

例 76. yarha i boco oilo, niyalmai boco dolo.

译文:豹的颜色在浮皮,人的成色在内里。(第四十七课《真假》)

例 77. sain ehe be ilgarakū, doro giyan be faksalarakū oci, ulha ci ai encu.

译文:为人要不辨好歹,不分道理,与畜类何异?(第四十八课《贱货》)

例 78. hethe huwešerengge hethe huwešeme, tohon hadarangge tohon hadame.

译文:烙袖子的烙袖子,钉纽子的钉纽子。(第六十五课《拘泥》)

例 79. emken be saha gojime juwe be sahakūbi.

译文:只知其一,不知其二。(第六十五课《拘泥》)

例 80. etuci fiyan tucirakū, jeci amtan baharakū.

译文:穿的没样,吃的没味。(第六十六课《若梦》)

例 81. cimari uttu ojoro, yamji tuttu ojoro.

译文:早晨这样,晚上那样。(第六十七课《信实》)

例 82. karu de karu, furu de furu.

译文:善有善报,恶有恶报。(第七十三课《人皮》)

例 83. hairame jeci jeku i da, hairame etuci etuku i da.

译文:惜食常饱,惜衣长暖。(第八十三课《乱撒米粮》)

通过对以上句子的观察我们可以看出,满语对偶句的运用非常工整讲究,上下两句词数相等,词性相同,词形一致,意义相似或相对,读者读起来

不但上口而且便于记忆，从实践角度讲的确利于学习者对满语文的掌握。

（2）对照的手法是将两个对立的人或事物或者一个事物的两个对立的方面放在一起进行比较，这是一种运用比较广泛的修辞手法，一般在民间谚语中体现得更加明显。例如：

例 84. tasha be jafarangge ja, niyalma de bairangge mangga.

译文：擒虎易，告人难。（第四十课《盘缠银子》）

例 85. ja de ja, mangga de mangga.

译文：钉是钉，铆是铆。（第四十六课《生气》）

例 86. yarha i boco oilo, niyalmai boco dolo.

译文：豹的颜色在浮皮，人的成色在内里。（第四十七课《真假》）

例 87. karu de karu, furu de furu.

译文：善有善报，恶有恶报。（第七十三课《人皮》）

（3）对比的手法是把对立的意思或事物，或把事物的两个方面放在一起做比较，让读者在比较中分清好坏、辨别是非。运用这种手法，有利于充分显示事物的矛盾，突出被表现事物的本质特征，加强文章的艺术效果和感染力。

例 88. ereci gicukengge bio, ereci fancacugangge geli bio.

译文：比这个可羞的有吗？比这个可气的又有吗？（《清文指要·序》）

例 89. tere forgon ere forgon de emu adali obufi gisureci ombio.

译文：那个时候，与这个时候，作为一样说的吗？（第六十五课《拘泥》）

3. 语句的变化

如果语言的均衡是为了保持语言的工整，那么语言的变化就是要在中规中矩中起到画龙点睛的妙处，变化的目的就是要使表达起到最佳效果，并且给人留以玩味的空间。笔者在《清文指要》中找到几处双关手法的运用。

例 90. uttu sere tuttu sere, ja ja de bahaci wajirakū.

译文：怎长怎短的，容易不得完。（第十三课《款待客人》）

此句 ja 既有容易之意,又有叫声喳喳之意,ja ja de 在此既指鸟雀被擒的叫声,又指叽叽喳喳说个不停,不容易讲完。由此一词带有两重含义,使人读来,趣味盎然。

例 91. gio turibuhe balame.

译文:旗杆底下误了操。(第六十五课《拘泥》)

此句直译为"跑了狍子",一语双关,都是拘泥误事的意思。

例 92. jeke yadahai wajifi, da an i fulahūn ojoro dabala.(第七十五课《买衣》)

译文:吃完了的时候,仍旧是光光的罢咧!

fulahūn"光光"之意,既可以指身子裸露,也可指身无一文,含有两重含义。

例 93. utala inenggi tab tib seme sirkedeme agahai, dolo gemu urehe, uba sabdaha, tuba usihihe, amgara ba gemu akū ohobi.

译文:滴滴答答地连霪了这些日子了,心里全热了,这里漏了,那里湿了,睡觉的地方全没了。(第八十七课《巨响》)

"urehe"一语双关,实际指的是"伤透心了"。

"婉转"指的是采取迂回的方式,间接地说出某个意思,用与本意相似的词语加以替代,例如满语"死"为 bucembi,但整部书在谈及人故去时并未用此词,而皆以 akū oho(没了)相替代,由此观之,满族人在谈吐之间也是忌讳直接触及死亡这类词语的。第一百课《喝酒》中称:"beyebe beye hūdularangge wakao."不是叫自己快着吗? 此句"快着"也委婉地表达了"死亡"的含义。

4. 语句的侧重

语言并非各个部分平分秋色,突出重点是语言美的一个特点,因此语言要讲究侧重。反问和反复的目的就是为了进一步加强语气。

(1)反问能起到增强句子语气的作用。反问不要求回答,而且往往表达确定的含义。《清文指要》中反问手法的运用也很普遍。例如：

例 94. giyanakū ai sain jaka bi.

译文：能有什么好东西？（第十三课《款待客人》）

例 95. colgoroko sain de isinafi, gebu tucikengge giyanakū udu.

译文：到了超群的，好出名的，能有几个？（第十四课《射步箭》）

例 96. bargiyarakū ainaha.

译文：岂有不丰收的？（第十九课《及时雨》）

例 97. enteke niyalma mekele banjifi untuhuri wajire aibi.

译文：这样的人岂有虚生空完的呢？（第二十课《囊中之锥》）

例 98. sain niyalma aide huwekiyembi, ehe niyalma aide isembi.

译文：如何能劝善惩恶呢？（第二十八课《老大人》）

例 99. ere durun anahūnjaci, soroki akū semeo.

译文：像这样让起来，不忌讳吗？（第三十课《吃大肉》）

例 100. dahūme bahaci ombio.

译文：岂可再得？（第三十一课《弟兄》）

例 101. enteke niyalma, abka na baktamburakū, hutu enduri uhei seyere be dahame, adarame bahafi sain i dubembi.

译文：这样的人，天地不容，鬼神共恨，焉得善终呢？（第三十二课《孝道》）

例 102. majige ferengge de aibi, uthai majige manaha de geli aibi.

译文：旧些何妨？就破些又何妨？（第三十七课《穿衣》）

例 103. emu yohi duin dobton wakao.

译文：一部不是四套吗？（第三十八课《拿书》）

例 104. si tere baitai jalin jihengge wakao.

译文：你不是为那一件事情来的吗？（第三十九课《请托》）

例 105. si ere tuktan mudan bigarame yabumbi wakao.

译文：你不是初次出外吗？（第四十课《盘缠银子》）

例 106. huenhe bira wakao.

译文:不是浑河吗?(第四十一课《买黑豆》)

例 107. sain ehe be ilgarakū, doro giyan be faksalarakū oci, ulha ci ai encu.

译文:为人要不辨好歹,不分道理,与畜类何异?(第四十八课《贱货》)

例 108. sain akūn.

译文:不好吗?(第四十八课《贱货》)

例 109. mangga urse ai yadara.

译文:能人岂少吗?(第五十五课《瘸子》)

通过以上的例句我们可以总结出满语表达反问语气时的几个特点。第一,有些词语本身就含有反问语气,例如"ainambi(何须)""aibi(岂能、何妨)""semeo(哉、吗、乎)""adarame(怎么、岂能)""ai(岂)""akūn(没有吗)";第二,有些固定词组可以表达反问语气,例如"giyanakū……udu(能有几个)""ai encu(何异)";第三,wakao 表达反问语气时,要求其前面的动词为疑问式形式,两者一起表示反问。

(2)反复的修辞就是同一个词连续使用。在满语中,有些词语用一个就可以表达含义,但通常这些词是两两出现,即叠词,这样的运用可以起到强调和突出的作用。例如:

例 110. uthai nikansi meni meni ba i gisun i adali.

译文:就像汉人们各处的乡谈一样。(第一课《念满洲书》)

例 111. gūwai adali fiyelen fiyelen i gisureme muterakū.

译文:不能像别人说的成片段。(第五课《经常的说》)

例 112. damu ucaraha ucaraha be tuwame amcatame gisure.

译文:只是大凡遇见的就赶着他说。(第五课《经常的说》)

例 113. jergi jergi de gemu doro yangse bi.

译文:层层都有款致。(第九课《做伴》)

例 114. ai ai baita be ini cisui mutebumbi.

译文:诸事自然成就。(第十课《为学要紧》)

例 115. yasa tuwahai dabali dabali wesimbi.

译文:眼看着超等优升。(第十二课《当差行走》)

例 116. bi suwembe aliyahai elei elei amu šaburaha.

译文:我只管等你们,几乎没有打睡。(第十三课《款待客人》)

例 117. gūnici ba ba i usin hafukakūngge akū kai.

译文:想来各处的地亩,没有不透的了。(第十九课《及时雨》)

例 118. i aibideri ulan ulan i dacila nakū.

译文:他从哪里婉转打听着。(第三十四课《说情》)

例 119. tere gucu de giyan giyan i hafukiyame alaha.

译文:明明白白地通告诉那个朋友了。(第三十四课《说情》)

例 120. labsan labsan i kiyalmame ele amba oho.

译文:大片飘飘雪越下越大了。(第四十四课《下大雪》)

例 121. teike teike alban isinjire be ai boljon.

译文:一会一会儿地有差事,如何定得呢?(第四十九课《赌场》)

例 122. yala yala injeku, mayan sain.

译文:实在是个笑话儿,彩头好的呀!(第五十二课《打围》)

例 123. beri beri facafi boode isinarangge hoo seme amba edun dame deribuhe.

译文:所以各自散了,将到家里,就乱起大风来了。(第五十四课《大风》)

例 124. juliyaha cifenggu na de isinanggala, uthai juhene nakū, katak seme meyen meyen i lakcambi.

译文:吐的吐沫,将到地上,就冻成冰,跌得几截子了。(第五十四课《大风》)

例 125. teisu teisu agūra be gaiha.

译文:各自拿了军器。(第五十五课《瘸子》)

例 126. tereci niyancan bijafi, jai jai tacirakū oho.

译文:从那个上,把高兴打断,再也不学了。(第五十五课《瘸子》)

例 127. siran siran i lakcarakū jalu fihekebi.

译文:接连不断,填得满满的了。(第五十九课《算命仙》)

例 128. hacin hacin i baita, gemu tob seme acanaha.

译文:按件都算得对当。(第五十九课《算命仙》)

例 129. gaitai gaitai emu uju uncehen akū beliyen gisun tucikede.

译文:忽然间又说出一句没头尾的傻话来。(第六十课《不成器》)

此句需要注意"beliyen"一词,义为"呆子,呆傻的",联系上下文可知此处表示"嘲讽、辱骂"的意味,但在《尼山萨满》中同样出现了这一词语,"beliyen age"[1],虽义为"呆阿哥",联系语境,却知是对阿哥的一种"爱称",因此即使同一个词语也要在不同的语境之下进行分析,才能真正理解词语的含义。

例 130. muse gemu fe niyaman, gese gese giranggi yali.

译文:咱们呢全是旧亲戚,而且一样儿的骨头肉儿。(第六十九课《姻缘》)

例 131. aššaha dari šungkeri ilha jarin i wa, guksen guksen i jimbi.

译文:每一行动,兰花麝香的香味,一阵一阵飘来。(第七十三课《人皮》)

5. 语句的联系

语言之间的联系来源于事物的相互联系。它可以从不同的方面实现,最常用的就是比喻和引用的手法。

(1)比喻的方法要求抓住不同事物间的相似之处,用他者来描绘所要表现的事物。《清文指要》很好地运用了比喻的修辞方法,使文章表现得形象

---

① 赵展译. 尼山萨满传. 沈阳:辽宁人民出版社,1988:22.

生动。一般来讲,会有一些明显的标志性词语,如同汉语的“好像、仿佛”一样。满语中常用的标志明喻的词语有“aika……adali”“……i gese”“……i adali”,也有一些暗喻是没有喻词的,需要结合上下文加以体会。例如:

例 132. aika emu inenggi fiyakiyara, juwan inenggi šahūrara adali tacici.

译文:要像一曝十寒地学。(第三课《学翻译》)

例 133. hergen arame tomorhūn, majige cilcin fuhali akū.

译文:字字清楚,没有一点乞星。(第三课《学翻译》)

cilcin 原义为“疙瘩、肉核、乞星;(行文)不通顺,做事不干脆,疙疙瘩瘩”,这里比喻为“瑕疵”,即为暗喻。

例 134. uksa emu eimebure niyaha yali be ucaraha.

译文:忽然遇见一块讨人嫌的烂肉。(第十三课《款待客人》)

niyaha yali 本义为“烂了的肉”,此处比喻“讨厌的人”。

例 135. tere serengge, fulhū i dorgi suifun kai.

译文:他啊,是囊中之锥啊。(第二十课《囊中之锥》)

例 136. inenggi biya.

译文:光阴。(第二十一课《叫背书》)

例 137. yala sujei gese.

译文:像丝绸一样。(第二十九课《旧时候的人》)

例 138. ahūn deo i dorgide, emken kokiraha sehede, uthai gala bethe emke bijaha adali.

译文:兄弟里头,要说是伤一个,就像手足折了一样。(第三十一课《弟兄》)

例 139. bi terebe lakiyara golbon sembikai.

译文:我叫他是挂衣裳的架子啊!(第三十七课《穿衣》)

此句不仅用了暗喻的修辞方法,而且还表达了一种讽刺语气。

例 140. age i jombuhangge aisin gu i gese gisun kai.

译文:阿哥提拔的,金玉一样的话啊。(第四十课《盘缠银子》)

例 141. inenggidari hergire fayangga adali.

译文:终日游魂一样。(第四十三课《发迹》)

例 142. indahūn i gese.

译文:像狗一样。(第四十八课《贱货》)

例 143. alin jakarame.

译文:山裂开,天亮之意。(第五十课《上坟》)

例 144. ere taka banjire beye yala tolgin i gese.

译文:这就是浮生若梦。(第六十六课《若梦》)

例 145. šun biya homso maktara adali.

译文:日月如梭的一样。(第六十六课《若梦》)

例 146. dere šanyan hoošan i adali.

译文:脸像纸一样的白。(第六十八课《装鬼》)

例 147. beyede gocika, fuhali ini oho i funiyehe i adali.

译文:收在跟前,竟像宝贝一样。(第七十课《夫妻》)

oho i funiyehe 直译为“胳肢窝的毛”,在此比喻非常珍视的人。

例 148. nilgiyan irgašara hojo yasa bolori mukei adali……sunggeljere kanggili beye, niyengniyeri fodoho i gese.

译文:光润的媚眼,有如秋水……软颤苗条的身子,春柳一般。(第七十三课《人皮》)

例 149. ibagan inenggi šun de maksire balama.

译文:成怒。(第八十二课《委屈》)

此句直译为“妖怪反而在太阳下起舞”,比喻发怒。

例 150. monio sa jing ge ga seme curginduhai bi.

译文:猴儿们还正在争嚷喧哗呢!(第九十四课《奴才们》)

句中用“猴儿们”比喻奴才们。

(2)引用的手法是在话语中插入典籍、故事、成语或者俗语,这样做的目的是更好地提高表达效果。《清文指要》用典的地方不多,但成语与俗语的运用却生动自然。现举例如下：

例 151. han i araha ubaliyambuha dasan i nomun de henduhengge, aniya biyai dergi, wen dzu han i juktehen de duben be alime gaiha sehebi, ere gisun šun han i kooli i fiyelen de bi. han i araha ubaliyambuha irgebun i nomun de henduhengge, inenggi elben ganambi, dobori futa murimbi sehebi, ere gisun bin gurun i tacinun i fiyelen de bi.

译文:《御制翻译书经》有曰:"正月上日,受终于文祖庙,语在舜典。"《御制翻译诗经》有曰:"昼尔于茅,宵尔索绹,语在豳风。"(《清文指要》《字音指要》)

此句"舜典"为《尚书》中的一个篇名;"豳风"是《诗经》中的一个篇名,记录豳国百姓一年四季的农事和收获活动以及民俗风气等情形。

例 152. aika ūren i gese baibi caliyan fulun jeme, aniya hūsime yaburakū oci, hono nakabuci acara dabala.

译文:若是尸位素餐,整年家不行走,还是当退的罢了。(第十二课《当差行走》)

此句"尸位素餐"即为用典,"尸位"指空占职位,不尽职守;"素餐"形容空占着职位而不做事,白吃饭。此词出自东汉班固《汉书·朱云传》:"今朝廷大臣,上不能匡主,下亡以益民,皆尸位素餐。"

例 153. ojorakūngge de gisureci, gisun be ufaraha sehebi.

译文:不可与言而与之言,失言。(第十五课《直言》)

此句引用自孔子《论语·卫灵公》:"子曰:可与言而不与之言,失人;不可与言而与之言,失言。知者不失人,亦不失言。"意思是可以同这个人讲的话你却没有讲,这样就失掉了朋友;不可以同这个人讲的话你却告诉给他,这样就说了错话,有智慧的人能够既不失掉朋友,又不说错话。

例 154. wasihūn bethe gaiha aise.

译文:岂不是走到四达运气里了吗?(第七十五课《买衣》)

此句"四达"出自《尔雅·释宫》"四达谓之衢",又《孙子兵法·九地篇》

“四达者,衢地也”。“衢”的意思是“四通八达的道路”,本应是运气极好,在此做反义用,形容运气极差。

例 155. akdara dulin kenehunjere dulin.

译文:一半相信一半疑惑,半信半疑。(第八课《成材的孩子》)

例 156. baita jiduji mutebumbi.

译文:有志者事竟成。(第八课《成材的孩子》)

例 157. sain be iktambuha boode urunakū funcetele hūturi bi.

译文:积善之家,必有余庆。(第八课《成材的孩子》)

例 158. sain niyalma abka aisilambi.

译文:吉人天相。(第二十课《囊中之锥》)

例 159. sain niyalma aide huwekiyembi, ehe niyalma aide isembi.

译文:如何能劝善惩恶呢?(第二十八课《老大人》)

例 160. emu niyalma de hūturi bici booi gubci kesi be alimbi.

译文:一人有福,托载满屋。(第二十九课《旧时候的人》)

例 161. tasha be jafarangge ja, niyalma de bairangge mangga.

译文:擒虎易,告人难。(第四十课《盘缠银子》)

例 162. teifungge tuherakū, gebungge ufarakū.

译文:有拐棍不跌跤,有名望不失著。(第四十五课《指教》)

例 163. ja de ja, mangga de mangga.

译文:钉是钉,铆是铆。(第四十六课《生气》)

例 164. yarha i boco oilo, niyalmai boco dolo.

译文:豹的颜色在浮皮,人的成色在内里。(第四十七课《真假》)

例 165. emken be saha gojime juwe be sahakūbi.

译文:只知其一,不知其二。(第六十五课《拘泥》)

例 166. emu tumen de yooni ojoro.

译文:万无一失。(第七十七课《远虑》)

例 167. niyalma goro bodorakū oci, urunakū hanci jobolon bi.

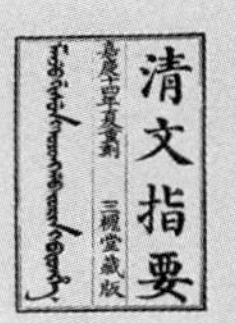

译文:人无远虑,必有近忧。(第七十七课《远虑》)

例 168. hairame jeci jeku i da, hairame etuci etuku i da.

译文:惜食常饱,惜衣长暖。(第八十三课《乱撒米粮》)

例 169. tuttu seme aga de usihibuhe niyalma silenggi de gelerakū sehe kai.

译文:但有被雨湿的人,不怕露水的话啊!(第九十二课《愁眉》)

例 170. sain okto angga de gosihon, tondo gisun šan de icakū.

译文:良药苦口,忠言逆耳。(第一百零一课《提拔》)

除了上面列举出的,《清文指要》对汉文四字成语或者俗语的应用也俯拾皆是。例如《清文指要・序》中"yuwei gurun de genembime sejen be amasi fororo 北辕赴越,yonggan be bujumbime buda okini 煮沙要饭,tamin acarakū 不合卯榫,eden baksi sere gebu 庸愚名色,gala joolafi tuwara dabala 束手观望",《字音指要》中"inenggi elben ganambi, dobori futa murimbi 昼尔于茅,宵尔索绹,dahime dalhidara be baiburakū 毋庸赘述",第十六课《交恶》中"sain ehe be ilgarakū 不分好歹",第二十一课《叫背书》中"inenggi biya be untuhuri manabuha 虚度光阴",第三十二课《孝道》中"abka na baktamburakū 天地不容",第三十五课《不收礼物》中"geli dabufi gisureci ombio 何足挂齿",第四十三课《发迹》中"cira šehun šahūn 红光满面、面貌轩昂",第五十六课《明月》中"abka birai boco fuhali ilgaburakū 天水一色",第六十六课《若梦》中"šun biya homso maktara adali 日月如梭",第七十一课《大祸》中"fili fiktu akū 无缘无故",第八十二课《委屈》中"yertehe ibagan inenggi šun de maksire 恼羞成怒",第八十四课标题"nimeku facuhūn bade dosire 病入膏肓",第九十五课《畜生心肠》中"baita dekdere emu facuhūn da 生事作乱",等等。对汉语四字俗语的应用充分说明满族人对汉语的熟识程度很高,能够从满汉两种语言中相互对应。

6. 语句的声音

声音是语言的物质外壳,准确的声音不仅是传递有效信息的途径,而且可以起到增强表达效果的作用。合理地运用声音可以使语言和悦动听，节奏鲜明，并且有很强的音乐感。要想增强满语的声音美，可以适当地运用摹声、押韵等方法。

(1)摹声是对客观世界中声音的模仿，一般用象声词表达。象声词的运用可以使读者获得身历其境的感受和体会，使语言描述的意境画面感更强。《清文指要》对自然声音的模拟惟妙惟肖，当然也有一些对人物状态的模拟。例如：

例 171. inenggidari fusu fasa jaka šolo aika bio.

译文：终日匆忙还有空吗？（第十七课《现成的饭》）

fusu fasa 形容忙忙乱乱，匆匆忙忙。

例 172. tede bi hūr sehe.

译文：我的火上来。（第十八课《为朋友》）

hūr sehe 形容发火。

例 173. sebe saba aga i sabdan tuhenjihe.

译文：一点两点地下雨了。（第十九课《及时雨》）

sebe saba aga 形容疏雨。

例 174. eke eke seme gahūšame, deng deng seme ilijambi.

译文：哼啊哼地张着嘴，咯噔咯噔地打磕绊。（第二十一课《叫背书》）

eke eke seme、deng deng seme 都是形容说不出来话的样子。

例 175. bi elekei pus seme injehe.

译文：我几乎没有笑出来。（第二十四课《道贺》）

pus seme 形容扑哧一声，刺破声。

例 176. cin i boode isinara onggolo uthai kaka faka injecere jilgan be donjihabi.

译文：未到他上屋以前，就听见喧笑的声气。（第三十九课《请托》）

kaka faka 形容众人大笑的声音。

例 177. indahūn i gese ger sere be.

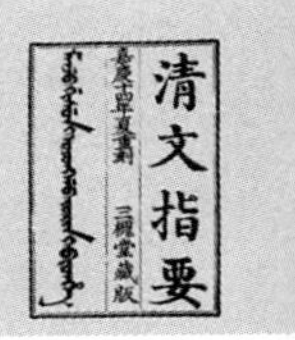

译文:像狗龇着牙叫一样。(第四十八课《贱货》)

ger sere 形容狗叫声。

例 178. hendutele, uthai šor seme agame deribuhe.

译文:正说着,就唰唰地下起雨来了。(第五十一课《大雨》)

šor seme 形容下雨的声音,潇潇。

例 179. jugūn giyai de yabure, gemu ilime muterakū, ho ha seme sujumbi.

译文:走着见街道上的人,全站不住,喝喝哈哈地抛啊!(第五十四课《大风》)

ho ha seme 形容打寒噤的声音,喝哈。

例 180. ududu okson i dubede maktafi, kub seme tuheke.

译文:倒退了好几步,噗的一声就跌倒了。(第五十五课《瘸子》)

kub seme 形容重物落地的声音。

例 181. holkonde jungken i jilgan yang seme edun i ici šan de bahabure jakade.

译文:忽然从顺风里听见喈喈的钟声。(第五十六课《明月》)

yang seme 形容钟响声。

例 182. niyalma juleri bubu baba absi fonjire absi jabure babe gemu sarkū.

译文:在人前头言语拙钝不清的,连一问一答的话,全不知道。(第六十课《不成器》)

bubu baba 形容言语拙钝不清的样子。

例 183. jiha menggun i udafi eture oci, niyalma gemu oforo deri suk seme injembikai.

译文:拿银钱买着穿的时候,人家全从鼻子眼里笑的。(第六十五课《拘泥》)

suk seme 形容从鼻子里出声笑的样子。

例 184. emgeri oksoci, ashaha gu fiyahan kalang kiling seme guwembi.

译文:一旦移步,佩玉玛瑙,铿铿锵锵地响。(第七十三课《人皮》)

kalang kiling seme 形容玉器相撞的声音。

例 185. cecike i jilgan jingjing jangjang.

译文:雀鸟儿乱哨。(第七十四课《春景》)

jingjing jangjang 形容群鸟争鸣啼叫之声。

例 186. si geli ek tak seme nakarakū.

译文:你又威吓得不止。(第八十一课《盛怒》)

ek tak seme 形容呵斥的声音。

例 187. anggai dolo ulu wala seme.

译文:嘴里打嘟噜。(第八十五课《天生的恶人》)

ulu wala seme 形容言语不清。

例 188. utala inenggi tab tib seme sirkedeme agahai.

译文:滴滴答答地连霪了这些日子了。(第八十七课《巨响》)

tab tib seme 形容滴滴答答的声音。

例 189. niyaman jaka tuk tuk sembi.

译文:心还跳呢!(第八十七课《巨响》)

tuk tuk 形容心跳的声音。

(2)押韵的修辞方法是指有规则地利用相同或者相近的音节,从而增强语言的节奏感和感染力,使句子读起来朗朗上口,便于记忆。满语有六个元音,其中阴性元音有两个,阳性元音有三个,中性元音有一个。元音之间存在相互适应的元音和谐律,这种在语音上的和谐就使得语言充满音乐感。押韵在成语或者俗语中广泛应用,而成语或者俗语通常是以成对的句子出现,因此在调配节拍时,尽管满语成语或者俗语没有固定词数,但仍然可以按照句意分成两部分进行自然停顿,这样的节拍配置可以达到顺口、悦耳的效果。《清文指要》中比较有特色的押韵句子如下:

例 190. angga gahūšara yasa šarinjara.

译文:张口翻眼。(《清文指要 · 序》)

angga 以 ga 音结尾,同时 gahūšara 以 ga 音起始,同样 yasa 以 sa 音收尾,

šarinjara 以 ša 音起始,这样首尾语音相接,产生类似顶真的趣味。在节拍调配方面,可以划分为 angga gahūšara 和 yasa šarinjara 两部分,并且这两部分对仗工整,词性一致,形态相同,上片和下片皆以音节 ra 作为韵脚,读起来自然一气呵成,便于传诵。

例 191. wasinara ici tuhenere kemun.

译文:贯串落脚。(《清文指要·序》)

wasinara 与 tuhenere 分别接缀了附加成分-na 和-ne,表达“去”的语法成分,wasinara ici 代表了阳性元音和中性元音的和谐,tuhenere kemun 代表了阴性元音和中性元音的和谐,这样两组短语合成一句就形成了满文音韵上阴阳对照的风格,这种特殊的形式在本书中是不常见的。

例 192. ufuhu de ulime fahūn de falime.

译文:肺上穿绳,肝上结绳。(第四十课《盘缠银子》)

此句与前两例略有不同,上半句 ufuhu 中的[u]音与 ulime 中的[u]音相称,下半句 fahūn 的[f]音与 falime 的[f]音相称。相似的句子例如:

例 193. ucun be tacihangge, uce i amala ilimbi, baksi be tacihangge bakcin de tembi.

译文:学唱的立门僻,学儒的坐对膝。(第二十二课《弹琵琶》)

其中 ucun 与 uce、baksi 与 bakcin 皆有押韵对仗的特点。

例 194. yarha i boco oilo, niyalmai boco dolo.

译文:豹的颜色在浮皮,人的成色在内里。(第四十七课《真假》)

此句 yarha 与 niyalma、boco 与 boco、oilo 与 dolo 皆是由韵文配对组成,无论在形式、内容或是语音上都是相当工整严密,突显满语的和谐之美。

在此需要说明的一点是,有些句子若只停留在汉语翻译方面,是无法触及满语本身的神韵的,汉语翻译有时平淡无奇,毫不出彩,因为没有合适的词语可以和满语词汇相对,况且一个汉字就是一个音节,满语则属于黏着语类型,因此在语音上的趣味往往被人忽略。在学习的过程中,要直接从满语中挖掘语言的特点。

《清文指要》中出现了许多汉语借词，例如“doose 道士”“hūwašan 和尚”“wase 瓦”“fengsi 风水”“yengsi 筵席”“guwanta 关系、相关”等等，这些借词习惯上在借过来的汉语音后接加-se 或-si 这样的附加成分，有的甚至就是汉语音的满语转写形式。不仅许多词借于汉语，还有一些词借于蒙古语。其中很典型的例子就是第四十七课《真假》中有“sarbaitala 悬梁跌倒”一词，这是一个蒙古语词，尽管满文中有表示跌倒的单词“ganggari”，但作者却并未采用。说起摔跤这项竞技，人们马上会联想到这是蒙古人的专长，那么清代关于摔跤的术语就可能有相当一部分是借自于蒙古语，再加之政治上的满蒙关联，满文又是从蒙古文字形而来，相互借用似乎就显得顺理成章了。由此，借词的应用充分说明了在两种或多种语言的应用当中语言的互相渗透、互相借鉴，民族历史渊源的相互关联，体现了你中有我、我中有你的民族融合。

二、修辞的语言风格

语言具有时代特色，这一特色通过这一时代的人运用的语言所表现出来，每一个时代的语言都有其他时代语言所不具备的特点。《清文指要》通篇采取会话体的形式，因此非常口语化，接近日常生活，也是为初学满语者提供轻松的语言环境，从日常叙事、事件出发，适宜满语的基础学习。基于作者的这一意图，《清文指要》保留了大量口语化的词语和句子，不仅通俗简洁，而且有些词语和句子的运用颇为辛辣尖刻。

1. 语句的辛辣性

既然《清文指要》是一本口语化很强的学习材料，那么在日常生活中，遇到什么样的情境就会有与这种情境相适应的语言。例如在表达愤怒、厌恶时很自然地会恶语相加，从而表达厌弃、讽刺之情。《清文指要》符合这类情境的言语不少，例如：

例 1. imbe solinaha bihe, indahūn inu emke takūraha ba akū.

译文:请他去来着,狗也没打发一个来。(第十六课《交恶》)

例2. enteke niyalma, abka na baktamburakū, hutu enduri uhei seyere be dahame, adarame bahafi sain i dubembi.

译文:这样的人,天地不容,鬼神共恨,焉得善终呢?(第三十二课《孝道》)

例3. tere geli we bihe, fungsan yadahūn kai, erde jeke manggi yamjingge be bodombi, inenggidari hergire fayangga adali, omihon be kirime, ba bade facihiyašame, emu dangšan orho tunggiyeme bahaci, gemu gihan ningge.

译文:他又是谁来着呢?穷得腥气,早起吃了,打算晚上的,终日幽魂一样,饿着肚子,各处张罗,拾着一根草,都是稀罕的。(第四十三课《发迹》)

例4. niyalma ofi, sain ehe be ilgarakū, doro giyan be faksalarakū oci, ulha ci ai encu……banjiha demun be tuwacina, hefeli wakjahūn fuhali beliyen wajiha bime šucileme taci nakū, absi niyalma be yali madabumbi, indahūn i gese ger sere be, niyalma gemu ek sefi donjirakū oho kai……kemuni jileršeme, aimaka we imbe saišaha adali……ere gese fusi banjiha, ai.

译文:为人要不辨好歹,不分道理,与畜类何异……看那长得怪样儿是呢!鼓着个大肚子,竟是个呆人,又学充懂文派,好叫人肉麻呀!像狗龇着牙叫一样,人都厌烦不听了……还恬不知耻,倒像谁夸他的一样……养了这样的贱货,可叹啊!(第四十八课《贱货》)

例5. akūci angga labdahūn ergen sukdun akū, yasai faha gurinjerakū hadahai simbe tuwambi.

译文:要不是把嘴唇子耷拉着,没气儿一样,眼珠儿也不动,直直地望着你。(第六十课《不成器》)

例6. arki omimbi serede, ini amai senggi ci hono haji.

译文:一说喝酒,比他阿玛的血还爱。(第六十一课《烂醉》)

此句将一个嗜酒如命的酒鬼形象刻画得淋漓尽致,“比他阿玛的血还爱”更是一种夸张的手法。

例 7. fisiku aihūma geli eberi ten……ere hayan baikū be uju de hukšehe.

译文：自己耽误的王八，又很软……把这个淫妇拿头顶着。（第七十课《夫妻》）

例 8. utala se unufi, majige butui erdemu be isaburakū, baibi ere gese hamu dundara baita yabuci, tei forgon i abka fangkala kai, absi sini funde jobošombi.

译文：偌大的年纪了，寡要行这样吃屎的事情，如今的天低啊，叫怎么替你愁呢？（第七十三课《人皮》）

例 9. niyalma de baire yandure ucuri oci, musei ai seci, uthai ai gese gese dahame yabumbi, ini baita wacihiyame, dere be emgeri mahūla nakū, yaya webe seme herserakū……damu turgun akū niyalma be holtorongge jaci ubiyada.

译文：求人的时候，咱们怎么说，就怎么样地照着样儿地行呀，他的事情一完了，把脸一抹，任凭是谁全不理会了……但只无缘无故地哄人的，很讨人嫌。（第七十八课《抹脸》）

例 10. ai fusi geli bini, niyalmai deberen waka……absi tuwaci, absi ubiyada……taji tuwara ba akū, fuhali abkai ari……majige andande seme ekisaka banjirakū, kūwak cak seme moniocilambi.

译文：什么下贱东西也有呢，不是人的崽子……怎么看怎么讨人嫌啊……淘气得很不堪，竟是个天生的恶人……一会儿不闲着，猴儿一样地跳踏。（第八十五课《天生的恶人》）

例 11. niyalmai sukū nerecibe, ulha i duha kai.

译文：虽然披的人皮，却是畜生的心肠啊！（第九十五课《畜生心肠》）

诸如此类的语言描写得真实自然，且大多都表示对人的痛骂和嘲讽，显得淋漓尽致、十分泼辣，将人在情绪下的话语完整地体现出来，更能让初学满语的人了解语言在日常以及自然状态下是如何应用的。

2. 语句的形象性

语言是人类智慧的结晶，良好的语言表达可以给人留下深刻的印象。

语言的形象性是语言表达的高级形式,可以通过多种形式实现,诸如上文所提到的对偶、比喻、模拟等修辞方法,同时若想表现语言的形象性,可以直接从语言的描写构拟出生动的画面。例如:

例 12. uksa emu eimebure niyaha yali be ucaraha, gisun dalhūn bime oyomburakū, uttu sere tuttu sere, ja ja de bahaci wajirakū.

译文:忽然遇见一个讨人嫌的烂肉,话黏又不要紧,怎长怎短的,容易不得完。(第十三课《款待客人》)

此句作者十分厌恶这个"讨人嫌的",uttu sere tuttu sere 说明了那人说话怎长怎短、说这说那,把一个絮叨、不招人待见之人描绘得淋漓尽致。

例 13. tede bi hūr sehe, jili monggon i da deri oho.

译文:所以我的火上来,性子到了脖颈子上了。(第十八课《为朋友》)

此句作者为了说明火气很大,用了一个"到了脖颈子上了",说明火往上涌,就非常鲜明地表示出几乎要有"怒发冲冠"的意味来。

例 14. we cembe ujimbi, edun ukiyeme banji sembio.

译文:谁养赡他们呢?喝风度日吗?(第二十七课《做好事》)

"喝风度日"形象地说出了穷困潦倒、无所依靠的生活状态,同时又显出带有一丝嘲讽的语气。

例 15. kemuni ajigen semeo, boihon monggon deri isinjifi, saliyan i ujui koika funcehebi.

译文:还小吗?土到了脖子上了,寡剩了点头皮了。(第七十三课《人皮》)

满族人的丧葬习俗采用的是土葬的形式,"土到了脖子上了"形象地说明人年纪渐长,每况愈下的境地,仿佛人在土葬之时黄土逐渐从下至上快要全部填完了,作者想通过这样的说法表明自嘲的心态。

例 16. tob seme amaga inenggi amba jobolon i ursan daldaki sehei iletulebumbi.

译文:正是明显着把日后的大患的根隐藏着。(第七十七课《远虑》)

翻译得精确与否直接影响到句子含义的理解。文中“jobolon i ursan”直译为“忧愁的苗芽”，但汉语给出的译文为“大患的根”，笔者以为若略去汉译，直接通读满文，更能得满语精髓，一个“苗芽”非常生动地描写出隐患的萌芽阶段。

例 17. eiten agūra tetun gemu gala halame halhūn.

译文：各样的器具，全烫手的热。（第九十课《燥热》）

此句衬托的修辞方式运用得恰到好处，文章为了说明天气的燥热，并未直接描述而是间接以器具之热衬托出天气的燥热，这样比平铺直叙更有趣味。

《清文指要》中还有一些语言的特殊用法，属于满语惯用语，同样描写得十分形象。例如第三十三课《劝告》中“enggici bade niyalma simbe yasa niowanggiyan serakūn. 背地里人不说你眼皮子浅吗”，其中 yasa niowanggiyan 直译为“眼绿”，此处指“眼馋，眼皮子浅”；第五十课《上坟》中“enenggi alin jakarame, uthai jurafi amasi jihe. 今日东方明儿，就起身回来了”，alin jakarame 直译为“山裂开”，指“天亮”之意；第九十四课《奴才们》中“si bi ishunde kūlisitame yasa arafi, son son i melerjeme yoha. 彼此互相做着眼色儿，各自畏避了”，其中 yasa arafi 直译为“做眼睛”，此处指“递眼色”。像这样的表达，从满语的角度来看具有直观、形象的特点，若我们只看汉语译文则很难想象满语的用词是这样朴实明了。

3. 语句的优美性

《清文指要》是一本满汉合璧的满语学习教材，在满汉对译方面十分考究，翻译的最终目的与境界即为追求“信、达、雅”，在充分尊重原文的基础上，如何翻译出优美的语句就需要对语言进行斟酌与锤炼了。《清文指要》在内容上大部分采取会话体的形式，在一问一答的过程中传授语言学习，但其中不乏充满文采的寄景抒情之作。例如第五十六课《明月》就是一篇描写月色月景的抒情散文。“不多的时候，月已高升，光辉射照的，就像白日里一样，慢慢地撑着船，顺着风去，转过山嘴子去一看，竟是天水一色，大水无边，真可谓山清水秀！”“到了那个时候，竟把那万宗的思虑，付与流水，无有不干干净净了。虽说是超凡出世的神仙，也不是那样的乐罢咧！”“人生在世，能遇见几遭那样的美景明月呢？”作者由景入情，描绘的优美意境使人读起来心情畅快，豁然开朗，无论是满文本身的神韵还是翻译的妙处，都是值得我们仔细玩味的。但像这样细腻的语言描写在《清文指要》中却并不常见，因此更加具有文学欣赏价值。

《清文指要》对人物形象的描写较少，只第七十三课《人皮》中有一段对女性的外形描写堪称细腻：“去寺里烧香的女人们真多，一个比一个标致，生的似九天仙女下凡尘的也有，俊美的脸庞，洁白，黑青的眉，细细长长，光润的媚眼，有如秋水，软颤苗条的身子，春柳一般，一旦移步，佩玉玛瑙，铿铿锵锵地响，每一行动，兰花麝香的香味，一阵一阵飘来。”这一段属于人物肖像描写，将女子的容貌、身材、眼神、动作描绘得入木三分，活灵活现，如此文辞优美的描写女性的确在《清文指要》中很难见到。

此外，在词语的选择上《清文指要》也很考究。作者尽量避免重复词语的使用，即使想要表达相同的含义，作者也会选择不同的词语。在此书中有许多体现，例如第十课《为学要紧》称：“baibi gūldurame encehešeme, urui sihešeme yabure be bengsen oburengge”，此句 baibi 和 urui 都表示“只是”之意；第五十八课《闹鬼》称：“samdaci mekele, fudešeci baitakū”，其中 mekele 和 baitakū 都表示“无用、枉费”之意。这样同义词语的交替使用就使得文章充满灵活性，使读者阅读起来不死板，语言显得更加丰富多彩。在翻译过程中，《清文指要》有些地方并未完全按照满文含义进行翻译，而是稍加改动，例如第五十四课《大风》一文，sohon 本义为“葵黄”，汉文翻译为“清亮亮的颜色”，fundehun 本义为“惨淡、萧条”，在文中则翻译为“冷飕飕的”，未完全按照原意进行翻译是为了更好地合乎语境的需要，使整篇文章的译文更加合理通顺。像这样的翻译在文中还有多处，在此不做赘述，这些都是根据文章的具体情境进行的改动，目的是能够使读者更加清楚地理解满文的内容。

4. 语句的抒情性

语言是用来交际、表达感情的。它可以与叙事相对，具有主观性、个性化和诗意化等特征。一般可以分为借物抒情、触景生情、直抒胸臆、托物言志等方式。《清文指要》中不乏情意恳切的性情之作。例如第八十四课《病入膏肓》描述称："看起他，瘦得寡剩下骨头了，躺在炕上，挣命呢，那个上我慢慢地到跟前，你好些了吗？问时，睁开眼睛拉着我的手不放，叹着说，这也是我做的罪，病已况了，不能够脱离我岂不知吗？自从得病以来，什么医生没治过？什么药没吃过？将好了，又犯了，就是命了，这个我一点儿也没有委屈处，但只父母年纪老了，兄弟们又小，再亲戚与骨肉全看顾着我罢咧！我就狠着心可离得开谁呢？话将完了，眼泪直流，唉！何等的可叹，就说是铁石人心，听见那个话，没有不动心的呀！"此段属于触景生情和直抒胸臆的表达方式，像这样如此情辞恳切的描写体现了高度的文学语言价值，值得我们欣赏探讨。

除了以上提到的修辞特点，《清文指要》第六课《偶遇朋友》中"age ume 阿哥别"是一个省略的形式，ume 在句中的位置一般都在动词之前，并且要求其后所修饰的动词是以-ra、-re、-ro 结尾的形式。此句 ume 后没有词语，这样的省略形式在《清文指要》中只出现过一次。

第四章 《清文指要》中的满族文化内涵

《清文指要》不仅可以作为满文学习的优秀范本,同时也为我们展现出丰富的满族文化内涵。这部书的内容贴近满族社会生活,涉及生活中的方方面面,所以作者也有意识地将满族文化生活融会其中,这就为我们今天研究满族的历史与文化提供了珍贵的资料,因而具有一定的学术价值。

一、满语的教学模式

《清文指要》是一本教学之书,并且是一本满汉合璧的教科书,我们从满汉双语的教授过程中可以探寻清代双语教学的主要模式。

例如,第一课《念满洲书》称:"我学汉书十年多了,至今并无头绪,再要是不念满洲书……两下里都至于耽搁了。"这段对话表明,满族是接受汉语的,但是汉语的学习时间越长久,就越发认识到满语在保持满族民族特性方面的重要作用,进而产生学习满洲书的想法,这是从满语单语发展到满汉双语,再从汉语单语发展成为满汉双语的语言过程。

第七课《念书去》称:"咱们方近左右,竟没有清书学房,想来你学的地方有什么说处,多咱我也去念书吧!可以替我说说吗?""阿哥,你当教我们的是谁啊?""是师傅吗?""不是啊!是我一个族兄,所有教的,都是我们一家儿的子弟,再是亲戚,并非别人,仔么说呢?我阿哥终日上衙门,不得闲,也是我们早晚找着去的上头,不得已,匀着空儿教我们。"由此观之,专门教授满语的学堂数量很少，京城里甚至没有，八旗子弟对满语的学习或者只能求助于满语程度较好者，而这些人之所以满语掌握得好是因为在"衙门行走"，衙门对官员满语的掌握还是有要求的。此外就只能采用自学的方式学习满语。

《清文指要·序》称："因此，我在里头走的空儿，将老辈传说，并我学记的，一句一句地集凑着，共集百条，教我族中子弟，以书为名《清文指要》"；第一课《念满洲书》称："我求的是，阿哥疼爱我，就是乏些儿也罢，得空儿，求编几条清话，教我念念"；第七课《念书去》称："如今念些什么书啊！""没有别的书，眼前零星话，再只有《清语指要》。""从此天长了，不但教写字，还教翻译呢！"从以上的语段中我们可以看出，满语学习的教材即为《清文指要》，或者还有零星编纂的话条，成系统的满语教材是十分少见的。

第五课《经常的说》称："只是大凡遇见的就赶着他说，再找书理通达的师傅念书，就了清话精熟的朋友去说话，每日家念，话就记得了，时刻地说，舌头就熟了。要这样学了去，至很一二年间，自然任意顺口不打瞪儿地说上来了。"从这段的文字中我们领略到满语学习方法的传授，力图多说多练，熟能生巧，并且要有师傅指点，贵在坚持。

在分析完八旗子弟学习满语满文的途径、方法、教材等问题之后，我们再来看《清文指要》对满语掌握程度的描述。第二课《学清话》称："我的一个朋友，清话好，明白又快，一点蛮音没有，很熟了，而且听见的老话又多，那才算得精"；第三课《学翻译》称："求阿哥看了我的翻译，改一改。""你学得大长了，句句顺当，字字清楚，没有一点乞星，要考操券可得"；第五课《经常的说》称："你的清话说得有了些规模了。""哪里，人说的我虽然懂得，我说起来总还早呢！不但不能像别人说的成片断，一连四五句的话都接不上。况且还有一个怪处，未从说话，只恐怕差错了，说得迟疑不敢简断。"以上文字反映的是八旗子弟经过满语学习后达到的满语水平，有人可以参加翻译考试，有人口语表达流畅标准，而有人还暂时处在只能听懂、不能会话的层面。尽管如此，这已经比"每遇人问及，就张口翻眼……连自己的身份也丢了……分明是会的话，恰乎不得，猛然止住，及至想起来，早已脸上臊红了很多”要进步许多，所以满语会话体文献在挽救满语方面还是有一定贡献的。

通过以上的分析可以得出，乾隆时期的满语教学实质上是为转用汉语的满族人服务的，目的在于帮助满族人或旗人在满文逐渐衰败的状态下学会满语，从而保持满族的民族特性，传承民族文化。以汉语为教学语言，开展满语教学不是一个个别现象，在清代中期以后各地驻防八旗普遍转用汉语后，满语的语言交际能力逐步丧失，八旗官学、义学随之消失，这在一定程度上导致满族人很难获得满语学习的机会。

会话体文献在这样的背景下产生，的确是适应了满语学习者的需求，为求学者提供了满语学习的机会，甚至可以利用小范围内满语程度好的人来带动身边的其他八旗子弟。但同时我们要认识到，这样分散、无规模、无系统、无组织的学习是无法逆转满语消亡的大环境的。

首先，会话体文献的出现延缓了满语消亡的速度，它让更多人有机会学习满族语言文字，维护了满族的民族性。在这类文献中有大量有关满族习俗、信仰、生活状态的内容，八旗子弟对这些内容的掌握，也是对满族文化的传承和发扬。

其次，满语会话体文献时至今日仍在满－通古斯语族内部发挥着重要作用。如今虽然满语的使用人数已经很少，但锡伯语有着庞大的使用群体，在新疆的大部分地区，锡伯族仍然将锡伯语视为自己的第一语言。因此，满文会话类文献的整理和传播也有利于锡伯语的研究，同时对鄂伦春语、鄂温克语、赫哲语的保护和研究也有着积极的意义。

最后，满汉合璧形式的会话体文献出现在满族与汉族语言相互接触、相互影响之后，其语料价值不仅局限于满语研究，也涉及汉语研究，特别是对北京话的研究具有重要意义。

满语会话体文献在国外满语教学中也具有重要地位。俄国学者利波弗佐夫曾在19世纪30年代编写过《满语读本》（圣彼得堡1839），此书是在满汉对照的教科书《清文启蒙》的基础上写成的；朝鲜王朝司译院翻译的作品也十分卓越，仅就语言学研究成果来看，包括汉韩满辞典《同文类解》（1748年出版）两卷，此书是参阅《御制清文鉴》《大清全书》《同文广汇全书》而成，突出特点在于满语词或词组不用满文而是用韩文拼写，更显满－韩翻译体系的珍贵。此书还附有《语录解》，解释了满语的空词（功能词），此部分参照沈启亮的《清书指南》（1682）卷3、《翻清虚字讲约》编写而成。

综上所述，满语会话体文献的整理和研究，对满语文研究、满族历史文化研究以及汉语研究都大有裨益。

二、满族的价值观念

满族信奉萨满教这一原始宗教，崇拜和敬畏祖先、自然。萨满教将宇宙分为天界、下界和人界（也有说法为上中下三界），萨满即是沟通人与鬼神之间的媒介。萨满的祭祀主要分为两种，一种是专职负责祭祀，另一种萨满可以驱邪治病。《黑龙江外记》记载："依彻满洲病，亦请萨玛跳神，而请扎林一人为之相。扎林，唱神歌者也。祭以羊、鲤用腥。萨玛降神亦击鼓，神来则萨玛无本色，如老虎神来狰狞，妈妈神来噢咻，姑娘神来腼腆，各因所凭而肖之。然后扎林跽陈，祈神救命意，萨玛则啜羊血、嚼鲤，执刀枪叉梃，即病者腹上指画而默诵之，病亦小愈，然不能必其不死。"[①]这段文字就是对萨满治病情形的描写。《清文指要》第五十八课《闹鬼》提到："跳神呢是个白，送币呢是无用。"这个"跳神"即指萨满驱邪避难，是满族宗教观念的体现。第七十二课《人皮》称："偌大的年纪了，一点阴德儿不积。"第八十三课《乱撒米粮》称："这样地抛撒五谷，紧着，到了折受的、受饿的时候，才悔之不及呢呀。"都可以反映满族人具有朴素的因果轮回观念，相信今世的所作所为是与下一世的生活息息相关的。

满族人崇尚仕途，认为与做官无关的事情都是徒劳无用的。《清文指要》不止一次强调做官者受人尊重，是功成名就的代表，相比较而言，满族对

① 西清. 黑龙江外记 · 卷六. 哈尔滨：黑龙江人民出版社，1984：68.

于一些文艺技艺却表现出极大的轻视。例如第二十二课《弹琵琶》称："终日吃得饱饱的，抱着琵琶弦子弹的光景，还算是差事啊！""学唱的立门僻，学儒的坐对膝，有此一说，就学到怎样精良地步，不过供人的玩笑罢了，不能免下贱的名色啊！到了正经公所，会弹也算得本事吗？""大人、官员们里头，哪一个是从会弹出身的？"第三十六课《看小说》称："要看书看《通鉴》，长学问。""小说，都是人编的没影儿的话，就是成千本地看了，中什么用？""剪草为马，撒豆变人，明明是谎话，糊涂人们当作真事，呆头呆脑，有滋有味地听。""这上头用心做什么呢？"这些语段说明，满族将"弹琵琶"视为地位卑微的卖艺行当，将"读小说"也视为不学无术。

《清文指要·序》有"大黄满洲"之词，第二课《学清话》又将"汉音"译为"蛮音"，由这样的称呼可以看出满族的民族观，他们也存在以满族为尊为大、将其他民族视为异族的态度。"大"表现出唯我独尊的优越感，而"蛮"是对先秦非华夏民族的泛称之一，秦汉至魏晋南北朝为南方少数民族的泛称，从其构词上即可看出，字面上有粗野、凶恶、不通情理的含义，因此"蛮"历来是对少数民族的蔑称。

满族人讲究社会道德，崇尚朴实，反对阳奉阴违，追求淳朴信实。《绝域纪略·风俗》记载："宁古之风，依然技鹿之世，然中土礼仪之邦所不及者有五：道不拾遗，一也；百里无裹粮，二也；不用银钱，以粟布交易，三也；躏其田而罚其值，虽章京不免，四也；受所予，必思有酬之，五也。有是五者，以臻无为之治，夫何愧焉？至敬礼中朝士大夫，尤为淳厚，良以士大夫迁谪者，声名文物，足当其起敬耳。"[①]《清文指要》第六十七课《信实》强调："大凡人要有信实，人心才服。""应允了，又要改嘴，早晨这样，晚上那样，人再怎么信你的话呢？""就是预先把实在处给他知道了，人也心里烦了，再不指望了。""做事怠慢潦草，捞着逮着说话，成吗？"短短几句，点明满族人应该言而有信，讲究

① 方拱乾. 绝域纪略·卷二十六(又名《宁古塔志》). 世楷堂藏版. 道光年间:81—82.

道德，没有信实之人得不到别人的尊重。第四十七课《真假》称：“细体察他所行的事情，原来不是一个正经人，驾虚弄空，他的真假，哪里捞得着呢？而且心里阴险，不给人好道儿走，口里虽说是向你好，背地里陷害得不轻，要人在他的圈套儿里，就是一个仰面筋斗。”“朋友们提起他来，都说是可怕啊！无有不头疼的。”此段文字说明满族排斥表里不一之人，追求美好淳朴的风尚。第二十七课《做好事》从反面论证了积德行善，不可作恶的重要性：“比方说作恶的人，任凭怎样地吃素、铺路、修桥，岂能解他的罪呢？”

除此之外，满族还注重礼仪，尊崇孝道，尊敬父母，兄友弟恭。《宁古塔山水记·域外集·宁古风俗论》记载：“敬老而尊齿也，享赛而祀祖宗也。”[①]《柳边纪略》记载：“新岁卑幼见尊长，必长跪叩首，尊长者坐而受之，不为礼。首必四叩，至三则跪而昂首若听命者然，尊长者以好语祝之，乃一叩而起，否则不起也，然亦无不祝者。少者至老者家，虽宾必隅坐。随行出遇老者于途，必鞠躬垂手而问曰赛音……若乘马，必下，俟老者过，老者命之乘，乃敢避而乘。”[②]第三十二课《孝道》称：“为人子的，要想着父母勤劳养育的恩，该当趁着父母未老之前，讲好衣服、美食物侍奉，和颜悦色的叫喜欢。”“闹着逼着叫分家的都有……这样的人，天地不容，鬼神共恨，焉得善终呢？”“展眼之间，他的子孙也就踩着踪迹照样的了。”一再强调为人子女者要善待父母、尊敬长者。朴素的因果轮回观念也引导满族人要在孝顺父母上身为榜样，子孙后代才会依照自己的行事方式对待长辈。第十课《为学要紧》教导满族子弟“学的义理明白了，在家孝亲，做官给国家出力”。第二十课《囊中之锥》赞赏“父母跟前孝顺，兄弟之间亲热”的作为。第二十七课《做好事》推崇“做好事啊，说的是咱们当尽的孝弟忠信之类”。第三十一课《弟兄》：“弟兄里头，要说是伤一个，就像手足折了一双，岂可再得呢？”“偶然不幸，出一件祸患事，也还是弟兄脉络相关，拼命地巴结着搭救罢咧。”“看起这个来，没有如

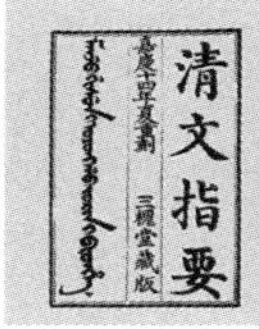

① 张缙彦. 宁古塔山水记·域外集·宁古风俗论. 哈尔滨：黑龙江人民出版社，1984.

② 杨宾. 柳边纪略·卷之四. 北京：中华书局，1985：258.

弟兄的啊!”以上这些语句都说明兄弟亲情在人性中的重要性。

三、满族的饮食文化

满族具有独特的饮食文化,显示出传统的民族特点,尤以吃肉大典为著。据《清朝野史大观》卷二《清宫遗闻》记载:“凡满洲贵家有大祭祀或喜庆,则设食肉之会。无论识与不识,若明其礼节者即可往。初不发简延请也,至期,院中建芦席棚,高过于屋,如人家喜棚然。遍地铺席,席上又铺红毡,毡上又设坐垫无数。客至席地盘膝坐垫上,或十人一围,或八九人一围。坐定,庖人则以肉一方约十斤,置二尺径铜盘中献之。更一大铜碗,满盛肉汁,碗中一大铜勺,每人座前又人各一小铜盘,径八九寸者,亦无醯酱之属。酒则高粱倾于大磁碗中,各人捧碗呷之,以次轮饮。客亦备酱煮、高丽纸、解手刀等,自片自食,食愈多则主人愈乐,若连声高呼添肉,则主人必再三致敬,称谢不已。若并一盘不能竟,则主人不顾也。肉皆白煮,例不准加盐酱,甚嫩美。善片者能以小刀割如掌如纸之大片,兼肥瘦而有之。满人之量大者,人能至十斤也。主人并不陪食,所巡视各座所食之多寡而已。其仪注则主客皆须衣冠。客入门,则向主人半跪道喜毕,即轻身随意入座,主人不安座也。食毕即行,不准谢,不准拭口,谓此乃享神馂余,不谢也,拭口则不敬神矣。”①《清文指要》第三十课《吃大肉》正好反映了这一饮食文化。其中“阿哥们,别叫主人家劳神,咱们序齿一溜儿坐着吃”体现主人不安座,客人随意,入座用食,主人若招呼“阿哥们,请吃肉泡汤吃是呢”,那么客人则回敬“哎呀!你这是什么话?错了,咱们起初有这样的规矩来着么?”正是主人不陪食,也不应过多张罗,这样做的原因在于“这个肉啊,是祖宗的恩惠呀!强让得吗?况且宾客们来去,还不接送,像这样让起来,不忌讳吗?”都体现了不言谢、不拭口、食毕而行不相送、享恩惠并敬神灵的民族特点。

诸如此类的例子还见于第十三课《款待客人》,如:“阿哥,你这是怎么

① 清朝野史大观·卷四,清宫遗闻.上海:上海书店,1981:29.

说？有割的肉就完了，又要这些肴馔做什么？”“割的肉”即指满族在祭祀过程中所食用的白肉，满族在祭祀时杀猪祭神，主人、客人均手持刀自割白肉而食，也属吃肉大礼。《黑龙江外记》记载：“满洲宴客，旧尚手把肉，或全羊。近日沾染汉习，亦盛设肴馔，然其款式不及内地，味亦迥别，庖人之艺不精也。所谓手把肉，持刀自割而食也。故土人割肉不得法，有‘屯老二’之诮。”①

这里的吃肉大典都与满族的祭祀活动相关。第三十课《吃大肉》寥寥几句就点明了祭祀活动中“宰猪、收拾杂碎”“背灯的肉”等重要信息。《宁安县志》对清末宁古塔地区满族的祭祀活动做了详细的记载：“满族则每年举行两次家祭，祭时于上屋西炕排列木人或各色绫条以代表祖先，祭之前一日，以黍米煮熟捣作饼曰打糕，粘后以食。戚族又于族中择一人为察玛，戴神帽系裙摇铃持鼓跳舞，口诵吉词，众人击鼓相和，曰跳家神，祭用豕，割豕肉置碗内供于神前，名阿玛、尊肉至碗，复献牲如晨礼，晚间撤灯而祭，名曰避灯，祭神之肉不得出门，惟避灯肉可以馈亲友。又立七尺七寸或九尺三寸高细木于院内南隔，置斗其上，形如浅碗，名曰祭杆，祭之次日献牲于杆前，谓之祭天，以猪肠及肝肺生置其中，用以饲鸟，又以猪之喉骨带于杆，再祭时则以新易旧。”②“背灯祭”的由来相传是因为女神于西炕裸体升天，为了避免正视女神裸体降临，有所不恭，因此晚间祭祀时必须熄灯。

第二十六课《拜年》称“现成的煮饺子吃几个”，表明满族在节日期间也有吃饺子的习俗。

除了吃肉，满族人还好饮酒，各种场合都可以见到酒的身影。第十三课《款待客人》称：“有割的肉就完了，又要这些肴馔（酒菜）做什么？”第二十三课《放章京》称：“想是恐怕来吃你的喜酒。”第三十九课《请托》称：“从窗户眼儿往里看，你给我拿酒，我给你回钟，搅在一处吃热了。”第四十二课《郊

① 西清. 黑龙江外记·卷六. 哈尔滨：黑龙江人民出版社，1984：62.

② 宁安县志编纂委员会. 宁安县志. 哈尔滨：黑龙江人民出版社，1989.

游》称："彼此说着话，吃着酒。"第四十四课《下大雪》称："一面叫收拾酒菜，一面点了一盆旺火，赶请了兄弟们来，酒肴早已齐备了，抬上来慢慢地吃着酒。"第五十课《上坟》称："奠一钟酒啊！"第六十一课《烂醉》称："一说喝酒，比他阿玛的血还爱。"从以上这些例句我们可以看出，酒在满族人的生活之中具有重要地位，无论是欢喜的场面助兴，诸如与朋友相聚、职位升迁、赏景谈天，还是庄严的场面，诸如上坟祭奠，都少不了酒。由此观之，满族人对酒的喜爱非同一般。而在顺治、康熙时期，朝廷明令禁止在东北制造、买卖酒。不料在乾隆年间成书的《清文指要》却反映了酒与满族生活的密切关系。

满族之所以有这样的饮食文化是由独特的因素决定的。首先，满族世代居住在东北地区，这一地带，冬天寒冷漫长、时常飘雪，因此满族食物多以高热量的肉类食材和暖体的酒类为主，满族饮食习俗中的烧煮方法也适用于东北地区干冷的气候条件。我们在《清文指要》为数不多的描写饮食的文章中并未发现满族食物中有对蔬菜食品的记载，这也是因为东北地区蔬菜品种少、每年按季节集中生长的缘故。其次，满族的饮食习俗是由其民族生产、生活方式决定的。满族喜食猪肉，吃大肉、用匕首割肉是满族典型的民族食俗，由于最初生产力的水平并不发达，因此满族在食物的加工上就显得简单，从而保留了食材的醇味之美，从而形成满族独特的烹饪风格。

四、满族的服饰文化

满族服饰具有浓郁的民族特色，反映了北方骑射民族的生活特点和审美情趣。满族世代居于白山黑水之间，所处自然环境寒冷恶劣，因此满族的冬季服装多以皮毛材质为主。《柳边纪略》记载："我于顺治十二年流宁古塔，尚无汉人，满洲富者缉麻为寒衣，捣麻为絮，贫者衣狍、鹿皮，不知有布帛……貉子皮出鱼皮国者佳，犬与狐等，每皮四五钱，拔枪毛为帽，塞外御寒在貂上。有为被者，若为被则不拔枪毛。"由这一段史料记载可知，满族人衣服的主要材料即为毛皮，用途非常广泛，他们不仅用毛皮缝制衣服，而且用毛皮制作帽子和被子，并且贫者、富者的衣料也截然不同。

随着满族社会的发展，等级分化日益明显，不同层次的人服饰也不相同。上至皇帝皇子，再到文武百官，下至平头百姓，服饰都有一定的规定。在此着重分析大众服饰，更能彰显满族的民族特色。

满族最突出的一种服饰就是旗袍，因其为“旗人”特有的袍子而得名。旗袍主要分为单、夹、皮、棉四种，上衣、下衣联结在一起，是为了适应骑射的需求，这与汉族服饰带有明显不同。男子旗袍为便于骑射而四面开契，在袖口上接有半月形的袖头，称为“马蹄袖”，在冬季狩猎时放下，起到御寒保护手背的作用，平时则挽起。满族保持着将马蹄袖弹下来行跪拜礼的礼节。相比较男子旗袍，女子的旗袍更加注重装饰，在领口、袖口部位镶嵌花纹，以突出美感。经过漫长的演变，如今的旗袍发展成为展示女性美的服饰，不仅深受汉族女性喜爱，更在世界范围内代表了东方女性含蓄、内敛的气质，成为中华民族的服饰精品。

满族人习惯在旗袍外面罩一件褂子，《清文指要》第六十三课《貂鼠褂子》就描写了这样的服饰：“颜色黑，毛厚，做得精致，锋毛儿也齐，而且面子的缎子很厚，时样的花儿。”“褂子”即为“马褂”，是满族人在旗袍外面所套的一件长到肚脐的对襟短褂，分为有袖和无袖两种，《清稗类钞·服饰类》记载：“马褂较外褂为短，仅及脐。国初，惟营兵衣之。至康熙末，富家子为此服者，众以为奇，甚有为俚句嘲之者。雍正时，服者渐众。后则无人不服，游行街市，应接宾客，不烦更衣矣。”[①]这种衣服最初是满族人在骑马时所穿，既方便利落又抵御风寒，到清朝中期已普遍流行。《清文指要》中的“面子上有流行的花样”的说法也体现着满族人的审美情趣。

第六十五课《拘泥》写道：“老时候，十几岁的孩子们，全能够成全一件衣裳，续上了棉花，合上了里面，翻过来了的时候，你缝大襟，我就行，这个拿腰坎，那个上领子，烙袖子的烙袖子，钉钮子的钉钮子，不过一两天的功夫，就做完了，不但那样，连帽子全是家里做来着。”短短几句，交代出满族服饰中

① 徐珂. 清稗类钞（第十三册）·服饰类. 北京：中华书局，1986：6180.

包括里儿、面儿、大襟、腰坎、领子、袖子、纽扣、帽子，内涵丰富；“缝、行、烙、钉”皆是做衣服的专业术语，没做过衣服的人很难了解，满族人的衣服做工考究，并且亲自动手，以此为荣。

配饰方面，如第十四课《射步箭》提到“翎子”，第二十三课《放章京》提到“孔雀翎子”，“翎子”是清代官服冠饰，官服于冠上装饰各类鸟兽羽毛，以示礼仪和地位的高低。翎子从高到低依次为孔雀翎、蓝翎、黄翎、雕翎等，孔雀翎又有一到三眼的区别。[①] 第八十九课名为《朝珠》。朝珠是清朝礼服中的配饰，五品以上文官，皆得挂朝珠。珠以珊瑚、金珀、蜜蜡、象牙、奇楠香等物为之，其数一百有八粒，悬于胸前。有小者三串，两串则男左女右，一串则女左男右。又有后引，垂于背。本即念珠。满洲重佛教，以此为饰，故又曰数珠。[②]

五、满族的婚丧习俗

满族的婚姻习俗与汉族不同。早在《晋书·肃慎传》中就有关于满族先世婚俗的记载：“肃慎氏……居深山穷谷……将嫁娶，男以毛羽插女头，女和则持归，然后致礼娉之。”《魏书·勿吉传》记载：“初婚之夕，男就女家，执女乳而罢，便以为定，仍为夫妇。”由此可见，满族先世的婚姻十分开放。另据《清朝野史大观》卷二《清宫遗闻》记载：“满洲氏族，皆年及冠笄，始相聘问。男家主妇至女家问名，相女年貌，意既洽，赠如意或钗钏诸物，以为定礼，名曰小定。”[③]《清文指要》第六十九课《姻缘》对上述婚俗也做了描述：“有缘分的上，我们来求作亲来了。”“老爷们要是不嫌，给句疼爱的话吧！”“未来太太们也瞧瞧我的傻女儿。”“瞧了姑娘的时候，把阿哥也叫进去，给这里的太太们瞧瞧，彼此全说是合适了，再磕头，也不迟啊！”这样典型的求亲过程将满族聘问习俗呈现给后人。此外，《黑龙江外记》记载：“官员有力者，妻不生

① 张华克. 清文指要解读. 台北：文史哲出版社，2005：207.

② 徐珂. 清稗类钞（第十三册）· 服饰类. 北京：中华书局，1986：6221.

③ 清朝野史大观 · 卷四，清宫遗闻. 上海：上海书店，1981：29.

子,或怵愚不任家政,则更娶一妻,号二房,此旧俗也。近则有二房不已,复娶三房,皆良家女,媒妁所成,举乐肆筵,亲族聚贺,然不敢报幕府请领赏银,则事干例禁,其人非不知。”[①]此段史料记载了满族纳妾的社会现象,《清文指要》对此也有记载。第七十课《夫妻》提及“说要放妾使小”,“新近用五百两银子买了个女人,收在跟前”,这与《黑龙江外记》的叙述相符,都验证了纳妾这一现象。

满族先世的丧葬习俗十分原始。《晋书·肃慎传》记载:“死者其日即葬之于野,交木作小椁,杀猪积其上,以为死者之粮。性凶悍,以无忧哀相尚。父母死,男子不哭泣,哭者谓之不壮。”《魏书·勿吉传》也记载:“其父母春夏死,立埋之,冢上作屋,不令雨湿;若秋冬,以其尸捕貂,貂食其肉,多得之。”《旧唐书·靺鞨传》记载:“死者穿地埋之,以身衬土,无棺敛之具,杀所乘马于尸前设祭。”满族先世的丧葬方式是很原始的,肃慎人实行土葬,而且实行立即埋葬的方式;勿吉人丧葬形式随季节变换,夏季则行土葬,若冬季则行天葬;靺鞨人同样采用土葬的方式,但此时已经出现了随葬品,具有祭祀的雏形。

《清文指要》反映的满族的丧葬习俗主要表现为土葬。第五十课《上坟》提及,“你前日往园里上坟去来着吗?”“旧园子总没地方了,看风水的人们,都说那个地方好的上头,才在那里立了坟院”,说明是有专门的院子进行土葬,以便于人们去祭奠,并且满族也有看风水选择坟院的习俗。第六十四课《吊唁》称:“看着家里的人们穿着煞白的孝”,“昨日做道场”,“几时出殡”,“他们的坟园在哪里?与我们的园里相近”等语句点明了丧葬习俗中的土葬、祭奠、服孝等内涵。《黑龙江外记》还记载了一段满族的丧葬习俗:“人死焚尸而瘗(埋葬之意),曰熟葬,老人间有免者,然亦满洲汉军数家。熟葬之法,舁棺至郊野,置柴上,请师举火,火炽尸起,梃而仆之,须臾肉尽,骨仅存,然后拾贮所谓净匣中而瘗之土。然师之业苟不精,骨亦易为灰烬,此势家之

① 西清.黑龙江外记·卷六.哈尔滨:黑龙江人民出版社,1984:65—66.

所以严择师也。”[①]这段对满族的丧葬记载更为详细,人死先是火葬,然后取骨灰而埋,这一系列仪式要请经验丰富、技艺精湛的大师为之,这样的丧葬习俗充满满族特色。

六、其他习俗

《清文指要》蕴含的满族文化不胜枚举,除了以上特别突出的几个方面外,还有一些习俗与文化在字里行间渗透出来。首先是满族礼仪。满族人很注重礼节,《宁古塔纪略》记载:“无作揖打恭之礼,相见惟执手,送客垂手略曲腰。如久别乍晤,彼此相抱,复执手问安。如幼辈,两手抱其腰,长者用手抚其背而已。妇女以右手抚其额,点头为拜。如跪而以手抚额点头,为行大礼。妇女辈相见,以执手为亲,拜亦偶耳。除夕,幼辈必到长者家辞岁,叩首,受而不答。等辈同叩。”[②]“《盛京通志》称土俗云,行者不赍粮,而鸡黍之谊必笃。父兄对宾客,子弟侍立,执杯必恭。按今黑龙江一带,过客到门,必留酒食,肴不过猪肉、鸡卵,而以双上为礼,如鸡卵二盘,猪肉亦二盘也。饮酒则子弟执壶侍侧,酒不尽不去,果如志所云!”[③]史志对满族礼仪的记述比较系统,《清文指要》的描述虽比较零乱,但也反映了满族的礼仪观念。《清文指要》第二十六课《拜年》称:“阿哥新年大喜啊”“老兄长啊!不应当磕头的吗?”“升官、多养儿子、过富贵日子!”“哪里有不出房门的礼”“到家里说我问好了”即是满族人重视礼仪的表现,并且在新年之际,同样把说吉祥话,升官、得子、过好日子作为一种祝福馈赠亲朋好友。

满族的官员补放在《清文指要》中也有所体现。第二十三课《放章京》称:“阿哥喜啊!说是派出放章京来了。是啊!昨日拣选,把我拟了正了。拟陪的是谁?我不认得,是一个前锋什长。”第十二课《当差行走》提到有才有德之人才有可能升迁:“要是尸位素餐,整年家不行走,还是当退的罢咧,

① 西清.黑龙江外记·卷六.哈尔滨:黑龙江人民出版社,1984:66.

② 吴桭臣.宁古塔纪略·卷二十八.世楷堂藏版.道光二十一年(1841):94.

③ 西清.黑龙江外记·卷六.哈尔滨:黑龙江人民出版社,1984:61.

如何指望得升呢?”拟正、拟陪、革退等吏部成语都出现在课文中。第十课《为学要紧》还点明“做官给国家出力”应当尽心竭力。

满族的建筑适应了北方寒冷的气候特点,同时又有很强的实用性。如,房屋分为上屋、下屋和堂屋三大间,中间开门,门两旁各三窗,屋内宽敞,采光充足,便于通风。①《清文指要》第五十八课《闹鬼》记录的房屋信息很多:“那个房子住不得,很凶。起初是我一个族兄买的,从门房七间,到照房五层,很舒服干净来着。到了我侄子的手里,因为那两边的厢房朽烂的上全拆了。”又如第三十九课《请托》称:“未到他上屋以前。”第六十八课《装鬼》称:“在明间里睡觉来着。”第七十四课《春景》称:“所以出了便门”,以及对门房(girin i boo)、照房(fere)、厢房(hetu boo)、上屋、正房(cin i boo)、明间(tanggūli)、便门(ildun duka)的描写都显示出满族房屋的结构特点。

《清文指要》中不乏对自然环境的描写,日月星辰、风霜雨雪都是作者描述的对象。第十九课《及时雨》描绘“一点两点地下雨了”,“略等了一会,下响了”,“忽然一声打起焦雷,下起盆倾大雨来了”,“到今日饭时,才恍恍惚惚看见日光了”,“真是应时的好雨啊!”这段描写犹如一幅连续的画面,将初雨、大雨、雨停的过程描绘得一气呵成。第四十四课《下大雪》称:“原来白花花地下了大雪了”,“大片飘飘雪越下越大了”,“雪的光景,比诸样的都清雅,纷纷地印着,天地万物都煞白了”,如此描绘,突显出意境之优美。第五十一课《大雨》称:“今日早晨,天阴阴的”,“又一片一片地铺开稠云了”,“正说着,就唰唰地下起雨来了”。第五十四课《大风》称:“忽然清清亮亮的日色,变得冷飕飕的了”,“将到家里,就乱起大风来了,把树梢刮得乱摔的声音,好丑听,吹哨子样地一直响”,“走着见街道上的人,全站不住,喝喝哈哈地跑啊!”“又是迎着风的上头,把脸冻得像针扎的一样疼,手指头冻拘了,拿鞭子的劲全没了。吐的吐沫,将到地上,就冻成冰,跌的几截子了”。如此形象、夸张的表述将大风天气恶劣的环境描述出来,使读者有身临其境之感。第

① 杨锡春. 满族风俗考. 哈尔滨:黑龙江人民出版社,1988:46.

五十六课《明月》首先描写月的形象,“不多的时候,月已高升,光辉射照的,就像白日里一样”,最后触景生情,感慨人生,“人生在世,能遇见几遭那样的美景明月呢?”第九十课《燥热》则称:“自从立夏以来,可算得头一等热天了啊”,“各样的器具,全烫手得热”,“这样的燥热,人家光着身子,闲坐着,还怕受热中暑呢!”这样燥热的天气,作者用器具的烫手烘托得淋漓尽致。

《清文指要》也记录了一些与迷信、鬼神有关的社会现象,例如第五十八课《闹鬼》称:“那个房子住不得,很凶”,“忽然间就闹起鬼什么来了。起初闹得还好,久而久之,清天白日里就出声色,现了形了,家里的女人们动不动儿地就说是遇见了鬼了,竟有怕死了的。跳神呢是个白,送币呢是无用。”第五十九课《算命仙》称:“新近城外头来了一个算命的,很是出奇的好啊!听见人告诉,那个人竟是一个神仙了,把咱们过去的事情,倒像谁告诉了他的一样,会拿着算到”,“既有这样的神人啊!多咱咱们弟兄们也去叫他瞧瞧”,“把我的八个字儿给他看了,他竟把父母的什么年纪,弟兄几个,女人什么姓氏,多咱得的官,按件都算得对当,一点儿也不错”。第六十八课《装鬼》称:“头前里一个怪物站着呢!脸像纸一样的白,眼睛里流血,浑身雪白的,蓬着头发,在地下跳呢!”如此之多篇幅的怪力乱神描写,说明满族人对鬼并不避讳。

第五章 《清文指要》文本整理

文本整理是文献研究的一项主要内容，也是文献研究的基础。笔者在本章将《清文指要・序》《字音指要》、卷中、卷下、《续编兼汉清文指要》分别进行了满汉词语对译，对重要词汇、语法、修辞等现象进行必要的注释，并附汉文原文，为专题研究提供进一步的支撑。《清文指要》原文每列左为满文，右为汉文。今为阅读方便，特将汉文原文集中编排于前，再附满汉词语对译，最后为注释。每一课视为一个话对，根据会话内容分设甲、乙等人物，并在汉文原文部分加以标注，以便于阅读理解。

一、《清文指要・序》原文及译注

汉文：

清语者，乃满洲人之根本，任凭是谁不会使不得。怎么说呢！我等幸而生在盛世，因是满洲，若不会说清语，每遇人问及，就张口翻眼，比这个可羞的有吗？比这个可气的又有吗？这上头别说人家讥笑打趣，连自己的身份也丢了，岂不可惜吗？

常见有一等人说起满洲话来，分明是会的话，恰乎不得，猛然止住，及至想起来，早已脸上臊红了很多。这没有别的缘故，皆是平时未学，未练习着说之故也。又有可笑者，满洲话还没有影儿，就先学翻译的。这等人何异北辕赴粤、煮沙要饭者乎？任凭汉文怎么精奥，下笔时，奈何清语短少，不合卯榫，不成套数，虽学至老，难免庸愚名色。粗笔即如盖房，若无柁柱、砖瓦等项,独把匠人们叫来,拿什么做呢?唯有束手观望而已。无有成房之理呀!

即此看来,学翻译以前,当知先学清语为要。但清语甚烦,初学之人,全行诵读,几时是了。因此,我在里头走的空儿,将老辈传说并我学记的,一句一句地集凑着,共集百条,教我族中子弟,以书为名《清文指要》。

此内贯串落脚,各样说清语的方法,虽不周旋,大概眼前应用最紧要者具备。学者果能专心致志,反复熟习,久之自能随意运用,任凭怎样说去无有不成语的,又何愁不会呢?但此书字句甚多,又恐读者抄写费力,故此付匠役刊刻。凡我等好清语的朋友,公与同好,虽无益于通家,在初学未必无小补云。

对译:

manju gisun i ongyonggo jorin i bithei šutucin
满洲 话 的 重要的 要旨 的 书的 序

manju gisun serengge, manju halangga niyalmai fulehe i da. yaya we
满洲 话 所谓 满洲 姓的 人的 根 的 源头 一切 谁

bahanarakūci ojorakūngge kai. adarame seci, muse jabšan de wesihun jalan i
若不晓得 不可以 啊 怎么 说 我们 侥幸 在 盛 世 的

ayan suwayan manju oci, aika manjurame bahanarakū, niyalma be acaha dari
大 黄 满洲 是 如果 说满话 不晓得 人 把 遇见 每

fonjiha de, angga gahūšara yasa šarinjara oci, ereci gicukengge bio, ereci
问 时 口 张口结舌 眼 翻眼 是 比这 羞愧 有吗 比这

fancacugangge geli bio. ede niyalmai yekeršeme basure be hono aisembi,
生气的 又 有吗 因此 人的 拿人开玩笑 嘲笑 还有什么可说

beyei ubu sibiya[1] inu waliyabumbi kai, hairaka akū semeo. kemuni tuwaci
自己的 份儿 签 也 丢弃 啊 可惜 不 吗 经常 看

ememu urse manjulambihede, iletu bahanara gisun bime lak seme baharakū.
有些 人 说满话 显然 知道的 话 而且 恰好 不懂得

deng seme ilinjafi gūniname bahatala, dere aifini dukseme fularakangge
咯噔咯噔 止住 想 及至取得 脸面 早已 (脸)羞红 发红

labdu. ere umai gūwa haran akū, gemu an i ucuri kiceme tacihakū urebume
多 这 全然 别的 缘故 无 全 平时 勤奋 未学 熟

gisurehekū ofi kai. geli injecukengge, manju gisun oron unde de, afanggala
不说 因 啊 又 可笑的 满洲 话 缺 尚未 时 未见怎么样

ubaliyambure be tacirengge bi. enteke niyalma yala yuwei gurun de
翻译 把 学习 这样的 人 实在 越 国 到

genembime sejen be amasi fororo, yonggan be bujumbime buda okini sere ci
去 车 把 北 转向 沙子 把 煮 饭 成为 比

ai encu. nikan bithe de ai hacin i mangga okini, fi nikebuhe manggi
什么 不同 汉书 对 怎么 样子 的 厉害 成了 笔 下(笔) 之后

manju gisun eden dadun, tamin acarakū, yohi banjinarakū be ainara. udu
满洲 话 缺少 残缺 毛梢 没对其 成套 不成 把 怎能 虽然

sakdantala taciha sehe seme, eden baksi sere gebu ci guweme muterakū
至老 学习 不完美的 儒 名 逃脱 不能

kai. muwašame duibuleci uthai boo arara adali, taibu tura wase feise i jergi
啊 粗略地 对应 立刻 房屋 做 一样 梁 柱子 瓦 砖 的 项

hacingga jaka akū oci, faksisa be teile gajiha seme, aini weilebumbi. gala
种类 东西 无 若 工匠们 把 仅仅 来 无以 修建 手

joolafi tuwara dabala, boo šanggara kooli akū kai. erebe tuwahade,
停止 看 罢了 房子 成全 道理 无 啊 由此 看

ubaliyambure be tacire onggolo, neneme manju gisun tacire be oyonggo obure be
翻译 把 学习 之前 先 满洲 话 学习 把 重要 成为 把

saci acambi. damu manju bithe umesi labdu geren, teni tacire urese
知晓 应该 只是 满洲 文 很 多 众多 才 学习 人

wacihiyame hūlaci atanggi dube da. uttu oci bi dolo yabure šolo de sakdasai
完全 读 何时 头绪 因此 我 里面 走 空儿 在 老人的

ulandume gisure he, mini tacifi ejehengge be, emu gisun emu gisun i
相传的 说的 我的 学 记的 把 一 字 一 话 地

acamjahai, uheri tanggū meyen iktamfi. mini mukūn i deote juse be tacibuha,
集聚 共 百 则、条 堆积 我的 族 的 弟们 子 把 学习
bithei gebu be manju gisun i oyonggo jorin sehe. erei dorgide wasinara ici
书的 名字 把 满洲 话 的 重要 指要 称为 这 内 下去 方向
tuhenere kemun, hacingga manjurara fakjin udu akūmbume yongkiyahakū
落下 尺度 各样的 说清话 方法 虽然 尽力 不完备、不齐全
bicibe, amba muru yasai juleri baitalaci acara oyonggo oyonggongge gemu
虽然 大 标准 眼的 前 用 应 重要的 重要的 全
belhehebi. tacire urse unenggi ede gūnin girkūfi hing seme fuhašame
准备 学习 人们 诚然 在此 心思 专心 专心致志 思考、推敲
urebuci, guidaha manggi ini cisui gūniha ici forgošome gamame mutembi,
熟练 长久 之后 他的 意愿 思想 方面 翻转 拿取 能够
absi gisurecibe gisun banjinarakūngge akū be dahame, bahanarakū jalin de geli
往哪 说 话 不成 无 既然 不会 为 又
ai joboro. damu ere bithe hergen jaci labdu, geli hūlara urese sarkiyame
什么 忧愁 只 这 书 字 再 多 又 读 人 抄写
arara de hūsun baiburakū seme. uttu faksi de afabufi folobufi, musei adali
做 时 力气 不求 因此 工匠 给 交给 使刻 我们的 一样
manju gisun de amuran gucuse de uheleki sembi, udu hafuka saisa de
满洲 话 对 喜好 朋友们 对 同 说 虽然 通 好 对
nonggibure ba akū bicibe tukten tacire urse de majige niyececun akū semeo.
增加 处 无 虽然 初 学 人 对 小 补 无 吗

注释:

[1] ubu sibiya 为固定搭配,语义为“身份、体统”。

二、《清文指要》(卷上)《字音指要》原文及译注

汉文：

今叙明初学清文少年，应知数语，以便讲习。读说清语分别“伊”“尼伊”最为紧要，应知之。

十二字头内，唯第四头字下，当写“伊”者，虽写“伊”者，却读“尼伊”，说“尼伊”。譬如，或读或说，皇上的恩、国家的福。推而广之，第四头字下，凡当写“伊”者，皆写“伊”，读“尼伊”，说“尼伊”，悉本此。第五头字下，当写“伊”者，皆写“尼伊”，亦读“尼伊”，说“尼伊”。譬如，或读或说，王子们上护卫，公属下官员。推而广之，第五头字下，凡当写“伊”者，皆写“尼伊”，读“尼伊”，说“尼伊”，悉准此。除第四、第五此二头外，其余十头字下，应写“伊”者，皆写“伊”，读“伊”，说“伊”。

年、日、夜、春、夏、秋、冬等字下，或有至、遇等句，用“德额”外，其余无至、遇等句者，皆不用“德额”。譬如，或写或说，俟至某年某日某夜再行酌辨、俟遇某春某夏某秋某冬再行定议，此即年、日、夜、春、夏、秋、冬字下，用“德额”者。如无至、遇等句，直接下文写说者，皆不用“德额”。譬如，或写或说，甲午年中的举人、乙未年中的进士、某年某月初一日、奏、本日奉旨、知道了、钦此、为此谨奏、为此上呈，此皆年、日及为字下，不用“德额”字。

现行式样，《御制翻译书经》有曰：“正月上日，受终于文祖庙，语在舜典。”《御制翻译诗经》有曰：“昼尔于茅，宵尔索绹，语在豳风。”《圣谕广训》有曰：“所虑年谷丰登，或忽于储蓄，布帛充赡，或侈于费用，不俭之弊与不勤等。”语在重农桑，以足衣食。又曰：“尔兵民清夜自思，其咸体朕意。”语在完钱粮以省催科。《御制古文渊鉴》有曰：“春蒐、夏苗、秋狝、冬狩，皆于农隙，以讲事也。”语在鲁臧僖伯谏观鱼。以上数段，皆年、日、夜、春、夏、秋、冬及为字下，不用“德额”字确据。

清语内，“伯额”“墨额”“妻伊”“飞伊”等虚字甚多，在所不论。唯举“伊”“尼伊”“德额”数字，既以现行格式为法，而又引经据训，往复发明，其

意何居？盖因彰明较著，人所共知者，毋庸重赘。忽焉不察，易于混淆者一一指出，以备采择。无非稍尽鄙怀，正其错谬，亦补偏、救弊之一端耳。况“伊”“尼伊”颠倒，不思改正，尤为清语之疵。即如美玉有瑕，不得谓之完璧。清语带疵，亦难望其精通。既能清语，不务完全，深为可惜。诚能知其所关紧要，将此编反复翻阅，切实记忆，时加检点，正其错误，用功日久，渐进自然。不特可免残缺不精之讥，并可成熟练无疵之美。岂不休哉！

第六头七十二字尾左，皆有双点；又有无此双点四十字内，不时书写者二十字，殊难记忆。是以编著七言六句之歌，将此记熟，则能辨别无差异。

七言六句歌：

a 字 为 始 fu 其 终，
ne se de le me ce 同，
be pe je ye 与 hū 类，
ke ku 二 句 一 样 通，
再 加 fe 来 十 二 整，
毋 庸 双 点 尾 皆 弓。

对译：

te tuktan tacime manjurara asihata de ulhibuci acara udu gisun be
现在 初 学习 说清话 少年们 对 明白 应该 虽然 话 把
getukeleme arafi, giyangnara urebure de ja obuhabi. manjurara de, i sere
明白 做 讲(书) 熟练 对 容易 成了 说清话 时 伊 说
hergen, ni sere hergen be ilgame hūlara, gisurerengge umesi oyonggo, erebe
字 尼伊 说 字 把 分辨 读 说话 很 重要 将此
saci acambi. juwan juwe ujui dolo, damu duici ujui hergen i fejergi de i
知晓 应该 十 二 头的 内 只 第四 头的 字 的 下面 在 伊
seme araci acarangge be gemu i seme aracibe, ni seme hūlambi,
写 应该 把 全 伊 虽写 尼伊 读
gisurembi. duibuleci, ejen i kesi, gurun i hūturi seme hūlara i gisurere
说 比较 皇上 的 恩 国家 的 福 读 以 说

adali. ere badarambume gamame, duici ujui hergen i fejergi de yaya i seme
一样 这 扩大、发展 安排 第四 头的 字 的 下面 在 任何 伊
araci acarangge be, gemu i seme aracibe, ni seme hūlara, gisurerengge yooni
写 应该 把 全部 伊 写 尼伊 读 所说的 全
ere songko. sunjaci ujui hergen i fejergi de, i seme araci acarangge be
这 按照 第五 头的 字 的 下面 在 伊 写 应该 把
gemu ni seme arambi, inu ni seme hūlambi, gisurembi. duibuleci, wang ni
全都 尼伊 写 也 尼伊 读 读 比较 王 的
dukai hiya, gung ni harangga hafan seme hūlara, gisurere adali. erei
门的 侍卫 公 的 所属 官员 读 说 一样 这
badarambume gamame, sunjaci ujui hergen i fejergi de, yaya i seme araci
扩大、发展 安排 第五 头的 字 的 下面 在 任何 伊 写
acarangge be, gemu ni seme arara, ni seme hūlara, gisurerengge yooni ere
应该 把 全都 尼伊 写 尼伊 读 说 全 这
songko. duici, sunjaci ere juwe uju ci tulgiyen funcehe juwan ujui hergen i
按照 第四 第五 这 二 头 之外 其余 十 头的 字 的
fejergi de i seme araci acarangge oci, gemu i seme arambi i seme hūlambi,
下面 在 伊 写 应该 若 全 伊 写 伊 读
gisurembi. aniya, inenggi, dobori, niyengniyeri, juwari, bolori, tuweri i jergi
说 年 日 夜 春 夏 秋 冬 的 等
hergen i fejergi de, eici isinaha, eici teisulehe sere jergi gisun
字 的 下面 在 或者 到达 或者 相遇 等 字
bisirengge ohode, de, sere hergen baitalaraci tulgiyen funcehe isinaha, teisulehe
有 德 字 使用 之外 余 到达 相遇
sere jergi gisun akūngge oci, gemu de sere hergen baitalarakū. duibuleci, eici
等 字 没有 全 德 字 不用 比较 或者
tere aniya, tere inenggi, tere dobori de isinaha manggi, jai kimcime icihiyaki,
那 年 那 日 那 夜 到 到达 之后 再 勤勉 办理

tere niyengniyeri, tere juwari, tere bolori, tere tuweri de teisulehe erinde, jai
那 春 那 夏 那 秋 那 冬 在 相遇 时候 再
toktobume gisureki seme arara, gisurere adali ere uthai aniya, inenggi, dobori,
定夺 议 写 说 一样 这 就 年 日 夜
niyengniyeri, juwari, bolori, tuweri sere hergen i fejergide, de sere hergen
春 夏 秋 冬 字 的 下面 德 字
baitalarangge. aika isinaha, teisulehe sere jergi gisun akū, šuwe fejergi gisun
使用 倘若 至 相遇 等 话 无 直接 下面 话
be sirabume arara, gisurere de oci, gemu de sere hergen baitalarakū.
把 连接 写 说 时 全都 德 字 不用
duibuleci, eici niowanggiyan morin aniya dosika tukiyesi, niohon honin aniya
比较 或者 甲 午 年 内 举人 乙 未 年
dosika dosikasi, tere aniya tere biyai ice de, wesimbuhede, ineku inenggi hese
内 进士 那 年 那 月的 初一 日 奏 本 日 旨
saha sehe. erei jalin gingguleme wesimbuhe, erei jalin gingguleme alibuha seme
知道 钦此 这 为 恭谨 奏 这 为 恭谨 呈
arara gisurere adali, ere gemu aniya, inenggi, jai jalin sere hergen i fejergide,
写 说 一样 这 全都 年 日 再 为 字 的 下面
de sere hergen baitalarakū. ne yabubure kooli durun, han i araha
德 字 不用 现在 行 按照 式样 汗 的 写
ubaliyambuha dasan i nomun de henduhengge, aniya biyai dergi, wen dzu han
翻译 政治 的 经书 在 说 年 月的 上 文 祖 汗
i juktehen de duben be alime gaiha sehebi, ere gisun šun han i kooli i
的 庙 在 末尾 把 取 获取 这 语 舜 汗 的 例 的
fiyelen de bi. han i araha ubaliyambuha irgebun i nomun de henduhengge,
典章 在 有 汗 的 写 翻译 诗 的 经书 在 说
inenggi elben ganambi, dobori futa murimbi sehebi, ere gisun bin gurun i
日 茅草 取 夜 绳索 拧 这 话 豳 国 的

tacinun i fiyelen de bi. enduringge tacihiyan be neileme badarambuha bithede
风 的 篇章 在 有 神圣 教育 把 启发 发展 文

henduhengge, damu jobošorongge, jeku ambula bargiyara aniya, embici
说 只 忧愁 粮食 大 收获 年 或者

isabume asarara be gūnirakū, suje boso elgiyen baha ucuri, embici mamgiyame
聚集 贮存 把 不考虑 缎 布 富裕 得到 时候 或者 奢侈

fayame baitalara oci, malhūšarakū ufaracun, kicehekū ci encu akū sehebi. ere
花费 使用 不节俭 过失 不勤勉 比 不同 没有 . 这

gisun usin nimalan be ujeleci, eture jetere be tesubure hacin de bi. geli
话 田 桑树 把 为重 穿 食 把 使足 类 有 又

henduhengge, suweni geren cooha irgen šumin dobori kimcime seolefi, mini
说 你们 众 兵 民 深 夜晚 勤勉 思索 我的

gūnin de acabuci acambi sehebi. ere gisun jeku caliyan be wacihiyafi hafirame
心 在 符合 符合 这 话 粮食 钱粮 把 完成 逼迫

bošobure ba akū obure hacin de bi. han i araha julgei šu fiyelen i šumin
催 处 无 类 有 汗 的 写 古 书 篇 的 深

buleku bithede henduhengge, niyengniyeri sonjome abalame, juwari usin i
鉴 书 说 春 挑选 围猎 夏 田 的

jalin abalame, bolori wame abalame, tuweri kame abalame, gemu usin i šolo
为 围猎 秋 杀 围猎 冬 阻挡 围猎 全 田 的 空

de baita be deribumbi gisun. ere gisun lu gurun i dzang hi be nimaha butara
在 事情 把 开始 话 这 话 鲁 国 的 臧僖 伯 鱼 捕

be tuwanara jalin tafulara fiyelen de bi. erei wesihun udu meyen, gemu aniya,
把 看 为 谏 篇章 在 有 这 上 多少 则、段 全 年

inenggi, dobori, niyengniyeri, juwari, bolori, tuweri, jai jalin sere hergen i
日 夜 春 夏 秋 冬 再 为 字 的

fejergide, de sere hergen baitalarakū yargiyan temgetu. manju gisun i dorgide,
下面 德 字 不用 确实 证据 满洲 话 的 内

be, me, ci, fi i jergi untuhun hergen umai labdu, umai jorihakū bime
伯额 墨额 妻伊 飞伊 的 等 空、虚 字 全然 多 全然 不指 而且
damu i, ni, de sere udu hergen be tucibume araha, ne yabubure kooli
只 伊 尼伊 德 多少 字 把 出来 写 现在 行 例
durun be alhūdakini sehe dade, geli nomun, tacihiyan be yarufi dahin dabtan
式样 把 模仿 又 书经 教 把 引导 反复地 打
i getukeleme tucibuhengge ai gūnin seci, cohome gehun iletu bolgo
的 明白、清楚 出来 什么 心意 特意地 明亮 明显 清
getuken, niyalma tome gemu sarangge oci, dahime dalhidara be baiburakū,
清楚 人 每 都 知道的 重复 唠叨 把 不使用
dubifi kimcirakū, jai farfaburengge be emke emke i jorime tucibufi, sonjofi
习惯 不勤勉 再 使迷乱 把 一 一 的 指教 出来 挑选
baitalara de belhehe, eiterecibe mentuhun gūnin be majige akūmbufi, tašaraha
使用 对 准备 总之 愚钝 思想 把 稍微 尽力 出错
jurcenjehe babe tuwancihiyaki sere turgun. inu urhuhe babe niyecetere, eyehe
互不相同 处 看 缘故 也 偏斜 处 修补 流
tacin be maribure jalin emu erinde deribuhebi dere, tere anggala i sere
学 把 使回 为 一 时候 开始 吧 况且 伊
hergen, ni sere hergen fudarame forgošobure babe halame dasara be
字 尼伊 字 倒着、反着 调转 处 改变 管理 把
gūnirakūngge ele manju gisun i cilcin, uthai berten bisire saikan gu
未想 更 满洲 话 的 (行文)不通顺 就 污点 有 好看的 玉
be, yongkiyaha gu seci ojorakū adali. manju gisun de cilcin bici, inu narhū
把 完备、齐全 玉 说 不可以 一样 满洲 话 在 疙瘩 有 也 细
sain ojoro be erehunjeme banjinarakū, manjurame muteci tetendere gulhun
好 可以 把 指望 不得 说清话 能 既然 明白
muyahūn ojoro be kicerakū oci, ambula hairacun. unenggi terei holbobuhangge
完全 可以 把 不勤勉 大 可惜 诚然 那个 关联的

oyonggo be safi, ere bithe be dahin dabtan i fuhašame tuwaci, tengkime
重要 把 知道 这 书 把 反复地 打 的 思考 看 深刻

ejefi, erindari gūnin tebufi kimcime, tašarara jurcenjehe babe tuwancihiyaci,
记录 每时 想 安置 勤勉 出错 互不相同 处 看

kiceme genehei inenggi goidaha manggi, ulhiyen i elehun de isinafi, gisun ede
努力 去 日 长久 之后 渐渐地 泰然 到 到达 话 因此

narhūn akū sere basucun ci guweci ojoro teile akū, umesi urehe bime cilcin akū
细 无 可笑的 比 避免 可以 仅仅 全然 熟练 而且 疙瘩 无

sere maktacun bahaci ombi, yala sain akū semeo. ningguci ujui nadanju juwe
名誉 获得 成 实在 好 无 吗 第六 头的 七十 二

hergen i uncehen i teisu hashū ergide gemu juwe tongki bi, geli ere juwe
字 的 尾 的 相对 左 边 全 二 点 有 又 这 二

tongki akū dehi hergen i dorgi, manju gisun de holbobufi kemuni arara orin
点 无 四十 字 的 内 满洲 话 对 关系 仍然 写 二十

hergen be, ejere de umai mangga ofi tuttu nadata hergen ninggun gisun i ucun
字 把 记录 全 难 所以 各七 字 六 话 的 歌谣

banjibuha, erebe ureme ejehe de, uthai ilgame muteci tašaraburakū ombi.
成 将此 熟练 记录 时 就 分辨 能 不出错 可以

nadata hergen ninggun gisun i ucun.
各七 字 六 话 的 歌谣

a 字为始 fu 其终，
ne se de le me ce 同，
be pe je ye 与 hū 类，
ke ku 二句一样通，
再加 fe 来十二整，
毋庸双点尾皆弓。

三、《清文指要》(卷中)原文及译注

第一课　念满洲书

汉文:

甲:听见说你如今学满族书呢。很好!清话呀,是咱们头等头要紧的事,就像汉人们各处的乡谈一样,不会使得吗?

乙:可不是什么。我学汉书十年多了,至今并无头绪。再要是不念满洲书,不学翻译,两下里都至于耽搁了。因此上,我一则来瞧阿哥,再还有恳求老长兄的去处,但只难于开口。

甲:这有什么,有话就说。要是我能的事,你跟前我还辞吗?

乙:我求的是,阿哥疼爱我,就是乏些儿也罢。得空儿,求编几条清话,教我念念。兄弟若能出息,都是阿哥恩惠啊!断不肯忘恩,必然重报。

甲:什么这们说呢?你还是别人吗?只说你不学罢咧!既然要学,我巴不得地叫你成人啊!报答是什么话?咱们里头也说得吗?

乙:虽是那们说,我可感念不尽。就只是拜谢罢咧。

甲:说什么呢?

对译:

ujui[1] kicen manju bithe hūlara[2]
第一的 课程 满洲 书 读

donjici[3] si te manju bithe tacimbi sembi, umesi sain, manju
听见 你 现在 满洲 书 学习 说 很 好 满洲

gisunserengge[4], umesi ujui uju oyonggo baita, uthai nikansi[5] meni meni[6]
所说的 很 头的第一 重要 事情 就 汉人们 各自

ba i gisun i adali[7], bahanarakūci[8] ombio[9], inu waka oci ai. bi
地方 的 话 相同 如果不会 可以吗 是 非 成为 什么 我

juwan aniya funceme nikan bithe taciha[10], tetele umai dube da tucirakū, jai
十 年 余、多 汉人 书 学习 至今 全然 头绪 未学 再

manju bithe hūlarakū, ubaliyambure be[11] tacirakū oci, juwe de[12] gemu
满洲 书 不读 翻译 把 不学 若 二 于 都

sartabure de isinambi, uttu ofi, bi emde oci, age be tuwanjiha[13], jai de
耽搁 于 到达 所以 我 在一 若 阿哥 把 来看 二 在

oci, geli sakda ahūn de[14] baire babi, damu baibi angga juwara de[12]
若 又 老 兄长 向 请求只是 只 白白 口 开口 于

mangga, ede aibi, gisun bici, uthai gisure, mini mutere[15] baita oci,
困难 因此 有什么 话 若有 就 说 我的 能的 事情 若是

sinde bi geli marambio, mini bairengge, age gosici, šadambi seme[16] ainara,
对你 我 又 推辞吗 我的 所求 阿哥 疼爱 乏、疲倦 即使 何须

šolo šolo de[17], udu meyen manju gisun banjibufi[18], minde hūlabureo[19], deo
趁闲暇 几 条 满洲 话 编成 让我 令使读 弟

bi bahafi hūwašaci, gemu age i kesi kai. ainaha seme baili be
我 得到 有长进 都 阿哥 的 恩惠 啊 断然、必然 恩惠 把

onggorakū, urunakū ujeleme[20] karulaki, ainu uttu gisurembi. si aika gurun
不忘 必定 重 报答 怎么 这样 说 你什么 部落

gūwao[21]. damu sini tacirakū be hendumbi dere[22], taciki seci tetendere, bi
别人吗 只是 你的 不学 把 说 罢了 学习 既然 我

nekulefi simbe niyalma okini sembikai. karulaki serengge, ai gisun, musei
称心 把你 人 成为 说啊 报答 说的 什么 话 我们的

dolo gisureci ombio. tutu seme, bi hukšeme gūniha seme wajirakū, damu
里面 说 成吗 虽然 我 感激 念 未完 只

hengkišeme baniha bure dabala, aisere.
叩头 感谢 给 罢了 说什么

注释：

[1] ujui 为 uju i 的连写形式。i 为属格词缀，表示事物间的领属关系，用在名词及名词性短语之后，在句子中充当定语成分，具有“……的”的语法意义。

［2］hūlara 为动词 hūlambi 的现在－将来时形式。动词现在－将来时表示动作行为在时间上正在发生或者将要发生，它的构成形式是根据元音和谐律在动词的词干上接缀附加成分-ra、-re、-ro。hūlambi 词干为 hūla-，ū、a 同为阳性元音，因此接缀附加成分-ra，构成动词的现在-将来时时态。

［3］donjici 为动词 donjimbi 的条件（假设）副动词形式。条件（假设）副动词表示进行前一个动作行为时后一个动作行为发生的条件，在句中不能结句。其构成是在动词词干后接缀附加成分-ci。

［4］serengge 为动词 sembi 的现在－将来时动名词形式，兼有动词和名词的特征，其构成形式为在动词现在－将来时形式后接缀附加成分-ngge，具有"……的"的含义，相当于判断的语气。此句表达对"满语"的肯定语气。

［5］nikansi 为名词 nikan 的复数形式。满语中指人名词具有复数的语法范畴，构成形式是根据元音和谐律在名词词干上接缀附加成分-sa、-se、-so、-si、-ta、-te、-ri，有时在以-n 结尾的词中，词尾-n 要脱落，然后再接缀复数附加成分。但词尾-n 在何种情况下需要脱落至今仍有待研究，例如 amban（大臣）—ambasa（大臣们）、non（妹妹）—nota（妹妹们）等。

［6］meni meni 各自。这是满语叠词使用现象。

［7］i adali 为后置词组，在句中位于名词及名词性词组之后，相似的结构还有 i gese"像……一样"、i baru"向……"、i jakade"……的原因"、i teile"仅……"、de amuran"爱好……"等。

［8］bahanarakūci 为动词 bahanambi 的现在－将来时否定式、条件（假设）副动词形式。动词的否定式表示动作的未发生，现在－将来时的否定式结构是在动词词干上接缀附加成分-rakū。文中 bahanambi"会"先变为否定式 bahanarakū"不会"，再接缀附加成分-ci 构成条件（假设）副动词"如果不会"。

［9］ombio 为动词 ombi 的现在－将来时疑问形式。动词的疑问式表示疑问或者反问的语气。现在－将来时的否定式构成形式是在动词原形后直接接缀附加成分-o，意义为"……吗"。

[10] taciha 为动词 tacimbi 的过去时形式。过去时表示行为或动作已经发生，在时间上已经过去，其构成形式是根据元音和谐律在动词的词干上接缀附加成分-ha、-he、-ho、-ka、-ke、-ko，含义为“……了”。

[11] be 为宾格词缀，表示动作涉及的对象，用在名词及名词性短语之后，在句子中充当宾语成分，具有“把”“将”的语法意义。

[12] de 为位置格词缀，表示行为或动作的处所等，用在名词及名词性短语之后，在句子中充当状语成分，具有“在……上”“在……时”“在……里”的语法意义。

[13] tuwanjiha 为动词 tuwambi 的过去时、方向态。过去时参见注释[10]。方向态表示动作或行为的方向，其构成形式是根据元音和谐律在动词词干和词尾之间接缀附加成分-na-、-ne-、-no-、-ji-。其中-na-、-ne-、-no-含义为“去……”，-ji-含义为“来……”，并且在-ji-前要增加辅音-n-。

[14] de 为方向格词缀，表示行为或动作的目的和方向，用在名词及名词性短语之后，在句子中充当补语成分，具有“对……”“向……”的语法意义。

[15] mutere 为动词 mutembi 的现在－将来时形动词形式。形动词具有形容词的语法特征，在句中做定语，修饰后面的名词及名词性短语，其构成形式是根据元音和谐律在动词词干上接缀附加成分-ra、-re、-ro。文中的含义即为“能做到的”，修饰其后的 baita 事情。

[16] seme 表示转折，“即使”之意。

[17] 通常情况下 šolo de 即可表示“有空、闲暇时”，文中两个 šolo 连用起到了加强语气的作用。

[18] banjibufi 为动词 banjimbi 的使动态、顺序副动词形式。动词的使动态表示动作或行为发生的主体与客体之间的使动关系，其构成形式是在动词词干与词尾之间接缀附加成分-bu-，含义为“使……”“让……”等。顺序副动词表示行为或动作先后发生，其构成形式是在动词词干上接缀附加成分-fi，义为“……之后”。

［19］hūlabureo 为动词 hūlambi 的使动态、请愿式，表达祈使、请求的语气。其构成形式是根据元音和谐律在动词词干上接缀附加成分-rao、-reo、-roo，或者在动词词干上接缀附加成分-ki、-cina。

［20］ujeleme 为动词 ujelembi 的并列副动词形式。并列副动词表示前后动作同时发生，其构成是在动词词干后接缀附加成分-me。

［21］形容词 gūwa 修饰其他词语时放在前面，此处后置为特殊用法，gurun gūwa 直译为“其他部落”，gurun 有“国家、部落”之意，在此取其意译，为“其他人、别人”。

［22］dere 为语气词，表示说话者的各种语气，义为“罢了”，相似的词还有 dabala。

第二课　学清话

汉文：

甲：阿哥，你的清话，什么空儿学了，话音好，又清楚。

乙：我的清话哪里提得起来，阿哥疼爱这么过奖。我的一个朋友，清话好，明白又快，一点蛮音没有，很熟了，而且听见的老话又多，那才算得精。

甲：他比你如何？

乙：我如何比得他，总不是他的对儿，天地悬隔。

甲：什么缘故呢？

乙：他学得深，会得多，好读书，至今还不住口地念，不离手地看。要赶他，实在难。

甲：阿哥，你这个话，不错了些儿吗？有“心专山可通”的话呀！他也是学会的罢了，并非生来就会的。咱们哪一块儿不如他。凭他是怎么样的精熟，咱们只是拿定主意，专心学去，虽然不能到他那个地步，也必定差不远罢咧。

对译：

jai　kicen manju gisun tacire

第二 课程 满洲　话　学习

age sini manju gisun, ai šolo de taciha, mudan gairengge sain
阿哥你的 满洲 话 什么 空闲 时 学习 音 所拿的 好
bime[1] tomorhon, mini manju gisun be ai dabufi gisurere babi, age
而且 清楚 我的 满洲 话 把 什么 算入 说 毫无缘故 阿哥
gosime uttu dabali maktambi, mini emu gucu i manju gisun sain, getuken
怜爱 如此 超越 夸奖 我的 一个 朋友 的 满洲 话 好 明白
bime[1] dacun, majige nikan mudan[2] akū, umesi urehebi[3], tuttu bime[4]
而且 快 一点 汉人 音 无 非常 熟练 所以 而且
šan geli fe[5], tere teni mangga seci ombi, tere sinci[6] antaka. bi adarame
耳朵 也 旧 那个 才 厉害 说 成 那个 比你 如何 我 怎么
inde duibuleci ombi, fuhali terei bakcin waka[7], abka na i gese giyalabuhabi,
比他 比较 成为 全然 他的 对手 不是 天 地 一样 使隔开
turgunde ai seci. ini tacihangge šumin, bahanahangge labdu, bithede
缘故 什么 他的 学的 深 会的 多 书
amuran[8], tetele hono angga ci hokoburakū hūlambi, gala ci aljaburakū
喜欢 至今 还 口 从 使不离开 读 手 从 使不离开
tuwambi, imbe amcaki seci, yargiyan i mangga, age sini ere gisun, majige
看 把他 追赶 实在 困难 阿哥 你的 这 话 稍微
tašarabuhakū semeo[9]. hing sere[10] oci, hada hufumbi sehebi. tere inu tacifi
不错吗 专心致志 山 通到 他 也 学习
bahanahangge dabala[11], umai banjitai[12] bahanarangge waka kai, muse tede
会的 罢了 全然 生来 会的 不是 啊 咱们 比他
isirakūngge ya ba, i ai hacin i urehe bahanahangge okini, muse damu
到达 何处 他 什么 种类 的 熟练 会 咱们 但
mujilen be teng seme[13] jafafi, gūnin girkūfi tacici, udu[14] tere ten de isiname
主意 把 坚决地 拿 心 专心 学习 虽然 他 极 到达
muterakū bicibe, inu urunakū haminambidere[15].
不能 也 必定 将近

注释：

[1] bime 为连词，连接两个语义相承的成分，表达“并且”之意，例如 bayan bime wesihun, yadahūn bime fusihūn. “富而贵，贫而贱”。

[2] nikan mudan 直译为“汉语音”，此处译为“蛮音”，“蛮”是对异族的称呼。

[3] urehebi 是动词 urembi 的肯定过去时形式，表示动作或者行为肯定完成，时间比较久了。其构成形式是根据元音和谐律，在动词词干上接缀附加成分-kabi、-habi、-kobi、-hobi、-kebi、-hebi。

[4] tuttu bime 为固定搭配，义为“然而”，表达转折关系。

[5] šan fe 为固定搭配，义为“听见过的老事多，知道的老话儿多”。

[6] ci 为从－比格词缀，表示动作的起点或者事物间的比较关系，用在名词及名词性短语之后，在句子中充当补语成分，具有“从……”“自……”“比……”“离……”的语法意义。

[7] waka 为表示否定意义的动词。

[8] amuran 为后置词，不能单独出现，要求在其前面加格词缀-de，义为“喜欢……”。

[9] semeo 位于句末，表示反问，义为“吗、乎、哉”。

[10] hing sere 为固定搭配，形容至诚的样子。

[11] dabala 为祈使肯定语气词，表示人物说话时肯定、祈使的语气，一般用于句末，只具有抽象的语法意义，不能用来充当句子成分。dabala 义为“罢了”，类似的词语还有 dere“罢了、吧”，be“……也”。

[12] banjitai 为动词 banjimbi 的极尽副动词形式。极尽副动词“极、尽”的含义，其构成是根据元音和谐律在动词词干后接缀附加成分-tai、-tei。

[13] teng seme 为固定搭配，形容结实、坚固的样子或者坚决的样子。

[14] udu 后常接 cibe 或者 seme，表示转折关系，翻译为“虽然”。

[15] 此处为语气词 dere 与前面动词 haminambi 连写的形式。

第三课　学翻译

汉文：

甲：你是会汉书的人啊！学翻译很容易罢咧。

乙：专心不间断，挨着次儿学了去，二三年间，自有头绪。要像一曝十寒地学，就念二十年的书，也难啊！

甲：求阿哥看了我的翻译，改一改。

乙：你学得大长了，句句顺当，字字清楚，没有一点乞星，要考操券可得。

对译：

ilaci kicen ubaliyambure[1] be tacire
第三 课程　翻译　把 学习

si nikan bithe bahanara niyalma kai. ubaliyambure be tacici, umesi ja
你 汉人 书　会的　人　啊　翻译　把 学习　很　容易

dabala, gūnin girkūfi giyalan lakcan akū, emu anan[2] i tacime ohode, juwe
罢了　心　专心　间隔　断绝　不　挨次　地 学习　如果　二

ilan aniya i sidende ini cisui[3] dube da[4] tucimbi, aika[5] emu inenggi
三　年　的　间　自然　头绪　出　好像　一　日

fiyakiyara, juwan inenggi šahūrara adali tacici, uthai orin aniya bithe hūlaha
照、晒　十　日　变冷　一样　学习　就　二十　年　书　读

seme inu mangga kai. age mini ubaliyambuhangge be tuwaci majige
也　困难　啊　阿哥　我的　翻译的　把　看　稍微

dasatarao[6]. sini tacihangge labdu nionggibuha, gisun tome ijishūn, hergen
整理　你的　学习的　多　增加　话　每　顺　字

arame tomorhūn, majige cilcin[7] fuhali akū, simneci seferehei[8] bahaci ombi.
写　清楚　稍微　疙瘩　全然　无　考试　捉　得到　可以

注释：

[1] ubaliyambure 为动词 ubaliyambumbi 的现在－将来时动名词形式。动名词兼有动词和名词两种特征，本句作为名词与其后的格词缀一起充当

句子宾语。现在－将来时动名词的构成形式是根据元音和谐律在动词词干上接缀附加成分-ra、-re、-ro。

［2］emu anan 为固定搭配,义为“一个挨一个,挨次”。

［3］ini cisui 为固定搭配,义为“自然”。

［4］dube da 为固定搭配,义为“头绪、结果、出头之日”。

［5］aika 为副词,义为“好像……似的”,要求后面的词用 gese 或者 adali 进行呼应。

［6］dasatarao 为动词 dasatambi 的请愿式形式,这里表示动作或者行为的祈请和愿望。其表示方法为在动词词干上接缀附加成分-ki、-cina,或者根据元音和谐律在动词词干上接缀附加成分-rao、-reo、-roo。

［7］cilcin 原义为“疙瘩、肉核、乞星;(行文)不通顺,做事不干脆,疙疙瘩瘩”,这里比喻为瑕疵。

［8］seferehei 为动词 seferembi 的连续副动词形式。表示动作或者行为的连续不断,其构成形式是根据元音和谐律在动词词干上接缀附加成分-hai、-hei、-hoi。

第四课　考翻译

汉文:

甲:这一次考翻译,递了名字了没有?

乙:要考得,自然好嘛,但是文秀才未必使得。

甲:哪格地例呢,像你这样的八旗的都许考,有独不准你考的理吗?况且义学生,都还使得,秀才何用说呢?

乙:因为考得,你兄弟这个空儿才上紧念清书呢。

甲:快行名字,别错过机会啊!

对译:

duici kicen ubaliyambure be simnere
第四 课程　翻译　把　考试

ere mudan ubaliyambure be simnere de, gebu alibugao, akūn, simneci
这 次 翻译 把 考试 时 名字 呈递吗 没有吗 考试

omci, esi sain oci, damu bithei šusai ainahai ombini, wei kooli, sini
应该自然 好 若 只 书的 秀才 未必 可以 谁的 例 你的

gesengge jakūn gūsa gemu simneci ombime, sini beye[1] teile simneburakū
一样的 八 旗 全 考试 可以 你的 身体 只 不让考试

doro bio. tere anggala[2] jurgangga tacikūi juse gemu ojoro bade, šusai be
道理 有吗 况且 有义的 学的 孩子 全 可以 秀才 把

ai hendure, simneci ome ofi, sini deo ere sidende teni hacihiyame manju
什么 说 考试 可以 你的 弟 这 间 才 加紧 满洲

bithe hūlambikai. hūdun gebu yabubu, nashūn be ume ufarabure[3].
书 读 快 名字 行 机会 把 不要 失错

注释:

[1] beye 为知己代词,又称反身代词。在 beye 前增加人称代词的属格形式。文中 sini beye 义为“你自己”。

[2] tere anggala 为固定搭配连词词组,义为“况且”。

[3] ume ufarabure 为禁止命令式形式,表示对行为或者动作的禁止。其表示方法是在动词现在-将来时的附加成分-ra、-re、-ro 前加 ume(不要、勿)。

第五课 经常的说

汉文:

甲:你的清话说得有了些规模了。

乙:哪里,人说的我虽然懂得,我说起来总还早呢!不但不能像别人说的成片段,一连四五句的话都接不上。况且还有一个怪处,未从说话,只恐怕差错了,说得迟疑不敢简断,这样光景教我仔么说呢?我也灰了心了,想来就是怎么样地学去,不过这个本事儿罢了,哪里能长进?

甲:这都是你没有熟的缘故。我教给你,别论他是谁,只是大凡遇见的就赶着他说。再找书理通达的师傅念书,就了清话精熟的朋友去说话,每日家念,话就记得了,时刻地说,舌头就熟了。要这样学了去,至很一二年间,自然任意顺口不打瞪儿地说上来了,又何愁不能呢!

对译:

sunjaci kicen daruhai gisurere
第五 课程 常常地 说

sini manjurarangge majige muru tucikebi, aibide, bi niyalmai gisurere be
你的 说的满语 稍微 模样 出来 哪里 我 人的 说 把

ulhire gojime[1], mini beye gisureme ohode, oron[2] unde. gūwai adali fiyelen
明白 虽然 我的身体 说 如果 影子 尚未 别人 一样 段

fiyelen i[3] gisureme muterakū sere anggala[4] emu siran i duin sunja gisun,
段 地 说 不能 不但 一 串 的 四 五 句

gemu sirabume muterakū, tere anggala, hono emu aldungga babi, gisurere
全 连续 不能 况且 尚且 一 奇怪 有 说

onggolo, baibi tašaraburahū calaburahū[5] seme, tathūnjame gelhun akū kengse
之前 只是 不出错 不出错 犹豫 不敢 果断

lasha gisurerakū, uttu kai, mimbe adarame gisure sembi. bi inu usaka, gūnici
断 不说 如此 啊 让我 怎么 说 说 我 也 心灰 想

ai hacin i taciha seme, inu ere hūman dabala, nonggibure aibi. ere gemu
什么 样 地 学习 也 这 本事 罢了 增加 有什么 这 全都

sini urehekū haran, bi sinde tacibure, yaya webe seme ume bodoro, damu
你的 不熟练 因由 我 对你 指教 任何 把谁 不必 考虑 但只

ucaraha ucaraha be tuwame amcatame gisure, jai bithede šungke sefu be baifi
相遇 相遇 把 看 赶着 说 再 书 精通的 师傅 把 求

bithe hūla[6], manju gisun de mangga gucuse de adanafi gisure, inenggidari
书 读 满洲 话 对 擅长 朋友们 对 参加去 说 每天

hūlaci gisun ejembi, erindari gisureci, ilenggū urembi, uttu tacime ohode,

读 话 记 每时 说 舌头 熟练 如此 学习 设若

manggai emu juwe aniya i sidende, ini cisui gūnin i cihai anggai ici

难的 一 二 年 的 间 自然 心 的 任意 口的 从

tang sembikai[7], muterakū jalin geli aiseme jobombi ni[8].

说话熟练 不能 为 又 怎么说来 忧愁 呢

注释:

[1] gojime 为连词,义为"只是、但",要求其前面的词为行动形式。

[2] oron"影子",表示还没看到影子,还早。

[3] fiyelen fiyelen i"成段成段地",满语叠词形式。

[4] anggala 为连词,要求它前面的动词为行动形式,义为"不但……而且;与其……不如"。

[5] tašaraburahū、calaburahū 两个词都有"不出错"的含义,满语中经常有两个意义相近的动词连用的情况。

[6] hūla 为动词 hūlambi 的直接命令式形式,以动词的词干形式出现。

[7] tang seme 形容话说得很熟练,滔滔不绝。kai 为感叹语气词,表示人物说话时的感叹语气,一般用于句末,只具有抽象的语法意义,不能用来充当句子成分。kai 义为"啊、呀、哉、焉"。

[8] ni 为疑问语气词。表达说话人疑问的语气,一般放在句尾,义为"呢、哉、乎",类似的疑问语气词还有 nio"吗、乎、哉"。

第六课 偶遇朋友

汉文:

甲:往哪里去来着?

乙:我往这里一个亲属家去来着。

甲:顺便到我家里坐坐。

乙:阿哥,你在这里住着吗?

甲:是。新近搬了来了。

乙:要是这样,咱们住得能有多远?要知道早不看你来了吗!

甲:阿哥,走,岂有此理。是我家里,阿哥上去坐。这里舒服,你那们坐下,我怎么坐呢?

乙:好啊,已经坐下了。这里有个靠头儿,家里人呢?

甲:拿火来。

乙:阿哥,我不吃烟,长了口疮了。

甲:要是那样,取茶去。阿哥,请茶。

乙:哦,好热呀。

甲:要热,叫扬一扬。

乙:无妨,凉一凉罢了。

甲:哦,看饭去,说把现成的快送来。

乙:不啊,阿哥别,我还要往别处去呢。

甲:怎么了,现成的又不是为你预备的,吃点去是呢。

乙:罢呀,一遭认得你家了,另日特来,坐着说一天的话儿吧。

对译:

ningguci kicen talude gucu be acara
第六 课程 倘若 朋友 把 遇见

absi yoha bihe, bi ergi emu niyamangga niyalmai boode genehe bihe,
往哪 同行 我 边 一 有亲戚关系的 人的 往家 去了

ere ildun de mini boode darifi majige teki, age si ubade tehebio, inu,
这 顺便 我的 在家 顺便去 略 坐 阿哥你在这里 住这吗 是

jakan gurinjihe, uttu oci, musei tehengge giyanakū udu goro, saha bici
新近 搬来了 这样要是 咱们的 住的 能几何 多少 远 知道要是

aifini simbe tuwanjirakū biheo, age yabu, ai geli[1], mini boode kai,
早已 把你 不来看 行吗 阿哥 走 岂敢 我的在家 啊

age wesifi teki, ubade icangga, si tuttu tehede, bi absi tembi, sain, teme
阿哥上升 坐 在这里 可心的 你 那么 坐下时 我 怎么 坐 好 坐下

jabduha, ubade emu nikere babi, booi urse aba, yaha gaju, age bi
妥当 在这里 一个 依靠 地方 家的人们 在哪里 炭火 拿 阿哥我
dambagu omirakū, angga furunahabi, tuttu oci, cai gana, age cai gaisu, ko,
烟 不吃 嘴 长口疮 那样 要是 茶 拿去 阿哥 茶 去取 咢
absi halhūn, halhūn oci, majige tukiyecebu, hūwanggiyarakū, mukiyebukini,
多么 热 热 要是 略 扬水 无妨 凉一凉
je, buda be tuwana, beleni bisirengge be hasa benju se, akū, age ume[2],
咢 饭 把 去看 现成的 有的 把 快速 送来 说 不 阿哥 不要
bi kemuni gūwa ba de geneki sembi[3], ainahabi, beleni bisirengge sini
我 还 别的 地方 往 欲去 怎么 现成的 有的 你的
jalin dagilahangge geli waka, majige jefi genecina, joo bai, emgeri sini boo
为 预备的 又 不是 略 吃 再去 罢了 罢了 已经 你的 家
be takaha kai, encu inenggi jai cohome jifi, gulhun emu inenggi
把 认得了 啊 别的 天 再 特意 来 整个 一 天
gisureme teceki[4].
说 一同坐着

注释:

[1] ai geli 为固定搭配,义为"岂敢"。

[2] 这是一个未完的句子,ume 后省略了 benjire。

[3] geneki sembi 为表示祝愿和欲想的请愿式形式,其表示方法是在动词词干上接缀附加成分-ki 或-kini,或在-ki 或-kini 后面再加助动词 sembi。

[4] teceki 为动词 tembi 的齐动态形式,齐动态又称共同态,表示动作或者行为由两个主体共同进行,其构成形式是根据元音和谐律在动词词干与词尾之间接缀附加成分-ca-、-ce-、-co-,表示"共同""一齐"的含义。

第七课 念书去

汉文:

甲:阿哥,你终日从这们走,都是往哪里去?

乙:念书去。

甲:不是念清书吗?

乙:是。

甲:如今念些什么书啊?

乙:没有别的书,眼前零星话,再只有《清语指要》。

甲:还教你们清字楷书啊?

乙:不呢!如今天短,没有写字的空儿,从此天长了,不但教写字,还教翻译呢!

甲:阿哥,我为念书,实在钻头见缝儿,哪里没有找到呢。咱们方近左右,竟没有清书学房。想来你学的地方有什么说处,多咱我也去念书吧!可以替我说说吗?

甲:阿哥你当教我们的是谁啊?

乙:是师傅吗?

甲:不是啊!是我一个族兄。所有教的,都是我们一家儿的子弟;再是亲属,并非别人。仔么说呢,我阿哥终日上衙门,不得闲,也是我们早晚找着去的上头,不得已,匀着空儿教我们。要不是,阿哥要念书去,好事罢咧,替你说一说,又费了我什么了呢?

对译:

nadaci kicen bithe hūlaname genere
第七 课程 书 读 去

age si inenggidari ederi yaburengge, gemu aibide genembi, bithe
阿哥 你 每天 从这里 走 都是 往哪里 去 书

hūlaname genembi, manju bithe hūlambi, wakao, inu, ne aici jergi bithe
读 去 满洲 书 读 不是吗 是 现在 何样 等 书

hūlambi, gūwa bithe akū, damu yasai juleri buyarame gisun, jai manju gisun
读 别的 书 没有 只 眼睛的 前面 零碎 话 再 满洲 话

i oyonggo jorin i bithe i teile, suwende ginggguleme hergen tacibumbio,
的 重要 意指 的 书 唯有 对你们 写楷字 字 教育吗

akūn, te inenggi šun foholon, hergen arara šolo akū, ereci ineenggi šun
不呢 现在 天 太阳 短 字 写 空闲 没有 从此 天 太阳

sidaraka manggi, hergen arabumbi sere anggala hono ubaliyambu sembikai,
舒展 之后 字 写 说是 与其 尚且 翻译 说啊

age bi bithe hūlara jalin yala uju silgime aibide baihanahakū, musei
阿哥 我 书 读 为 果然 字头 钻缝 在哪 没有去找 咱们的

ubai šurdeme fuhali manju tacikū akū, gūnici sini tacire ba, ai
这里的 周围 竟然 满洲 学校 没有 想来 你的 学习的 地方 什么

hendure, atanggi bicibe,[1] bi inu bithe hūlanaki, mini funde majige gisureci
说的 任凭到 几时 我 也 书 读 我的 替代 稍微 说

ojoroo, age si minde tacibure niyalma be we sembi, sefu sembio, waka
可以吗 阿哥 你 给我们 教的 人 把 谁 称 师傅 称吗 不是

kai, mini emu mukūn i ahūn, tacibure ele urse, gemu meni emu uksun
啊 我的 一个 宗族 的 兄 教的 所有 人们 都 我们的 一 族

i juse deote,[2] jai niyaman hūncihin[3] umai gūwa niyalma akū, adarame
的 子弟们 再 亲戚 全然 别的 人 无 何谓

seci, mini ahūn inenggidari yamulambi, jabdurakū, ineku be erde yamji
我的 兄 每天 上衙门 没有空闲 本来 我们 早 傍晚

nandame genere jakade, arga akū,[4] šolo jalgiyanjafi membe tacibumbi,
乞求 去 时候 计策 无 空闲 匀出 把我们 教

waka oci, age bithe hūlame geneki sehengge, sain baita dabala, sini funde
不是 要是 阿哥 书 读 欲去 好 事 罢 你的 代替

majige gisureci, minde geli ai wajiha ni.
稍微 说一下 对我 又 什么 费了 呢

注释：

[1] atanggi bicibe 为固定搭配，义为“任凭到几时”。

[2] juse deote 为固定搭配，义为“子弟”。

[3] niyaman hūncihin 为固定搭配，义为“亲戚”，niyaman 义为“亲戚、亲

族”,hūncihin 义为“亲、同族”,满语中经常存在同义连用的现象。

[4] arga akū 直译为“无计可施”,在此可理解为“不得已”。

第八课 成材的孩子

汉文:

甲:那个阿哥,是咱们旧街坊啊!看着长大的孩子,隔了能有几年,如今听见说,着实出息,做了官了。起初我还半信半疑的来着,后来问朋友们,果然看起这个来,“有志者事竟成”,不在年纪的话不假呀!

乙:阿哥的话是。虽是那们说,也是他的老家儿有余荫,才生出这个样的成人的孩子来了,朴实又善良,好学问,马步箭,大凡汉子的本事,不对他的年纪,素常在家里,看书罢咧,混账路一步儿也不肯走。况且公事上,小心谨慎,所得的去处,总不沾染。这个正与“积善之家,必有余庆”的话相合了。

对译:

jakūnci kicen dekjingge juse
第八 课程 出色的 孩子

tere age serengge, musei fe adaki kai, šame tuwame mutuha juse,
那个 阿哥 所谓的 咱们的 旧 邻居 啊 瞧 看着 长大 孩子

giyalafi giyanakū udu[1] goidaha, te donjici mujakū hūwašafi, hafan oho
隔开 能有 几何 持久 现在 听说 着实 成就 官 担任

sere, sucungga bi hono akdara dulin kenehunjere dulin bihe, amala gucuse de
说 起初 我 还 相信 一半 疑惑 一半 有 之后 朋友们 向

fonjici, mujangga, erebe tuwaci mujin bisirengge, baita jiduji mutebumbi,
问 确实 把这个 若看 志 所具有的 事情 到底 使完成

se mulan[2] de akū sehe gisun, tašan akū ni, age i gisun inu, tuttu secibe,
年纪 在 不 说的 话 假 不 呢 阿哥 的 话 是 那么 虽然说

inu terei sakdasa de wajirakū sain ba bifi, teni ere gese dekjingge juse
也是 他的 老人家 对 未完 好 地方 有 才 这个 样子 出色的 孩子

banjiha, nomhon bime sain, tacin fonjin[3] de amuran, gabtara niyamniyara,
生 老实 又 善良 学问 喜好 射(箭) 射马箭

eiten hahai erdemu, se de teisu akū, ambula tacihabi, an i ucuri,[4]
一切 男子的 本领 岁数 对 相称 不 大 学 平时

boode bici, bithe tuwara dabala, balai bade emu okson seme inu feliyerakū,
在家 书 看 罢了 无理的 地方 一 步 也 不走

tere anggala, siden i baita[5] de oci, ginggun olhoba[6] bahara sara bade oci,
况且 公事 在 要是 谨慎小心 得到 知道 地方 要是

fimenere ba akū, ere tob seme sain be iktambuha boode urunakū funcetele
沾染 地方 没有 这 正合着 善 把 积累 家 一定 余

hūturi bi gisun de acanaha secina.
福气 有 话 相合

注释:

[1] giyanakū udu 为固定搭配,义为"能有多少、能有几时"。

[2] se mulan 为固定搭配,义为"年纪"。

[3] tacin fonjin 为固定搭配,义为"学问"。

[4] an i ucuri 为固定搭配,义为"平时"。

[5] siden i baita 为固定搭配,义为"公事"。

[6] ginggun olhoba 为固定搭配,义为"谨慎小心"。

第九课 做伴

汉文:

甲:阿哥骑着,我躲了你了,乏乏的又下来做什么?

乙:什么话呢!若没有看见,怎么样呢?我老远地就看见了你了,有骑过去的理吗?

甲:阿哥,不进家里坐坐吗?

乙:是啊!咱们许久不见了,我进去略坐坐吧!哎哟!栽了这些各种的

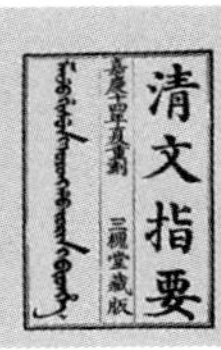

花木,又养着许多金鱼;山子石堆叠得也好,想头甚巧,层层都有款致。这个书房甚干净,怎么看,怎么顺。

甲:这是咱们该读书的地方。但所恨的,我没有什么朋友,独自念书,甚冷落。

乙:这有何难。你要不厌烦,我来给你做伴如何?

甲:若是那样,与我有益了,还愁请不到呢!果然要来,我有幸罢咧,岂有厌烦的理呢?

对译:

uyuci kicen gucu arara[1]

第九 课程 陪伴

age yalu, bi sinde ailaha kai, šadame geli aiseme ebumbi, ai gisun
阿哥 骑 我 对你 躲避 啊 乏 又 怎么 下来 什么 话

serengge, sabuhakū oci ainara, bi kejine aldangga ci uthai simbe sabuha
说的 没看见 若 怎么样 我 许多 远 从 就 把你 看见了

bade, morilahai dulere kooli bio, age boode dosifi terekūn, inu kai, muse
地方 骑个不停 过去 例 吗 阿哥 往家 进 不坐吗 是 啊 咱们

acahakūngge kejine goidaha, bi dosifi majige teki, ara utala hacingga moo
未见的 许多 久 我 进 略 坐 哎哟 这些 各种的 树

ilha tebuhebio, geli utala boconggo nisiha[2] ujihebi, wehe ai jibsime
花 栽 又 这些 彩色的 小鱼 养了 石 什么 重叠

iktambuhangge inu sain, gūnin isinaha ba umesi faksi, jergi jergi de gemu
积蓄的 也 好 心思 到 地方 很 巧 层 层 全

doro yangse bi, ere bithei boo, yala bolgo, absi tuwaci, absi icangga,
道 文采 有 这 书的 房 果然 干净 怎么 看 怎么 顺

tob seme musei bithe hūlaci acara ba, damu korsorongge minde asuru
正合 咱们的 书 读 应该 地方 但 所恨的 于我 很多

gucu gargan[3] akū, emhun bithe tacici, dembei simeli, ede ai mangga, si
朋友 没有 独自 书 学习 甚 冷清 因此 什么 困难 你

aika eimerakū oci, bi sinde gucu arame jici antaka, tuttu oci, minde tusa

如果 不厌烦 的话 我 给你 陪伴 来 如何 那样 若是 于我 好处

oho, solinaci hono jiderakū jalin jobošombikai, yala jici, mini jabšan

可以了 若去请 还 不来 为 忧愁啊 果然 若来 我的 幸运

dabala, simbe sere doro geli bio.

罢了 把你 厌烦 道理 又 有吗

注释:

[1] gucu arara 为固定搭配,义为"以友相待,当朋友对待;陪伴"。

[2] boconggo nisiha 为固定搭配,义为"金鱼"。

[3] gucu gargan 为固定搭配,义为"朋友"。

第十课　为学要紧

汉文:

甲:人生在世,头等头,是为学要紧。读书啊!特为明义理。学的义理明白了,在家孝亲,做官给国家出力,诸事自然成就。即如,果然学得有本事,不拘到哪里,不但人尊敬,自己走着也豪爽。有一宗人,不念书,不修品,只是以钻干逢迎为本事,不知他心里要怎么?我真替他愧恨。这们样子的,岂但辱身坏品,人家连他的父母,都是要骂的呀!

乙:阿哥你白想着瞧,父母的恩,为人子的岂能答报万一。不能荣耀增光罢咧,反倒叫受人的咒骂,就是一个没有出息的东西罢了。细想起这个来,为人岂可不读书、不修品呢?

对译:

juwaci kicen tacirengge oyonggo

第十 课程 所学的 重要

niyalma seme jalan de banjifi, ujui uju de tacirengge oyonggo, bithe

人 若是 世 在 生 头 一个 在 所学的 重要 书

hūlarangge, cohome jurgan giyan be getukelere jalin, tacifi jurgan giyan be

读的 特意 义 道理 把 明白 为 学的 义 道理 把

getukelehe sehede, boode bici niyaman de hiyoošunlara, hafan teci gurun
明白了 说 在家 若是 心 对 孝顺 官 做 国
boode hūsun bure, ai ai baita be ini cisui mutebumbi, te bicibe, unenggi
家 力 给 样样 事情 把 它的 自然 使完成 现在 果然
taciha erdemu bici, yaya bade isinaha manggi, niyalma kundulere teile akū,
学的 本事 若有 任何 地方 去到 之后 人 尊敬 不但
beye yabure de inu hoo hio sembi,[1] ememu urse,[2] bithe hūlarakū, yabun be
自己 走 时 也 豪爽 有些人 书 不读 品行 把
dasarakū, baibi gūldurame encehešeme, urui sihešeme yabure be bengsen
不治理 只是 钻营 钻营 只是 阿谀 行 把 本事
oburengge, terei gūnin de absi ojoro be sarkū, bi yargiyan i ini funde girume
作为 他的 心 在 怎么 作为 把 不知道 我 实在 他 替 羞愧
korsombi, entekengge, beye fusihūšabure yabun efujere be hono aisembi, weri
惭愧 这样子的 身体 轻视 品行 破坏 把 还 怎么 人家
ini ama aja be suwaliyame gemu toombikai, age si bai gūnime tuwa, ama
他的 父 母 把 搅上 都 骂啊 阿哥 你 白 想 看 父
eme i baili, jui oho niyalma tumen de emgeri[3] karulame mutembio, fiyan
母 的 恩 孩子 做 人 万一 报答 能吗 脸色
nonggime eldemburakū oci, joo dere, fudarame firume toobure de isibuci,
增加 不使光亮 若 罢了 罢 反而 咒 骂 对 到
gusherakūngge ai dabala, erebe kimcime gūniha de niyalma ofi, bithe
不成器的 如何 罢了 把这个 仔细 想了 于 人 作为 书
hūlarakūci ombio, yabun be dasarakūci ombio.
若不读 可以吗 品行 把 若不治理 可以吗

注释：

［1］hoo hio sembi 为固定搭配，义为“1. 形容豪爽的样子，慷慨，洒脱，堂堂，昂然；2. 形容浩壮的样子”。

［2］ememu urse 为固定用法，义为“有些人、某些人”。

[3] tumen de emgeri 为固定搭配，字面理解为“在万中有一”，义为“万一”。

第十一课　找朋友

汉文：

甲：昨日往谁家去了？来得那样迟。

乙：看我一个朋友去来着。他们住得远，在西城根底下，又搭着给晚饭吃，所以迟了些。

甲：我要和你商量一句话，打发人去请了好几次，你家里人们说，你坐了车出去了，往哪里去，没有留下话。估量着你走的地方甚少，不过咱们这几个朋友家罢了，一定到我这里。竟等到日平西，总没有来，算是徒然等了一天。

乙：是，阿哥家里人还没有到去，我早出了门了。回来，家里人告诉，阿哥打发了人，一连叫了我两三次。彼时就要来着，天晚了，又恐怕关栅栏，所以我今日来了。

对译：

juwan emuci kicen gucu be baire
十　一　课程 朋友 把　找

sikse wei boode genehe, tuttu goidafi teni jihe, mini emu gucu be
昨天 谁的 往家　去了　那样　久　才 来了 我的　一　朋友 把

tuwanaha bihe, ceni tehengge goro, wargi hecen i gencehen de bi, ere
去看了　他们　住得　远　西　城　的　根　在 是 这个

dade, geli yamji buda ulebure jakade majige sitabuha, bi sinde emu gisun
搭着　又　傍晚　饭　款待　时候　略　延误了　我 与你　一　话

hebdeki seme, ududu mudan niyalma takūrafi solinaci, sini booi urse, simbe
欲商量　几　次　人　派　若去请 你的 家的 人们 把你

sejen tefi tucike, aibide genembi seme gisun werihekū sembi, bodoci, sini
车　坐 出去了 往哪　去　话　没留下　说　估量着 你的

feliyere ba umesi tongga kai, manggai oci[1] musei ere udu gucu i boode
走的 地方 很 少 啊 至多 咱们的 这 几个 朋友 的 家里
dabala, toktofi mini ubade darimbi seme aliyaci, aba, šun dabsitala
罢了 一定 我的 这里 通过 若等 在何处 太阳 直到太阳偏西
umai jihekū, mekele emu inenggi aliyaha secina, inu, age i boode niyalma
全然 没来 枉然 一 日 等了 说了 是 阿哥 的 家 人
isinara onggolo bi aifini duka tucike, amasi jifi booi urse i alahangge, age
到了 之前 我 早已 门 出了 返回 来了 家的 人们的 所告诉的 阿哥
niyalma unggifi emu siran i[2] juwe ilan mudan jio sehe, nergin de uthai
人 派 一 串 两 三 次 令来 说了 此会儿 就
jiki sembihe, abka yamjiha, geli hiyatari yaksirahū[3] sembi, tuttu bi
欲来了 天 晚了 又 栅栏 恐怕关了 所以 我
enenggi jihe.
今天 来了

注释:

[1] manggai oci 为固定搭配,义为"至多、至很"。

[2] emu siran i 为固定搭配,义为"一连串"。

[3] yaksirahū 是动词 yaksimbi 的虚拟式。虚拟式表示动作或者行为是虚拟的,具有"恐怕、唯恐"的意义。动词的虚拟式表示方法是在动词词干上接缀附加成分-rahū 构成。

第十二课 当差行走

汉文:

甲:当差行走的人,只看各自的际遇。时运要平常,只是彼此相左。凡事眼看着将成了,偏被人阻挠,生出枝杈来了。有一宗彩头好、走好运气的人,实在照所想所算得,无有不爽爽利利随心的,眼看着超等优升。

乙:阿哥,你不是这们说吗?

甲:我心里却不然,只论有作为没作为罢咧。要是尸位素餐,整年家不行走,还是当退的罢咧,如何指望得升呢?只是差事上要勤谨,朋友们里头以和为主,不可不随和。有事不攀人,凡所遇见的,扑倒身子办,勇往向前地行走了去,定有好处,岂有不升的理吗?

对译:

juwan juweci kicen alban kame yabure[1]

十 二 课程 当差 行走

alban kame yabure niyalma damu meni meni nashūn ucaran be tuwambi,

当差 行走的 人 只 各自 机会 遇 把 看

forgon juken[2] oci, baibi ishunde ijishūn akū, yaya baita tuwaha tuwahai

时候 平常 若 只是 彼此 顺 没有 所以 事情 看 看着

mutebure hancikan ome, urui niyalma desihelebufi, fasilan tucimbi, ememu

成为 较近 成了 偏偏 人 被阻挠 树枝 生出 或者

mayan sain[3] wesihun bethe gaiha urse, yala ini gūniha ici bodoho

彩头 好 贵 足 得到 人们 实在 他的 想的 方向 算

songkoi, lak seme[4] gūnin de acanarakūngge akū, yasa tuwahai dabali dabali

依照 恰好 心思 对 不去适应 没有 眼睛 看着 超等

wesimbi, age si uttu gisurembi wakao, mini gūnin de tuttu akū, damu

尊贵 阿哥 你 这样 说 不是吗 我的 心意 在 那样 不是 只

faššara faššarakū be hendure dabala, aika ūren i gese baibi caliyan fulun

作为 不作为 把 说 罢了 若是 像 的样子 白白 钱粮 俸禄

jeme, aniya hūsime yaburakū oci, hono nakabuci acara dabala, wesire be ereci

食 年 全 不行走 若是 还 退职 应该 罢了 升级 把 指望

ombio, damu alban de kicebe oyonggo, gucu sede hūwaliyasun dele, ume

可以吗 只 公务 上 勤勉 重要 朋友们 平和 宝贵 不要

ici kani akū[5] ojoro, baita bici, niyalma be gucihiyererakū ohode, teisulebuhe

不随和 可以 事情 若有 人 把 不攀 可以了 遇到的

be tuwame, beye sisafi icihiyara, julesi funtume yabure ohode, toktofi sain jergi

把 看 身体 倒下 处理 往前 冲入 行走 可以 一定 好 等

de ilimbikai, wesirakū doro bio

立　　不升　道理 有吗

注释：

[1] alban kame yabumbi 为固定搭配，义为“当差、应差”。

[2] juken 本义为“平常”，本文有“差、坏”的意思。

[3] mayan sain 义为“彩头好、运气好、顺利”。

[4] lak seme 具有两重意义：1. 形容快速、紧急的样子；2. 恰好、刚好、正值、适。在文中取第二释义。

[5] ici kani akū 为固定搭配，义为“不随和”。

第十三课　款待客人

汉文：

甲：阿哥，你怎么才来？我只管等你们，几乎没有打睡。

乙：我告诉你，我们才要动身，往你们家来，忽然遇见一块讨人嫌的烂肉，话黏又不要紧，怎长怎短的，容易不得完，没事情的时候，絮叨些何妨？只管随他告诉是呢，又恐怕你等着，因此没有法儿，说我们有事，明日再说吧！竟是把他的话截断来的，不然早来坐乏了。

甲：谁在那里呢？快放桌子，想是老爷们都饿了！饭啊什么都叫简决些。

乙：阿哥你这是怎么说？有割的肉就完了，又要这些肴馔做什么？把我们当客待吗？

甲：不过是一点心，能有什么好东西。阿哥们说着吃些。

乙：你这样盛设了嘛，我们自然吃，不饱也不放筷子。

甲：要那样有什么说的，疼了兄弟了。

对译：

juwan ilaci kicen antaha kuntulere

十　　三 课程　客人　　款待

age si ainu teni jihe, bi suwembe aliyahai elei elei amu šaburaha, bi
阿哥 你 怎么 才 来 我 把你们 等着 愈加 困 困 我
sinde alara, be teni aššafi, sini boode jiderengge, uksa emu eimebure
向你 告诉 我们 才 动身 你的 家 来 忽然 一 讨人厌
niyaha yali be ucaraha, gisun dalhūn bime oyomburakū, uttu sere tuttu sere,
腐败 肉 把 遇见 话 絮叨 而且 不重要 如此 说 所以 说
ja ja de bahaci wajirakū, baita akū de, lolo sere de aibi, cihai alakini dere,
容易 得到 未完 事情 没有 时 琐碎 对 何妨 任意 告诉 呢
geli simbe aliyarahū seme, tede arga akū mende baita bi, cimari jai
又 把你 恐怕等着 迄今 计策 没有 对我们 事 有 明日 再
gisureki seme, ini gisun be meitefi jihe secina, akūci aifini ci jifi teme
说吧 他的 话 把 截去 来了 说吧 若不是 早已 从 来 坐
šadambihe, weke aba, hūdun dere be sinda, gūnici agese gemu
乏了 谁 在那里 快 桌子 把 放置 想是 老兄们 都
yadahūšaha, buda ai be lak se,[1] age si ere absi, faitaha yali bici,
饿了 饭 什么 把 简决些 阿哥 你 这 怎么说 割的 肉 有
wajiha kai, geli utala booha saikū be ainambi, membe antaha i doro i[2]
完了 啊 又 这些 肴馔 酒菜 把 做什么 把我们 客人 的 礼 以
tuwambio, bai emu gūnin okini, giyanakū ai sain jaka bi, age se
看吗 不过 一 心意 是 能有 什么 好 东西 有 阿哥 们
boohalame majige jefu, si uttu ambarame dagilahabi kai, be esi jeci
用肴馔 略 吃吧 你 这样 大 款待了 啊 我们 自然 吃
ebirakū oci, inu sabka sindara ba akū, tuttu oci, ai hendure, deo be
不饱 若 也 筷子 放下 情况 没有 那样 若是 什么 说的 弟弟 把
gosiha kai
疼惜 啊

注释:

[1] lak se 为固定搭配,义为“爽利着些”。

[2] i 为工具格词缀，表示行为的工具、手段，用在名词及名词性短语之后，在句子中充当补语成分，具有“以……、用……”的语法意义。

第十四课　射步箭

汉文：

甲：射步箭啊，是咱们满洲要紧的事。看着容易，难得主宰。即如昼夜地常拉，抱着睡觉的都有，到了超群的、好出名的，能有几个？

乙：难处在哪里？

甲：身子要正，没有毛病；脖子要平，很自然。又搭弓硬，箭出得有劲，再根根着，才算得好啊！

乙：阿哥，你看我射步箭，比先出息了没有？要有不舒服的去处，拨正拨正。

甲：你射步箭有什么说的，早晚仗着大拇指。头戴翎子的嘛，样子好，很熟，撒放得又干净，人要都能像你，还少什么！但只弓还软些，吐信子有些定不住，把这几处记着。要说是改了，不拘到哪里去射箭，一定是出众的，如何压的下去呢！

对译：

juwan duici kicen gabtara
十　四　课程 射步箭

gabtambi serengge, musei manjusai oyonggo baita, tuwara de ja
射步箭　所说的　咱们的　满洲人　紧要　事情　看　时 容易

gojime, fakjin bahara de mangga, te bici inenggi dobori akū tatašame,[1]
但　起初 得到 时　难　现在 有　日　夜 没有　拉

beri be tebeliyehei amgarangge gemu bikai, colgoroko sain deisinafi, gebu
弓 把　抱着　睡觉的　都　有啊　超群　好　到达　名字

tucikengge giyanakū udu, mangga ba eiten seci, beye tob, hacin demun
出的　能有　几个　难　处 在什么　说　身体　正　坏毛病　怪样

akū, meiren necin, umesi elhe sulfa, ere dade beri mangga, agūra tuciburengge
没有 脖子 平 很 安 自然 这 搭 弓 硬 器械 出来的
hūsungge, geli da dolome[2] goibure oci, teni mangga seci ombi, age si mini
有劲 又 箭 箭中 射中 若 才 好 说 可以 阿哥 你 我的
gabtara be tuwa, neneheci hūwašahao, akūn, aika icakū ba bici, majige
射步箭 把 看 比从前 出息了吗 没有吗 若 不应该 处 有 略
jorišame tuwancihiya, sini gabtarangge ai hendumbi, yamji cimari ferhe
指示 拨正 你的 射步箭的 什么 说 早 晚 大拇指
de akdafi funggala hadambikai, durun sain, umesi urehebi, uksalarangge geli
对 依靠 尾翎 缝啊 样子 好 很 熟练了 撒开的 又
bolgo, niyalma gemu sini adali ome muteci, ai baire, damu beri kemuni
干净 人 都 你 一样 可以 若成为 什么 求 只 弓 还
ajige uhuken, gunirembi, asuru toktobume muterakū, ere udu babe ejefi,
小 软些 吐信子 很 决定 不能 这 几个 地方 记着
halaha sehede, yaya bade isinafi gabtaci, toktofi geren ci tucire dabala,
改了 说了 任何 处 去到 射箭 一定 众人 比 出去 罢了
gidabure aibi.
被压住 怎能

注释:

[1] tatašame 是动词 tatambi 的持续态形式。表示动作或者行为是经常的,其构成形式是根据元音和谐律在动词词干与词尾之间接缀附加成分 -ta-、-da-、-te-、-de-、-ša-、-še-、-šo-、-ca-、-ce-、-co-、-ja-、-je-、-jo-, 表示"常常""经常"的含义。

[2] da dolome 为固定搭配,义为"箭箭中"。

第十五课 直言

汉文:

甲:你竟是一个说不尽的好人,心里没有一点渣滓,但只嘴太直。知道人的是非了，一点分儿不留，就直言奉上。虽说朋友里头有规过的道理，也论相与的好不好劝罢咧。只说朋友都是一样，那未必使得。

乙：方才这一段话，你说不是好心吗？他心里很不舒服，目瞪着眼疑惑着说："哎呀！仔细啊！恐怕是陷害我吧！"阿哥的话，竟是治我的良药。我心里很服，这竟是我的一宗病了，我岂不知道。但只是遇到这样的事情，不由得嘴痒痒，有"不可与言而与之言，失言"的话，从今日起我痛改吧。再要这样，多说什么，阿哥就望着我脸上吐唾沫，我情愿甘心领受。

对译：

juwan sunjaci kicen sijirhūn gisun
十 五 课程 正直 话

si serengge emu wajirakū sain niyalma, dolo majige hede da[1] akū,
你 是 一 不尽 好 人 内心 一点 渣滓 没有

damu angga jaci sijirhūn, niyalma i uru waka be saha de, majige ba
只 嘴 太 直 人 的 是 非 把 知道了 时 一点 地方

burakū, uthai kang seme[2] gisurembi, gucuse de endebuku be tuwancihiyara
不给 就 高声说话 说 朋友们 在 过错 把 拨正

doro bicibe, banjire sain juken be bodome tafulambi dere, damu gucu sere de
道理 虽然有 相处 好 恰好 把 想 劝诫 罢了 只 朋友 对

emu adali seci, tere ainahai ojoro, teike ere emu fiyelen i gisun be, si sain
一 一样 若说 那 未必 可以 方才 这 一 段 的 话 把 你 好

gūnin sembi wakao, ini gūnin de labdu icakū, buling bulinjame, ara,
心意 说 不是吗 他的 心 在 多 不舒服 愣怔怔地 发怔 哎呀

guwelke, ere mimbe tuhebuhe be boljon akū[3] seme kenehunjembikai, age i
仔细啊 这 把我 陷害 把 不测 猜疑啊 阿哥 的

gisun, fuhali mimbe dasara sain okto, bi hungkereme gūnin dahambi, ere eici
话 竟然 把我 治理 好 药 我 十分透彻 心意 接受 这 或是

mini emu jadaha ba, bi sarkū ainaha, damu ere gese baita de teisulebuhe
我的 一 毛病 处 我 不知 怎能 只 这 样子 事情 在 遇到了

manggi, esi seci ojorakū[4] angga yojohošombi, gisureci ojorakūngge de
之后 不由得 嘴 很痒痒 若说 不可以的 在

gisureci, gisun be ufaraha sehebi, enenggi ci bi umesileme halaki, jai uttu
若说 话 把 失 说了 今日 从 我 确实 想改 再 这样

oci, fulu aisembi, age uthai dere be baime cifele, bi cihanggai
若 多 有什么说的 阿哥 就 脸 把 求 吐唾沫 我 情愿

jancuhūn[5] i alime gaimbi.
甜 以 受 接受

注释:

[1] hede da 为固定搭配,义为“渣滓”。

[2] kang seme 为固定搭配,义为“形容高声说话的样子”。

[3] boljon akū 为固定搭配,义为“不测”。

[4] esi seci ojorakū 为固定搭配,义为“不由得”。

[5] cihanggai jancuhūn 为固定搭配,义为“甘愿、情愿”。

第十六课 交恶

汉文:

甲:你们很相好啊! 如今怎么了? 总不登你的门槛子了。

乙:不知道啊! 要有谁得罪过他的去处,还有一说,总没有。好端端的来往的人,忽然哪一句话记了过失,恼得决然不走了。不走也罢咧,背地里只是说我这样不好,那样厉害,所有遇见我认得的朋友,就做话柄儿毁谤。是怎么说? 新近给我孩子娶媳妇,我还脸上过不去,请他去来着,狗也没打发一个来。我所遇见的,都是这样的朋友,叫我再怎么相与呢?

甲:我没说过那个人语言品行虚假、夸张、不可信吗? 彼时你还理来着吗? 还着实有些不受用我来着。识人的面貌罢咧,心里如何知道得透彻呢? 不分好歹,一概都说得是很好的朋友吗?

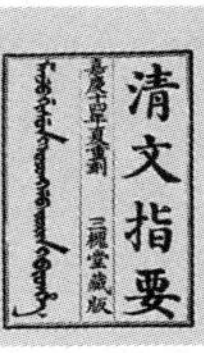

对译：

juwan ningguci kicen ishunde eherere
十 六 课程 相互 不和

suwe umesi banjire sain kai, te ainaha, fuhali sini duka i bokson de
你们 很 生的 好 啊 现在 怎么了 竟然 你的 门 的 门槛 在

fehunjirakū ohoni, sarkū je, we ya aika inde waka sabubuha ba bici, geli
不来踩 成为呢 不知道 嗻 谁 谁 要是 被他 非 被看见 处 若有 又

emu gisurere babe, umai akū bade, hocikosaka yabumbihengge, gaitai, ya
一 说的 地方 全然 无 地方 好端端的 行走的 忽然 什么

emu gisun de ni gidafi, fuce nakū lasha feliyerakū ohobi, yaburakū oci inu
一 话 在 烙上 恼怒 之后 断然 不走动 成了 不行走 若 也

okini, enggici bade baibi mimbe uttu ehe sere, tuttu nimecuke sere, mini
成为了 背后 处 白白 把我 这样 坏 说 那样 厉害 说 我的

takara ele gucuse be acaha dari, gisun i fesin obume jubešehengge gojime,
认识的 所有 朋友们 把 遇见 每 话 的 柄 作为 背后毁谤 只

jaka mini jui de urun isibure de, bi hono dere de ainara seme, imbe
最近 我的 孩子 给 媳妇 送到 我 还 脸 在 怎么样 把他

solinaha bihe, indahūn inu emke takūraha ba akū, mini ucaraha ucarahangge,
去请 了 狗 也 一 没派 处 没有 我的 遇见了 遇见的

gemu ere gese gucu kai, mimbe jai adarame guculeme sembi, tere niyalmai
都 这 样 朋友 啊 把我 再 怎么 交朋友 说 那个 人的

gisun yabun holo kukduri, akdaci ojorakū seme bi aika henduhekūn, tere
话 品行 假 虚夸 相信 不可以 我 难道 没说过吗 那

fonde si geli hersembio, hono mujakū mimbe icakūšameliyan i bihe, niyalmai
时 你 也 理睬吗 还 确实 把我 略不高兴 人的

cira be takara gojime, gūnin be adarame šuwe hafu[1] sambini, sain ehe be
脸 把 认识 只 心意 把 怎么 事理明通 知道呢 好 坏 把

ilgarakū, bireme gemu umesi haji gucu seci ombio.
不辨别 一概 都 很 亲密 朋友 说 可以吗

注释：

［1］šuwe hafu 为固定搭配，义为“事理明通、贯通”。

第十七课 现成的饭

汉文：

甲：这一向，你又往哪里奔忙去了，间或到我这里走走是呢！怎么总不见你的面目。

乙：我早要看阿哥来着，不想被一件旁不相干的事绊住，竟受了累了，终日匆忙还有空儿吗。要不是今日还脱不开来着。只管推脱着说，我有要紧的事，将将地才放了我了。

甲：来得甚好，正闷在这里，想来你也没有什么要紧的事，咱们坐着说一日的话儿吧。现成的饭吃了去，我也不另收拾菜。

乙：但只来勤，只管骚扰阿哥，我心里不安，因此不敢常来。

甲：你怎么外道，咱们从几时分彼此来着？若要再隔几日不来，我还要预备些东西，特请你去，一顿现成的空饭，又何足论呢？况且你的东西，我什么没吃过？看起这个来，竟是明明地叫我再别往你们家去了啊！

对译：

juwan nadaci kicen beleni buda
十 七 课程 现成的 饭

ere ucuri si geli aibide šodonoho bihe, mudan talude mini jakade inu
这 一向 你 又 往哪里 奔忙去 了 次 倘或 我的 跟前 也

majige feliyecina, ainu sini dere yasa be oron saburakū, bi aifini age be
稍稍 走动吧 为何 你的 面 目 把 影子 没看见 我早已 阿哥 把

tuwanjiki sembihe, gūnihakū emu daljakū heturi baita de siderebu nakū,
想来见了 不料 一 无关 旁出的 事情 被 绊住 之后

fuhali lahin taha[1] inenggidari fusu fasa jaka šolo aika bio, akūci enenggi
竟然 被牵累 每日 匆匆忙忙 空隙 空闲 难道 有吗 若不是 今日
bahafi ukcame muterakū bihe, minde hahi oyonggo baita bi seme
得到 逃脱 不能 了 对我 紧急 重要 事情 有
kanagan arame[2] gisurehei araka teni mimbe sindaha, jihengge umesi sain, jing
借故 一直说 做作 才 把我 释放 来的 很 好 正
ališahabi, gūnici sinde inu asuru oyonggo baita akū, muse emu inenggi gisureme
闷了 想是 对你 也 非常 重要 事情 没有 咱们 一 日 说话
teki, beleni buda jefi gene, bi inu encu booha dagilarakū, damu jihe
坐着 现成的 饭 吃 去 我 也 别的 肴馔 不预备 只 来了
dari,[3] baibi age simbe gašihiyaburengge, mini gūnin de elhe akū, tuttu ofi,
每 白白 阿哥 把你 使骚扰 我的 心思 对 平安 没有 因此
gelhūn akū[4] ta seme[5] jiderakū, si ainu tulgiyen obufi gūnimbi, muse
敢 常来往 不来 你 为何 外面的 作为 想 咱们
atanggi si bi seme ilgambihe, jai udu inenggi giyalafi jiderakū oci, bi hono
几时 你 我 分别了 再 几 日 间隔 不来 若 我 还
majige jaka belhefi, cohome simbe helneki sere bade, emu ere i beleni
稍稍 东西 预备了 特意 把你 想去邀请 处 一 这的 现成
untuhun buda[6] be, geli aiseme dabufi gisurembi, tere anggala, siningge be,
空饭 把 也 怎么 算入 说 况且 你的 食物
bi ai jekekū, erebe tuwaci iletu mimbe sini boode, jai jai[7] ome genere
我 什么 没吃 把这个 若看 明显 把你 你的 在家 再也 成了 去
serengge kai.
叫 啊

注释:

[1] lahin taha 为固定搭配,义为"牵累"。

[2] kanagan arame 为固定搭配,义为"借故"。

[3] dari 的含义为"每次",此处指"来得勤"。

［4］gelhūn akū 为固定搭配，义为“（怎）敢、（岂）敢”。

［5］ta seme 为固定搭配，义为“常来往”。

［6］untuhun buda 为固定搭配，义为“空饭”，此处指“素饭、淡饭”。

［7］jai jai 为固定搭配，义为“再也”。

第十八课　为朋友

汉文：

甲：我原说你这一件事，向他说着很容易来。谁想竟遇见了一个厌物，那样牙关紧，绝不肯依，因此竟很费了心了。把咱们商量的去处告诉了他，放下脸来，以我的话为乖谬之谈，所以我的火上来，性子到了脖颈子上了。要做什么就做罢咧，满心里要惹他一惹。后来想了一想，自己问着自己，你错了，这来意不是自己的事，为的是朋友啊！就略容着他些，又费了什么？所以忍着他的尽量痛责，一声也不哼，顺顺地领受了；又坐了好一会，看他的光景，顺着他慢慢地央求，刚刚地才点了头了，你想着瞧，我的性子要略急些，你的事情不有些不妥当了吗？

对译：

juwan jakūci kicen gucu i jalin
十　八　课程 朋友　为了

bi daci sini ere baita be, tede gisureci, umesi ja sembihe, eimede
我 原来 你的 这 事情 把 向他 若说 很 容易 说了 厌恶

tuttu jayan cira fangnai ojorakū be, we gūniha, ede mujakū gūnin baibuha
那样 牙关 严密 执定 不可以 谁 想了 因此 确实 心 用

secina, musei hebdehe babe, inde alahade, dere efulefi,[1] mini gisun be
说了 咱们的 商量 把 向他 告诉时 翻脸 我的 话 把

fudasihūn i fiyo[2] sembi, tede bi hūr sehe, jili monggon i da deri oho,
乖谬 说 对此 我 发火 怒气 脖颈 的 根 由 成了

ainaci ainakini dabala seme, imbe neciki sere gūnin jalu jafaha bihe, amala
要怎样 就怎样 罢了 说了 把他 欲侵扰 心意 满 拿了 有了 后来

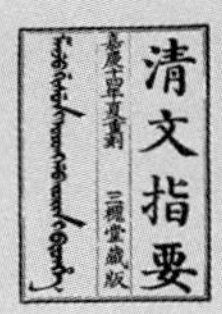

gūnifi, beyebe beye fonjime, si tašarabuhabi, ere jihengge, beyei baita
想了 把自己 自己 问 你 出差错 这 来的 自己的 事情
waka, gucu i jalin kai, imbe majige baktambure de geli ai wajimbi seme
不是 朋友 为 啊 把他 略 包含 对 也 什么 完了
ini elere ebsihei[3] akšulame becere be kirime, emu jilgan tucikekū, ijishūn
他的 尽量 说刻薄话 责备 把 忍受 一 声音 不哼 顺
i alime gaiha, geli kejine goidame tefi, terei arbun be tuwafi,
的 承 受 又 好一会 很久 坐 他的 光景 把 看
ici acabume[4] elheken i baire jakade, arkan teni uju gehešehe, si gūnime
迎合 缓缓 地 求 之后 刚刚的 才 头 点头 你 想着
tuwa, mini jili majige hahi oci, sini baita faijume bihe wakao.
看 我的 怒气 略 着急 若是 你的 事情 妥当 有了 不是吗

注释:

[1] dere efulefi 为固定搭配,义为“翻脸”。

[2] fudasihūn i fiyo 直译为“悖逆的屁”,转译为“乖谬之谈”。

[3] elere ebsihei 为固定搭配,义为“尽量”。

[4] ici acabume 为固定搭配,义为“迎合”。

第十九课 及时雨

汉文:

甲:昨天清早起来,屋里很黑,我说想是天还没很亮。出院子里看,原来阴得漆黑。洗了脸才要上衙门,一点两点地下雨了。略等了一会,下响了。又坐了一会儿,吃了一盅茶的空儿,忽然一声打起焦雷,下起盆倾大雨来了。我只说这不过一阵暴雨罢咧,过去了再走吧。那里直倾到晚,又彻夜至天亮,总没有住。到今日饭时,才恍恍惚惚看见日光了。真是应时的好雨啊!想来各处的地亩,还有不透的了?秋天的庄稼,岂有不丰收的呢?

对译：

juwan uyuci kicen erinde acabure aga
十 九 课程 时 合 雨

sikse erde iliha manggi, booi dolo dembei farhūn, bi ainci kemuni
昨天 早晨 起来 后 家的 里面 很 黑 我 想是 还
gehun gerere[1] unde aise seme, hūwa de tucifi tuwaci, dule luk seme[2]
天大亮 尚未 想是 说 院子 向 出去 看 原来 漆黑
tulhušehe ni, dere obofi teni yamulaki sere de, sebe saba aga[3] i sabdan
天阴 呢 脸 洗 才 欲去衙门 时 疏雨 的 滴滴
tuhenjihe, baji aliyara sidende, šor seme[4] asuki tucikebi, geli majige te
出来了 一会 等待 空隙 雨潇潇 声音 出来 又 稍 坐
manggi, emu hūntahan cai omiha bici, gaitai kiyatar seme,[5] emgeri akjan
后 一 杯 茶 喝了 有了 忽然 响亮声 已经 雷
akjame, hungker seme[6] agame deribuhe, bi ere bai emu burgin i huksidere
打雷 倾盆 下雨 开始了 我 这 白白 一 时会 的 暴雨
dabala, duleke manggi jai yoki seci, aibide yamjitala hungkerehe bime,
罢了 过去了 后 再 走吧 哪里 直到傍晚 倾注 而且
dobonio geretele umai nakahakū, enenggi budai erin otolo, teni buru bara[7]
整夜 直到天亮 没有 停住 今日 饭的 时候 直到 才 恍惚
šun i elden be sabuha, yala erinde acabure sain aga, gūnici ba ba i[8]
太阳 的 光 把 看见了 实在 时候 合 好 雨 料想 处 处 的
usin hafukakūngge akū kai, bolori jeku elgiyen tumin i bargiyarakū ainaha
田 不透的 没有 啊 秋天 庄稼 富裕 厚 的 不丰收 岂不

注释：

[1] gehun gerere，形容天大亮。

[2] luk seme，形容烟雾浓厚，天气阴沉的样子。

[3] sebe saba aga，形容疏雨点点。

[4] šor seme，形容下雨的声音，潇潇。

[5] kiyatar seme,形容发出响亮的声音。

[6] hungker seme,形容雨下得倾盆的样子。

[7] buru bara 为固定搭配,义为"恍惚"。

[8] ba ba i 为固定搭配,义为"各处的"。

第二十课　囊中之锥

汉文:

甲:你打听的不是那个阿哥吗?他呀,是囊中之锥啊!几时必要出头。

乙:什么缘故呢?

甲:生来的沉静博学,行动是榜样准则;差事上,一拿步儿地走;居家呢,一朴心地过。实在的没有一点毛病。父母跟前孝顺,兄弟之间亲热。况且朋友里头,很护众。不拘谁托他一件事,不应就罢了;要说是点了头,必然扑倒身子替你设措,不成不肯歇手。因此谁不敬他,谁不要亲近他,有"吉人天相"之说。这样的人,岂有虚生空完的呢?天必降福罢了。

对译:

orici kicen fulhū i dorgi suifun
二十 课程 口袋 的 里面 锥子

sini dacilarangge, tere age wakao, tere serengge, fulhū i dorgi suifun
你的 打听的 那个 阿哥 不是吗 他 所谓的 袋 的 里面 锥子

kai, atanggi bicibe, urunakū colgorome tucimbi, turgun ai seci, banitai ujen
啊 几时 即使 一定 超群 出来 原因 什么 说 禀性 沉重

jingji ambula tacihabi, yabuci durun aššaci kemun, alban de oci, emu julehen
稳重 大 学 行走 规矩 行动 准则 差事 在 是 一 步

i yabumbi, boode oci emu suihen i banjimbi, [1] yargiyan i ajige hacin demun
以 走 在家 若 一心一意过日子 实在 细微 种 异端

akū, ama eme de hiyoošungga, ahūn deo de haji, ere dade gucu gargan de,
没有 父 母 对 孝顺 兄 弟 对 亲近 这 起初 朋友 对

umesi karaba, yaya inde emu baita yandure de, alime gaijarakū oci wajiha, uju
很 合群 所有 向他 一 事 请托 时 受 不接受 若 完了 头

gehešehe sehede , urunakū beye sisafi sini funde facihiyašambi, muteburakū oci
点头 说 一定 身子 倒下 你 替代 着急 不使成 若

nakara kooli akū, uttu ofi, we imbe kundelerakū, we hanci oki serakū, sain
停止的 道理 没有 所以 谁 把他 不恭敬 谁 亲近 不想要 好

niyalma abka aisilambi sehebi, enteke niyalma mekele banjifi untuhuri wajire
人 天 帮助 说了 这样的 人 白白地 活着 白白地 完了

aibi, abka urunakū hūturi isibure dabala.
岂有 天 一定 福 降 罢了

注释:

[1] emu suihen i banjimbi,形容"一意度日"。

第二十一课 叫背书

汉文:

甲:今日早起叫他们背书,一个比一个生,哼啊哼地张着嘴,咯噔咯噔地打磕绊。那上头我说,暂住,听我的话。你们既念清书,就一拿步儿学是呢。像这样充着数儿,沽虚名,几时才有头绪?可是说的不但你们虚度光阴,我也是徒然费力啊!还算是你们自己误了自己,或是算我误了你们呢?已成了壮年的大汉子,说着说着,又这样耳朵里听了,心里废弃的光景,太皮脸了啊!把我这苦口的话,你们别说嘴碎,别说寻趁,即如我当了差,剩的空儿,受用受用何等的好呢,只管合你们这样那样的,为什么呢?也因为是骨肉,叫你们出息,叫你们成人的意思啊!可怎么样呢,我该尽心教的,按着理教就完了,听不听随你们罢了,叫我怎么样呢?

对译:

orin emuci kicen bithe šejilebure
二十 一 课程 书 使背诵

cimari ceni bithe šejilebuci, emke, emke ci eshun,
今早 他们的 书 使背诵 一个 一个 比 生疏

eke eke seme[1] gahūšame, deng deng seme ilijambi, tede bi takasu, mini
说不出来的样子 张口结舌 咯噔咯噔地 打磕绊 那上 我 暂住 我的

gisun be donji, suwe manju bithe be hūlaci tetendere, uthai emu julehen i
话 把 听 你们 满洲 书 把 念 既然 就 一 步 以

tacicina, ere gese ton arame, untuhun gebu gaici, atanggi dube da,[2] yala
学吧 这 样 数 做 空虚 名字 得到 几时 末 根 果然

suwe inenggi biya[3] be untuhuri manabuha sere anggala, bi inu mekele hūsun
你们 日 月 把 白白地 破坏 不但 我 也 白白地 力气

baibuha secina, eici suweni beyebe suwe sartabuha sembio, eici bi suwembe
费 说呢 或 你们的 把自己 你们 耽误了 说了 或 我 把你们

tookabuha sembio, ciksika amba haha oso nakū, hendutele, geli uttu šan de
耽误了 说呢 成年 大 男子 已成了 一直说着 又 这样 耳朵 里

donjire gojime gūnin de teburakūngge, dere jaci silemin bai, mini ere gosihon
听了 只是 心里 在 所不被记的 脸 太 厚颜 吧 我的 这 苦的

gisurere be, suwe ume gejenggi sere, ume fiktu baimbi sere, te bicibe, mini
话 把 你们 不要 嘴碎 说 不要 借口 寻找 说 现 虽然 我的

beye alban kame[4] funcehe šolo de, majige ergeci oihori, baibi suwembe
自己 当差 剩余的 空闲 在 略 休息 忽略 只是 把你们

canggi ere tere serengge ai hala,[5] ineku giranggi yali ofi, suwembe
只管 这样 那样 说 为什么呢 本来 骨 肉 因为 把你们

hūwašakini, niyalma okini sere gūnin kai, ainara, bi gūnin akūmbime
出息 人 使成为 心思 啊 怎么样 我 心思 尽力

tacibure de giyan be dahame tacibuci wajiha, donjire donjirakūngge suweni
教 时 理 把 按照 教 完了 听的 不听的 你们的

ciha dabala, mimbe aina sembi.
任意 罢了 把我 怎么样 说

注释：

［1］eke eke seme 义为“这个……那个……”，形容说不出来的样子。

［2］dube da 直译为“末头”，此处指“头绪”。

［3］inenggi biya，用“日月”比喻“光阴”。

［4］alban kame 为固定搭配，义为“当差”。

［5］ai hala，此处含义为“为什么呢”。

第二十二课　弹琵琶

汉文：

甲：不是啊！你这是怎么说，终日吃得饱饱的，抱着琵琶弦子弹的光景，还算是差事啊？还要成名吗？或是要仗着这个过日子啊！咱们幸而是满洲，吃的是官米，使的是帑银，阖家头顶脚踩的，都是拖着主子的恩典得的。不学本事，不当差效力，只管在这上头专心去学，玷污满洲哩呀！与其将有用的心思费于无用之地，不如读书啊！“学唱的立门僻，学儒的坐对膝”，有此一说，就学到怎样精良地步，不过供人的玩笑罢了，不能免下贱的名色啊！到了正经公所，会弹也算得本事吗？要说我的话，没凭据，不可信，大人、官员们里头，哪一个是从会弹出身的？你如今说出来。

对译：

orin juweci kicen fifan be fithere
二十　二　课程 琵琶 把　弹

waka, sini ere absi serengge, inenggidari ebitele jefu manggi, fifan
不是　你　这　怎么　说的　每日　一直饱　吃　之后　琵琶

tenggeri be tebeliyehei fitherengge, aika alban semeo, gebu gaiki sembio, eici
三弦　把　抱着　弹　难道 差事　说吗　名　想要　说　或

ede akdafi banjiki sembio, muse jabšan de manju ofi, jeterengge alban
因此　依靠　想要生活啊　咱们　幸运　对　满洲　是　吃的　官

i bele, baitalarangge caliyan i menggun, booi gubci ujui hukšehe bethei
的　米　使用的　钱粮　的　银　家的　全　用头　顶的　用脚

fehuhengge, gemu ejen i kesi de bahangge, erdemu be tacirakū, alban de
踩的 都 主子 的 恩 用 得到的 本事 把 不学 差事 对
faššame yaburakū oso[1] nakū[2], baibi ede gūnin girkūfi tacici, manju be
效力 不行走 只是 在这 心思 专心 学 满洲 把
gūtubuha ai dabala, baitangga gūnin be baitakū bade fayabure anggala, bithe
玷辱 什么 罢了 有用的 心思 把 无用的 地方 耗费 与其 书
tacire de isirakū, ucun be tacihangge, uce i amala ilimbi, baksi be tacihangge
学习 不如 歌 把 学的 门 的 后面 立 儒 把 学的
bakcin de tembi sehebi, ai hacin i[3] ferguwecuke mangga de isinaha[4] seme,
对手 坐 说了 怎样的 精良 厉害 至于 而且
niyalma de efiku injeku arara dabala, nantuhūn fusihūn sere gebu ci guweme
人 对 玩戏 玩笑 做 罢了 污秽 卑下 说 名字 从 逃脱
muterakū kai, jingkini siden i bade isinaha manggi, fithere hacin be bengsen
不能 啊 正 公 的 地方 到达 后 弹的 种类 把 本事
obuci ombio, mini gisun be temhetu akū, akdaci ojorakū seci, ambasa hafasai
成为 可以吗 我的 话 把 凭据 没有 相信 不可以 说 大臣 官员们
dorgide, ya emke fithere ci beye tucikengge be, si te tucibu.
里面 哪 一个 琵琶 从 身体 出来的 吧 你 现在 说出来

注释：

[1] oso 使令词。

[2] nakū 做助动词用。

[3] ai hacin i 为固定搭配，义为“怎样的”。

[4] de isinaha，义为“既然”。

第二十三课　放章京

汉文：

甲：阿哥喜啊！说是派出放章京来了。

乙：是啊！昨日拣选，把我拟了正了。

甲:拟陪的是谁?

乙:我不认得,是一个前锋什长。

甲:他有兵没有呢?

乙:没有,单有围。

甲:我替你打算熟了,预备带孔雀翎子。

乙:我算什么奇特?比我好的要多少,如何指望必得呢。托着祖父,侥幸捞着了也定不得。

甲:什么话呢?你是什么时候的人啊!年久了,论陈,合你走的朋友都做大人了,再在你后头挑的少年们,都比你强了先了。论行走,出过兵,得过伤,而且,现是十五善射,你说旗下过于你的是谁?我知道了,想是恐怕来吃你的喜酒,故意地这们说罢咧。

乙:岂有此理。要果然得了,别说酒,合着你的主意请吧。

甲:白说着玩。我该来贺喜,倒吃你的东西,也使得吗?

对译:

orin ilaci kicen janggin sindara
二十 三 课程 章京 补放

age urgun kai, janggin sindara de tomilaha sembi, inu, sikse ilgame
阿哥 喜 啊 章京 补放 对 派 说 是 昨日 辨别

sonjoro de, mimbe cohoho, adabuhangge we, bi takarakū, emu
拣选 时 把我 拟正了 拟陪的 谁 我 不认识 一

gabsihiyan i juwan i da,[1] inde cooha mudan[2] bio akūn, akū, aba
前锋校 在他 兵丁 有吗 没有吗 没有 围

i teile, bi sini funde ureme bodoho, tojin funggala hadambi seme belhe, bi
只有 我 你的 替代 熟 打算了 孔雀 尾翎 钉 预备了 我

ai ferguwecuke, mici sain ningge ai yadara,[3] urunakū bahambi seme ereci
什么 奇特 比我 好 的 要多少 一定 得到 想要 这

ombio, ama mafari kesi de, jabšan de herebure be boljoci ojorakū, ai gisun
可以吗 父 祖 恩 在 幸运 在 捞着 把 约定 不可以 什么 话

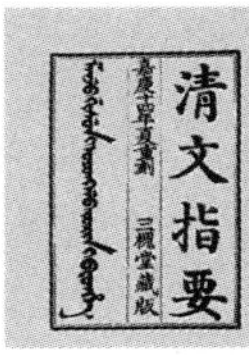

serengge, si ai erin i niyalma, aniya goidaha, fe be bodoci, sini emgi
说的 你 什么 时候 的 人 年 久 陈 把 想 你 一起
yabuha gucuse gemu amban oho, jai sini amala gaiha asihata, yooni sinci
走的 朋友 都 大臣 成 再 你的 之后 得到的 少年们 全 比你
enggelehebi, yabuha feliyehe be bodoci, cooha de faššaha feye baha,
超越了 行走 走 把 若想 军队 在 效力 伤 受到
tuttu bime, ne tofohon mangga, si hendu gūsade sinci dulenderengge gemu
而且 现在 十五 善射 你 说 在旗 比你 超过的 都
weci, bi saha, eici sini urgun nure be omime jiderahū seme, jortanggi
是谁 我 知道了 或 你的 喜 酒 把 喝 恐怕吃 恐怕吃 故意
uttu gisurembi dere, ai geli, yala bahaci, nure be aisembi, sini gūnin de
这样 说 吧 岂有此理 果然 要得到 酒 把 说什么 你的 心思 在
acabume soliki, bai yobo maktambi,[4] bi urgun arame jici giyan ningge,
符合 请 白白 开玩笑 我 道喜 做 来 道理 的
fudarame siningge be jeci, geli ombio
反倒 你的 把 吃 又 可以吗

注释:

［1］gabsihiyan i juwan i da 官职名,“前锋校”。

［2］cooha mudan,义为“兵丁”。

［3］ai yadara,义为“值什么”。

［4］yobo maktambi,义为“开玩笑”。

第二十四课 道贺

汉文:

甲:今日谁来了吗?

乙:阿哥一出门,跟着有两个人瞧来着,说阿哥升了,特来道喜。

甲:谁出去答应了?

乙:我在门口站着来着,我说我哥哥不在家,让老爷们进去坐坐,断不进来,回去了。

甲:什么样的人啊?怎么个长相儿?

乙:一个胖子,比阿哥略猛些,匀溜身子,连鬓胡子,豹子眼,紫棠色;那一个真可笑,秽得竟瞧不得,一双眼又斜着,酱稠的麻子,倒卷着的胡子,那个样子望着我,一说话,我几乎没有笑出来。

甲:那个胖子,我知道了;这一个又是谁呢?

乙:我问他们的姓来着,每人给我留了一个职名,我拿来给阿哥看。

甲:哎呀!这个孽障起哪里来了。你别说他不成材料,轻看了,他身量虽然歪斜,笔下好,有内囊,提起他来,谁不知道?早有了名了,夙昔何等的搅混过来着啊!

对译:

orin duici kicen urgun arara
二十 四 课程 喜 做

enenggi yaka jihebio, age duka tucime, dahanduhai juwe niyalma
今天 谁 来了吗 阿哥 门 出 随即 二 人

tuwanjiha bihe, age be wesike seme, cohome urgun de acanjiha sehe, we
来看 了 阿哥 把 升了 说 特意 喜 对 来见 说了 谁

tucifi jabuha, mini beye dukai jakade iliha bihe, bi mini ahūn boode akū,
出去 回答了 我的 身体 门的 在附近 立 了 我 我的 兄 在家 没有

looyesa dosifi teki seme, anahūnjaci fangnai dosirakū, amasi genehe, ai
老爷们 进去 请坐 若谦让 执意 不进 返回 去了 什么

gese niyalma, adarame banjihabi, emke yalihangga, age ci majige
样子 人 怎么 长得 一个 胖的 阿哥 比 略

dekdehun[1], beye teksin, šufangga salu[2], yasa bultahūn, fahala cira, tere
略高 身体 整齐 连鬓胡 眼睛 明露出 紫色 脸色 那

emke yala yobo, nantuhūn manggi fuhali tuwaci ojorakū, yasa gakda bime
一个 实在 玩笑 污秽 后 竟然 看 不可以 眼睛 单物 而且

hiyari, kerkenehe kerkeri, hoshori salu, terei demun i mini baru emgeri
眼斜 稠麻子 麻子 圈起的 胡子 那个 怪样 以 我 向着 一次
gisurere jakade, bi elekei pus seme injehe, tere yalihangga, bi saha, ere
说话 时 我 几乎 扑哧 笑了 那个 胖的 我 知道了 这
emke geli we bihe, bi ceni hala be fonjiha bihe, minde emte justan gebu
一 又 谁 是 我 他们的 姓 把 问了 有了 给我 各一 纸条 名字
jergi[3] araha bithe werihebi, bi gajifi, age de tuwabure, ara, ere suisirengge
品级 写了 文字 留了 我 拿来 阿哥 给 看 哎呀 这 罪孽的
aibici jihe, si tere be ume yokcin akū[4] seme ja tuwara, beye giru
从哪里 来了 你 这 把 不要 貌丑 简单 看 身体 模样
udu waiku daikū[5] bicibe, fi de sain, dotori bi, imbe jonoho de we sarkū,
虽然 弯曲 虽然 笔 在 好 内涵 有 把他 提了 时 谁 不知道
aifini gebu gaiha[6], seibeni oihori koikašambihe kai.
早已 名字 要 早先 何等的 闯出名号 啊

注释:

[1] dekdehun 为形容词的比较级,“略高”。

[2] šufangga salu 为固定搭配,义为“连鬓胡子”,šufangga 义为“攒凑的”,salu 义为“胡子”。

[3] gebu jergi 为固定搭配,义为“职名”。

[4] yokcin akū 为固定搭配,义为“貌丑”。

[5] waiku daikū 为固定搭配,义为“歪”。

[6] gebu gaiha,义为“出名”。

第二十五课 留言

汉文:

甲:我们两个人,原相好,如今又有好几层亲。因多少年没得见,我从出兵的地方回来,说要找了他去,叙叙想念的情况来着,不略被事绊住,总没的工夫。昨天顺便到他家问起来,搬去许久了,说现在小街里头西边转弯处住着呢。照着告诉的话找去了瞧，很背的小地方，关着门呢。叫开门呢，总没人答应。又敲着门，叫了好一会，一个老婆子磕磕绊绊地出来了，说我的主儿不在家，往别处去了。我说你老爷回来告诉，说我看来了。耳朵很沉，总没听见，所以我没法儿，合他们间壁小铺儿里寻了个笔砚，把我去了的话写了个字儿留下了。

对译：

orin sunjaci kicen werihe gisun

二十 五 课程 存留 言、话

meni juwe nofi, daci banjire sain bime, te geli ududu ursu niyaman

我们的 二 个 原来 生的 好 而且 现在 又 许多 层 亲戚

daribuhabi, utala aniya bahafi sabuhakū seme, bi coohai baci amasi isinjiha

沾亲 这些 年 得到 没看见 我 兵的 从地方 返回 来到

de uthai imbe baihanafi, kiduha jongko be gisureki sembihe, gūnihakū baita de

时 就 把他 去找了 想念 提起 把 欲说 不料 事情 被

siderebu nakū, fuhali šolo baharakū, sikse ildun de ini boode darifi

绊住 既 竟然 空闲 没得到 昨天 方便 时 他的 家 顺便去

fonjici, gurifi kejine goidaha, ne siyoo giyai dolo wargi ergi gencehen i

问 搬了 很 很久 现在 小 街的 里面 西 方 墙根 的

murihan de tehebi sembi, alaha songkoi baime genefi tuwaci, umesi koco

转过 在 住了 说 告诉 依照 找 去了 看 很 幽僻

wai, duka yaksifi bi, duka neici seme hūlaci, umai jabure niyalma akū, geli

弯曲处 门 关闭 门 开 说 叫 没有 回答 人 无 又

duka toksime kejine hūlaha manggi, emu sakda mama tame afame[1] tucike,

门 敲 很久 叫了 后 一 年老 老太太 磕绊 出来了

mini ejen boode akū, gūwa bade yoha sembi, bi sini looye amasi jihe

我的 主子 在家 没有 别的 处 走了 说 我 你的 老爷 返回 来了

manggi ala, mimbe tuwanjiha se sere de, šan umesi jigeyen, fuhali

之后 告诉 把我 来看了 说 时 耳朵 很 沉 竟然

donjihakū, tuttu ofi, bi arga akū, ceni adaki ajige puseli de fi yuwan
没听见 所以 我 计 没有 他们的 邻居 小 铺 在 笔 砚

baifi, mini genehe babe bithelefi werilhe.
找 我的 去的 处 写了字 留下了

注释:

[1] tame afame 为固定搭配,义为“磕绊”。

第二十六课 拜年

汉文:

甲:阿哥,新年大喜啊!

乙:是,同喜啊!

甲:阿哥请坐。做什么?

乙:给阿哥拜年。

甲:什么话呢?

乙:老兄长啊!不应当磕头的吗?哦,升官、多养儿子、过富贵日子!

甲:阿哥起来上去坐。现成的煮饺子吃几个。

乙:我从家里吃了出来的。

甲:吃点那样饱吗?年轻的人,就是才吃了,也就饿啊!你想是为难罢咧。

乙:实在,阿哥的家里我还装假吗?不敢撒谎。

甲:哦,罢了,对茶送来。

乙:阿哥,我不喝。

甲:怎么?

乙:我还要到别处去。应去的人家多,忘了乏了,再去的时候,人都犯思量了。阿哥就吃,别送我。

甲:看带了滋味去,岂有此理,哪里有不出房门的礼。哦,乏了,来了空空儿的,茶也不喝,到家里说我问好了。

对译：

orin ningguci kicen aniya arara[1]

二十 六 课程 年 做

age ice aniya, amba urgun kai, je, ishunde urgun okini, age teki,

阿哥 新 年 大 喜 啊 是 互相 喜 做了 阿哥 坐

ainambi, age de aniyai doroi hengkileki, ai gisun serengge, sakda ahūn

做什么 阿哥 向 年的 以礼 磕头 什么 话 说的 年老 兄长

kai, hengkilengge giyan waka semeo, je, hafan hali[2] wesikini, juse dasu

啊 磕头的 道理 不是 说吗 是 官吏 升了 孩子 孩子们

fusekini bayan wesihun banjikini, age ili wesifi te, beleni bujuha

生养 富 贵 生 阿哥 立 上去 坐 现成的 煮了

hoho efen[3] udu fali jefu, bi booci jefi tucike, jekengge tuttu ebihebio,

饺子 几 个 吃 我 从家 吃了 出来了 吃的 那样 饱吗

asihata teike jeke seme uthai yadahūšambikai, si ainci manggašambi dere,

年轻人们 刚刚 吃了 即使 就 饿了啊 你 想是 为难 吧

yargiyan, age i boode, bi geli antaharambio, gelhun akū holtorakū, je,

实在 阿哥 的 家里 我 还 装假吗 害怕 不 不撒谎 是

wajiha, cai acabufi benju, age bi omirakū, ainu, bi kemuni gūwa bade

罢了 茶 合 送来 阿哥 我 不喝 怎么 我 还 别 处

dariki sembi, geneci acara boo labdu, onggofi šadafi, jai geneme ohode,

顺便去 说 去 应该 家 多 忘了 疲劳 再 去 时候

niyalma gemu gūninjara de isinambi, age uthai jefu, mimbe ume fudere,

人 都 思量 及 阿哥 就 吃 把我 不要 送

amtan gamarahū, ai geli[4], uce be tucirakū kooli bio, je, šadaha kai, jifi

滋味 恐带去 岂有此理 门 把 不出 道理 有吗 是 疲乏 啊 来了

untuhusaka, cai inu omirakū, boode isinaha manggi sain be fonjiha se.

空空的 茶 也 不喝 家 去到 后 好 把 问了 说

注释：

[1] arambi 一词语义众多，用法灵活，与不同词搭配有不同译法，此处 aniya arara 义为“拜年”。

[2] hafan hali 为固定搭配，义为“官员”。

[3] hoho efen 指“饺子”。

[4] ai geli 为固定搭配，义为“岂敢”。

四、《清文指要》(卷下)原文及译注

第二十七课　做好事

汉文：

甲：做好事啊，说的是咱们当尽的孝悌忠信之类，并非全在供神佛，济僧道。比方说作恶的人，任凭怎样地吃素、铺路、修桥，岂能解他的罪呢？就是神佛，也不便降福啊！吃素的游天堂，杀牲的下地狱的，各样话，都是僧道借着糊口的托词，岂可深信。他们要不拿着怎长怎短的厉害话诓骗人，遵着佛教，关着庙门，静静地持斋念经，就要吃没吃的，要穿没穿的。谁养赡他们呢？喝风度日吗？

对译：

orin nadaci kicen sain baita be yabure

二十　七　课程　好　事　把　行

sain baita be yabumbi sehengge, musei akūmbuci acara hiyoošun deocin

好　事　把　做　说了　咱们的　尽力　应该　孝顺　孝悌

tondo akdun jergi hacin be henduhebi, umai gemu fucihi enduri be doboro,

忠　信　等　种　把　说了　并无　都　佛　神　把　供奉

hūwašan doose de ulebure de bisirengge waka, duibuleci ehe be yabure urse,

僧人　道士　对　款待　时　存在的　不是　对比的话　恶　把　做的　人们

ai hacin i šayolame jugūn jukiha doohan caha seme, ini weile be suci

什么　样　的　吃斋　路　填补　桥梁　架起　即使　他的　罪　把　解了

ombio. udu fucihi enduri seme hūturi isibume banjinarakū kai, šayolara urse
可以吗 虽然 佛 神 福 降 生不下来 啊 吃斋的 人们
abkai tanggin de tafambi, ergengge warangge na i gindana de tušambi sere,
天的 堂 在 登上 生的 杀的 地 的 牢狱 在 遭遇 说
hala hacin[1] i gisun gemu hūwašan doose i angga hetumbure kanagan, hiri
各种各样 的 话 都 僧人 道士 的 嘴 说的 借口 完全
akdaci ombio, ce aika uttu tuttu sere nimecuke gisun i niyalma be
相信 可以吗 他们 如果 这样 那样 说的 厉害 话 的 人 把
jaldame hoššorakū, fucihi šajin be dahame, juktehen i duka be yaksifi,
诓骗 不诓骗 佛 禁约 把 依照 庙 的 门 把 关
ekisaka macihijafara[2], nomun hūlara oci jeci jeterengge akū, etuci eturengge
静静的 坐静 经 念 若 若吃 吃的 没有 若穿 穿的
akū, ombikai, we cembe ujimbi, edun ukiyeme banji sembio.
没有 成吗 谁 把他们 养 风 喝 生活 说吗

注释：

[1] hala hacin 为固定搭配，义为“各种各样”。

[2] macihi jafara 为固定搭配，义为“坐静”。

第二十八课 老大人

汉文：

甲：老大人才情敏捷决断。凡事一到，就教办得有条有理，而且心里明白。认的人，好歹断然瞒不过他的眼睛去，极怜爱差事勤、少年的英俊人，到了升传的去处，只说是提拔保荐吧。要是差事上猾懒，嗗嗗瑟瑟地献好，希图侥幸，可打算着在他的跟前发昏吧。说要捞把着了，断无轻放的规矩。

乙：说的话是这样。兄弟们终日眼巴巴地，盼望要仗着我成人。要是应保举的不保举，应约束的不约束，如何能劝善惩恶呢？生成的心直口快，说话行事因为端方，所以人都倾心宾服。彼此劝勉，向前努力啊！

对译：

orin jakūci kicen sakda amban
二十 八 课程 年老的 大臣

sakda amban[1] erdemu dacun kafur sembi, yaya baita isinjime jaka uthai
老大人 德才 敏锐 果断 所有 事情 来到 时 就
giyan fiyan[2] i icihiyabumbi, ere dade[3], dolo getuken, niyalma be
有条 有理 地 办理 而且 心里 清楚 人 把
takambi, sain ehe be ini yasa de fuhali enderakū, alban de kicebe yebken
认识 好 坏 把 他的 眼 对 竟然 瞒不过 公务 在 勤奋的 俊秀
asihata be watai gosimbi, wesire forgošoro bade isinaha manggi, meihereme
少年 把 非常 怜爱 上升 转 处 去到 后 担起
dahabumbi secina, aikabade alban de bulcakūšame, dede dada[4] sain
保题 说吧 假若 公务 对 偷懒 不稳重、轻狂 好
sabubume, jabšan be baime yabure ohode, tede faraka seme bodo, nambuha
使看见 便宜 把 求 行 假若 在他 昏 打算 拿获
sehede ja sindara kooli akū, hendure gisun uttu, deote inenggidari yasa
说了时 轻 放 道理 没有 说的 话 这样 兄弟们 每日 眼睁
tatafi šame tuwame minde akdafi niyalma hūwašabumbi kai, tukiyeci acarangge
拉 看着 看 向我 依靠 人 成长 啊 推举 应该
be tukiyerakū, jafataci acarangge be jafatarakū oci, sain niyalma aide
把 不推举 管教 应该 把 不管教 若是 好 人 如何
huwekiyembi, ehe niyalma aide isembi sembi, banitai gūnin tondo angga
高兴 坏 人 如何 惧怕 生的 心意 正直 口
sijirhūn, gisun yabun tob hošonggo, niyalma gemu hungkereme gūnin dahafi,
顺 言 品行 正 方 人 都 铸 心 降
ishunde huwekiyendume, julesi facihiyašame hūsun bumbi.
互相 一齐兴奋 往前 勤奋 力 给

注释：

[1] sakda amban 直译为“年老的大臣”，此处 amban 为“大臣、官员”之意，可翻译为“老大人”。

[2] giyan fiyan 形容“有条有理”。

[3] ere dade“而且”之意。

[4] dede dada 为固定搭配，形容“不稳重”。

第二十九课　旧时候的人

汉文：

甲：赶上旧时候的人，总是不同，见了人极其亲热；坐在一处，论起书籍学问来，非常地喜欢，连接不断地说一日话儿，也不乏；该指拨人的去处，指拨；该教导的去处，教导。援引古来的事，比方如今的人，把少年们用和蔼的言语往好处引导啊！又极仁德，很护众，见了人的苦处，就像自己遭遇的一样着急，必定尽力儿搭救看顾，实在竟是一位干净、厚重、积福的老人家啊！因此，要隔几日不去看，心里只是不过意，俗语说的，“一人有福，托戴满屋”，这样家业便当，子孙兴旺，都是老大人家行为的好报应啊！

对译：

orin uyuci kicen fe jalan i niyalma
二十　九　课程 旧 世代 的　人

fe be amcabuha niyalma, cingkai encu, niyalma be acaha de keb seme[1]
旧 把 赶上的　人　迥然 不同　人　把 见了 时 亲热 样子

haji halhūn, emu bade tecefi bithe cagan tacin fonjin be leolembihede, watai
亲近 热情　一　处　齐坐　书　书籍　学　问　把　曾谈论时　非常

urgunjembi, yar seme[2] šun dositala[3] gisurehe seme šadara ba inu akū,
高兴　不停地说　终日　说了　即使　疲乏　处　也　没有

niyalma de jorišaci acara bade jorišambi, tacibuci acara bade tacibumbi, julgei
人　给　指示　应该　处　指示　教　应该　处　教　从前的

baita be yarume, te i niyalma de duibuleme, asihata be nesuken gisun i
事情 把 援引 现在 的 人 用 打比方 少年 把 温良 言语 用
sain bade yarhūdambi, geli umesi gosingga, dembei karaba, niyalma i gosihon
好 地方 引导 又 非常 仁慈 很 好爱护 人 的 苦
be sabuha de, uthai beye tušaha adali facihiyašame, urunakū muterei teile
把 看见了 时 就 自己 遭遇 一样 着急 一定 能 尽力
aitubume tuwašatambi, yala sujei gese, ler sere[4] emu hūturi isibure sengge
营救 照顾 实在 丝绸 一样 厚重 一 福 送给 长者
secina, uttu ofi, udu inenggi giyalafi tuwanarakū oci gūnin de baibi ojorakū,
说啊 因此 几 日 隔 不去看 若 心思 在 只 俗话
dekdeni henduhengge[5], emu niyalma de hūturi bici booi gubci kesi be alimbi
不可以 说 一 人 对 福 若有 屋的 全 恩 把 接受
sehebi, erei boo boigon ciktarara, juse omosi mukdenderengge, gemu
说了 这样的 家 户 昌盛 儿子们 孙子们 兴旺 都
sakda niyalmai yabuha sain karulan de kai.
老 人的 行为 好 报答 对 啊

注释：

[1] keb seme,形容亲热的样子。

[2] yar seme,形容不停地说话。

[3] šun dositala 为固定搭配,义为“终日”。

[4] ler sere,形容厚重的样子

[5] dekdeni henduhengge 为固定搭配,义为“俗话说”。

第三十课　吃大肉

汉文：

甲：昨日吃过祭神的肉,也就罢了,又送背灯的肉去做什么呢?

乙：方才还要请阿哥去来着。阿哥你是知道的,有的没的,只这几个奴才们,宰猪、收拾杂碎,那上头都不费手,因为那样没使人去。

甲：我明知道你没有人，还等着请吗？因此，我会了朋友们来吃大肉来了，还恐怕迟误了来着，不想竟自在从容地赶上了。

乙：哦，阿哥们别叫主人家劳神，咱们序齿一溜儿坐着吃，阿哥们请吃肉泡汤吃呢。

甲：哎呀！你这是什么话？错了，咱们起初有这样的规矩来着吗？这个肉啊，是祖宗的恩惠呀！强让得吗？况且宾客们来去，还不接送，像这样让起来，不忌讳吗？

对译：

gūsici kicen amba yali be jetere

三十 课程 大 肉 把 吃

sikse wecehe yali jeke be dahame[1], uthai joo kai, geli tuibuhe yali be

昨日 祭祀的 肉 吃了 既然 就 罢了 啊 又 背灯祭 肉 把

benefi ainambi, teike hono age be solinaki sembihe, age si sarangge, bisire

送 做什么 刚刚 还 阿哥 把 欲请 阿哥 你 知道的 有的

akū, damu ere udu ahasi ulgiyan be tekdebure, duha do be dasatara de,

没有 只 这 几 奴才们 猪 把 宰 肠 内脏 把 收拾 时

ya gemu gala baiburakū, tuttu ojoro jakade niyalma takūrahakū, sinde

什么 都 手 不需求 那样 成为 因为 人 没派遣 在你

niyalma akū be bi iletu sambikai, geli solire be aliyambio, uttu ofi, bi

人 没有 把 我 明白 知道啊 又 请 把 等吗 因此 我

gucuse be guilefi amba yali be jekenjihe, hono sitabuha ayoo sembihe,

朋友们 把 聚集 大 肉 把 来吃 还 耽误 恐怕

gūnihakū hib seme[2] amcabuha, je, agese boigoji be ume gūnin jobobure,

不料 深入 状 赶上 是 阿哥们 主人家 把 不要 心思 忧愁

muse ahūn bodome ikiri tecefi jeki, agese yali jefu, sile be den barafi

咱们 兄 估量 一连 坐 吃 阿哥们 肉 吃 肉汤 把 高 泡汤

jecina, ara, sini ere ai gisun, tašarahabi, musei da jokson de ere gese

吃吧 哎呀 你的 这 什么 话 错了 咱们的 原来 当初 时 这 样

kooli biheo, ere yali serengge, weceku i kesi kai, hacihiyaci ombio,
定例 有吗 这 肉 说的是 神主 的 恩惠 啊 强让 可以吗

tere anggala antahasa jici geneci, okdoro fudere ba hono akū bade, ere
况且 客人们 若来 去 迎 送 处 尚且 没有 这

durun anahūnjaci, soroki akū semeo.
样子 让来 忌讳 不 难道

注释：

[1] be dahame 为固定搭配，义为"既然"。

[2] hib seme，形容深入的样子。

第三十一课 弟兄

汉文：

甲：弟兄啊！是一个母亲生出来的，幼年间，同吃同玩，并没彼此，何等的相亲相爱来着；长起来了，渐渐的生分的缘故，大约都因惑于妻妾挑唆的话，争家私，听了旁人离间的话，各自留心上，起得很多。怎么说呢？终日听了这些谗言，心里都装满了，一时不能忍的上头，就至于打架拌嘴，成了仇敌一样了。想着瞧，产业完了，可以再立；女人失闪了，可以再娶。弟兄里头，要说是伤一个，就像手足折了一双，岂可再得呢？偶然不幸，出一件祸患事，也还是弟兄脉络相关，拼命地巴结着搭救罢咧；旁人恐怕挂带，还躲不叠当，肯替你用力吗？看起这个来，没有如弟兄的啊！人为什么不细想这些呢？

对译：

gūsin emuci kicen ahūn deo
三十 一 课程 兄 弟

ahūn deo serengge, emu eme i banjihangge, ajigan fonde jeci uhe, efici
兄 弟 所谓 一 母 的 生出来的 年幼 时候 吃 同 玩耍

sasa, umai beri beri[1] akū, antaka senggime, antaka haji bihe, mutufi
同 全然 纷纷散去 无 何等 友爱 何等 亲密 曾 长大后

ulhiyan i fakcashūn ohongge, amba muru gemu sargan guweleku i šusihiyere
渐渐 地 生疏 成了 大 模样 都 妻 妾 的 挑唆的

gisun de hūlimbufi, boo boigon temšere, hetu niyalmai jakanabure gisun de
话 被 困惑 家 产 争 旁边 人的 离间 话 对

donjifi, teisu teisu[2] gūnin tebuteci banjinahangge umesi labdu, adarame seci,
听了 各自 心思 留下 产生的 很 多 怎么 说

inenggidari ere jergi ehecure gisun be donjifi, gūnin de tebuhei dolo jalupi,
每日 这 等 毁谤 话 把 听 心 在 留着 里面 装满了

emu erinde kirime muterakū, uthai becen jaman dekdere isinafi, kimun bata
一 时 忍耐 不能 就 拌嘴 嚷 起 至于 仇 敌人

i gese ohobi, gūnime tuwa, hethe wajifi, dasame ilibuci ombi, sargan ufaraha
一样 成了 想着 看 产业 完了 重复 立 可以 妻子 失去了

de dasame gaici ombi, ahūn deo i dorgide, emken kokiraha sehede, uthai gala
时 再 娶 可以 兄 弟 里头 一个 损伤了 说 就 手

bethe emke bijaha adali, dahūme bahaci ombio, talu de kesi akū, emu jobolon
足 一个 折了 一样 再 得到 可以吗 偶尔 幸 不 一 祸患

baita tucinjihe de, inu ahūn deo siren tatabumbi, ergen šelefi facihiyašame
事情 出来了 时 也 兄 弟 关联 牵扯 生命 舍 着急

aitubure dabala, hetu niyalma ušaburahū seme jailame jabdurakū bade sini
帮助 罢了 旁边 人 恐怕牵连 躲避 来不及 处 你

funde hūsutulere mujanggao, erebe tuwaci, ahūn deo de isirengge akū, niyalma
替代 尽力 确实吗 由此 观看 兄 弟 至于 没有 人

ainu ubabe kimcime gūnirakū ni.
为何 把这里 仔细 不想 呢

注释：

[1] beri beri，形容纷纷散去的样子。

[2] teisu teisu 为固定搭配，义为“各人、各自”。

第三十二课　孝道

汉文：

甲：养儿原为防备老，为人子的，要想着父母勤劳养育的恩，该当趁着父母未老之前，将好衣服、美食物侍奉，和颜悦色地叫喜欢。要使吃穿不管，饥寒不问，视如路人，致令老人家伤心气闷，百年之后，任凭怎么样地痛哭，中什么用啊！就说是出于诚心，谁信呢？不过是怕人耻笑，假装罢咧。就供什么样的甘美东西，谁见魂灵来受享了呢？也还是活人攮塞了罢了。没的人得什么了呢？甚至于说父母上年纪，老悖晦了，闹着逼着叫分家的都有。说到这里，人不由得嗟叹愤懑。这样的人，天地不容，鬼神共恨，焉得善终呢？只静静地看着，如何能久？展眼之间，他的子孙也就踩着踪迹照样的了。

对译：

gūsin juweci kicen hiyoošungga doro
三十　二　课程　孝顺的　道理

juse be ujirengge, daci sakdaka de belhere jaka, jui oho niyalma,
孩子 把　养　原来 年老的 在　预备　因为 孩子 作为　人

ama eme jobome suilame ujihe hūwašabuha kesi be gūnici, niyaman i sakdara
父 母 艰难 艰苦 养　生育　恩 把 想着　父母 的 年老

onggolo be amcame, sain etuku etubume, icangga jaka be alibume, injere cira,
前　把 赶上　好 衣服　穿　顺适 东西 把　侍奉　笑 颜面

ijishūn gisun i urgunjebuci acambi, aikabade eture jetere be darakū, beyere
顺　言语 用　欢喜　应该　要是　穿的 吃的 把　不管　寒冷

yuyure be fonjirakū, jugūn yabure niyalma adali tuwame, sakdasa be akara
饥饿 把　不问　路 行走的　人　一样　看　老人家 把 伤心

gingkara de isibuci, akū oho[1] manggi, ai hacin i gosiholome songgoho
郁闷　若到　去世　后　什么 样 的　痛哭　哭

seme, ai baita, unenggi gūnin ci tucikengge seme, we akdara, niyalmai
即使 什么 事情　真诚　心 从　出来了　说　谁　相信　人的

basure de geleme, holtorongge dabala, ai hacin i icangga amtangga jaka
耻笑 对 害怕 假装的 罢了 什么 样 的 顺适 甜美的 东西
doboho seme, fayangga sukjihe be we sabuha, ineku weihun urse sisiha
供奉了 即使 灵魂 享受 把 谁 看见了 也 活着的 人们 搪塞
dabala, ufaraha niyalma ai baha ni, geli dabanahangge ama eme be se de
罢了 失的 人 什么 得到 呢 又 过了 父 母 把 年纪
gocimbuha, sakdafi oiboko seme, daišahai ergeleme boo delhebuhengge gemu
出现 年老 悖晦 说 闹着 逼着 家 分的人 都
bi, gisun ede isinjifi, niyalma esi seci ojorakū[2], nasambime fancacuka,
有 话 在这 来到 人 不由得 叹息 愤怒
enteke niyalma, abka na baktamburakū, hutu enduri uhei seyere be dahame,
这样的 人 天 地 不容纳 鬼 神 一同 恨 既然
adarame bahafi sain i dubembi, damu ekisaka tuwa, giyanakū udu goidambi,
怎么 得到 好 的 终结 只 静静 看 能几何 多少 久
yasa habtašara sidende, ini juse omosi songko de songkoi ombikai.
眼睛 展眼 间 他的 儿子们 孙子们 照样 对 照样 成为了啊

注释：

[1] akū oho 为固定用法，指“去世”。

[2] esi seci ojorakū 为固定搭配，义为“不由得”。

第三十三课　劝告

汉文：

甲：什么不得异样的东西，没遭见了，只管絮烦，向人寻，太没体面啊！人家脸上过不去，也给了你好些，心里还不知足，压派着全都要的，是何道理？给你是人情，不给是本分，翻到使性子摔掇人，大错谬了罢咧。比方就是你的东西，人要爱，你不爱吗？全不由你主张，彻底都要拿了去了，你心里如何？昨日因为是我，你那行次的性子，我忍了罢咧。除了我，不拘是谁，岂肯让你？记着我的话，改了好啊！你方才要是总没能耐的，又有一说，还在个得吃能穿的一边，只管要占小便宜，是什么缘故，背地里，人不说你眼皮子浅吗？

对译：

gūsin ilaci kicen tafulan

三十 三 课程 劝告

ai baharakū ferguwecuke jaka, sabuha dari baibi gejing seme[1],
什么 没得到 奇特的 东西 看见了 每 只 絮叨的样子

nandame gairengge, jaci derakū kai, weri dere de eterakū de, ineku sinde
乞求 取得 太 不体面 啊 存留 脸 在 经不住 时 也 给你

kejine buhe, gūnin de kemuni eleme sarkū, ergeletei wacihiyame gaji serengge,
很多 给了 心里 在 还 满足 不知 强迫 全 拿 所谓

ai doro, sinde buci baili, burakū oci teisu kai, fudarame jilidame, niyalma
什么 道理 向你 给 恩 不给 若是 本分 啊 反着 发怒 人

be lasihidarangge, mujakū fiyokoroho ai dabala, duibuleci uthai sini jaka
把 摔打 确实 荒谬 唉 罢了 比如 就 你的 东西

okini, niyalma buyeci si buyerakūn, fuhali sinde saliburakū, feye heceme[2]
成了 人 若爱 你 不爱吗 竟然 在你 不由做主 彻底地

kob seme[3] gamaci, sini gūnin de adarame, sikse mini beye ofi, sini
完全 拿去 你的 心 在 如何 昨天 我的 自己 因为 你的

nantuhūn jili be kiriha dabala, minci tulgiyen, yaya we sehe seme sinde
污秽 怒气 把 忍耐 罢了 除我 以外 任何 谁 说了 对你

anabure aibi, mini gisun be eje, halaha de sain, si jakan aimaka fuhali
谦让 岂能 我的 话 把 记住 改了 对 好 你 方才 想是 竟然

encehen akū oci, geli emu hendure babi, jeci kemuni bahara etuci kemuni
能耐 没有 若 又 一 说 有处 若吃 还 得到 若穿 还

mutere ergide bikai, urui majige jabšaki be baime yaburengge ai turgun,
能够的 边 有啊 只 小 便宜 把 讨 行 什么 原因

enggici bade niyalma simbe yasa niowanggiyan[4] serakūn.
背后 处 人 把你 眼馋 不说吗

注释：

[1] gejing seme 为固定搭配，形容絮叨的样子。

[2] feye heceme 为固定用法，义为“彻底地”。

[3] kob seme，形容正中、完全。

[4] yasa niowanggiyan 直译为“眼绿”，此处指“眼馋，眼皮子浅”。

第三十四课 说情

汉文：

甲：谁情愿去管他的事来着，我是好好家里坐着的人，他从哪里婉转打听着？

乙：我认得那个人。

甲：一连来了好几次，向我说，阿哥，我这一件事做定仗着你了，就说乏些可怎么样呢？要疼爱替我说说，在背后跟着肯放吗？我起根儿脸软，你很知道，人家这样的着急跪拜央求，怎么好意思地叫他无趣儿回去呢？因为推脱不开，我所以应承了。明明白白地通告诉那个朋友了，不成望不是他一个人的事，说人多掣肘没有应承，因此我还要看光景说来着。后来想了一想，说罢呀！看事情样子，不能挽回，岂有盯着眼睛压派着叫人应的理呢。故此，我回去告诉他个信，反倒说我坏了他的事，望着我撂脸子。好亏心，早知道，无缘无故为什么去说来着吭？

对译：

gūsin duici kicen dere banirebe[1] baibure
三十 四 课程 徇情 求

we cihanggai ini baita de danaki sembihe, bi serengge hocikosaka
谁 请愿 他的 事情 对 想去管 我 是 好好地

boode tere niyalma kai, i aibideri ulan ulan i dacila nakū, mimbe tere
在家 坐的 人 啊 他 从哪 传 传 地 打听 之后 把我 坐的

niyalma be takambi seme, nurhūme ududu mudan jihe, mini baru age mini
人 把 认识 说 接连 几 次 来了 我的 向 阿哥 我的
ere baita fita sinde akdahabi, šadambi seme ainara, gosici mini funde
这 事 全然 向你 依靠了 疲乏 说 怎么样 若疼爱 我的 替代
gisurereo seme, fisai amala dahalahai aika mimbe sindambi sembio, mini dere
请说 说 背的 后 跟随着 难道 把我 放置 说吗 我的 脸
daci uhuken be, si tengkime sarangge, weri uttu hafirabufi niyakūn hengkin
起初 软些 吧 你 深刻 知道的 别人 这样 逼迫 下跪 叩头
i baimbi ni, ai hendume yokto akū[2] i amasi unggimbi, anatame
用 求 呢 什么 说 没趣 地 返回 打发 推脱
banjinarakū ofi, tuttu bi alime gaifi, tere gucu de giyan giyan i hafukiyame
不产生 因为 那样 我 受 接 那 朋友 对 明明白白地 使通晓
alaha, gūnihakū ini emhun i baita waka, niyalma geren mayan tatabumbi
告诉 不料 他的 一人 的 事 不是 人 众多 肘 拉
seme alime gaihakū, tede bi kemuni icišame gisureki sembihe, amala gūnifi,
说 受 不接受 迄今 我 还 乘便 说 曾说 之后 想
joo, baita i arbun be tuwaci, maribume muterakūkai, yasa nicu nakū
罢了 事情 的 样子 把 看 挽回 不能啊 眼睛 闭 之后
ergeleme alime gaisu sere kooli geli bio, uttu ofi, bi amasi inde mejige alame
强迫 接受 说 道理 也 有吗 因此 我 返回 给他 消息 告诉
genehe de elemangga ini baita be efujehe seme, ini baru dere waliyatambi,
去了 时 反倒 他的 事 把 破坏 说 他 向 脸 撂
absi koro, saha bici, aiseme gisurembihe ai jojin[3] biheni.
何其 伤心 知道 若是 怎么 说了 无缘无故 有吗

注释:

[1] dere banirebe 为固定用法,义为"徇情"。

[2] yokto akū 为固定用法,义为"无趣"。

[3] ai jojin,形容"无缘无故、为什么来呢"。

第三十五课　不收礼物

汉文：

甲：阿哥，你这样固辞的光景，我不胜骇然。说我来得迟了，这们个举动吗？还是怎么样呢？素常尚且不时地行动，老家儿的好日子，我倒不来，如何算是朋友呢？实在地总不知道，果然知道，当真地该预先来，虽说是有我不多，没我不少，替你待待客也好啊！即如贵亲戚送来的好东西，少什么呢？想来吃不了的，我这些微的一点东西，又何足挂齿，然而也是我一点心啊！哪里敢说必定请老人家吃呢！但只略尝尝，就是疼了我了，我来的意思也完了。你只管不收，我还是在这里坐着呀！还是回去呢！实在叫我为难了啊！

对译：

gūsin sunjaci kicen doroi jaka bargiyarakū
三十　五　课程 礼的 物品　不收

age si teng seme uttu mararangge, bi yala sesulame wajirakū, mimbe
阿哥 你 坚决 这样 推辞 我 实在 惊骇 未完 把我

jihengge sitaha seme uttu arbušambio, eici adarameo, an i ucuri hono
来的 迟了 说 这样 举动吗 还是 怎么样吗 常 一向 尚且

ta seme[1] feliyembime, sakda niyalma i sain inenggi, bi elemangga
不间断的 行走 年老的 人 的 好 日子 我 反倒

jiderakūoci gucu sere de aibi, oron sarkūngge tumen yargiyan, unenggi saci,
不来的话 朋友 说 时 如何 全然 不知 万 真的 果然 知道

yala onggolo jici acambihe, mini beye bici fulu akū, akū oci, ekiyehun
实在 之前 来 应该 我的 自己 若有 多 不 没有 若 缺少

akū bicibe, sini funde antahasa be tuwašaci inu sain kai, te bicibe, wesihun
没有 虽然 你 替代 客人 把 照顾 也 好 啊 今 虽 尊贵

niyaman hūncihin i benjihe sain jaka, ai yadara, gūnici jeme wajirakūkai,
亲 亲戚 的 送来的 好 东西 什么 缺少 想 吃 不完啊

mini ser sere[2] majige jaka be geli dabufi gisureci ombio, tuttu seme inu mini
我的 微小的 少 东西 把 又 算入 说 可以吗 然而 也 我的
emu gūnin kai, ai gelhun akū urunakū sakda niyalma be jefu sere, damu majige
一 心意 啊 岂敢 一定 年老 人 把 吃 说 只 略
angga isici uthai mimbe gosiha, mini jihe gūnin inu wajiha, si emdubei
嘴 到 就 把我 疼爱 我的 来了 心思 也 完了 你 只是
bargiyarakū oci, bi eici ubade tereo, amasi genereo, yargiyan i mimbe
不收 若 我 还是 在这里 做吧 返回 去吧 实在 把我
mangga de tabuhabi.
难 对 牵扯

注释:

[1] ta seme,形容“常往来”。

[2] ser sere,形容“微小的样子”。

第三十六课　看小说

汉文:

甲:要看书看《通鉴》,长学问,记得了古来的事情,以好的为法,以不好的为戒,于身心大有益啊! 小说,都是人编的没影儿的话,就是成千本地看了,中什么用? 人还皮着脸念给人听,那一国的时候,合谁上过几次阵,那个用刀砍,这个用枪架,这个用枪刺,那个用刀搪;要说是败了,请来的,都是云里来、雾里去、会法术的神仙,剪草为马,撒豆变人。明明是谎话,糊涂人们当作真事,呆头呆脑,有滋有味地听;有识见的人看见,不止笑话,实在厌烦啊! 这上头用心做什么呢?

对译:

gūsin ningguci kicen julen bithe be tuwara
三十 六 课程 小说 书 把 看
bithe tuwaki seci hafu buleku be tuwa, tacin fonjin nonggibumbi, julgei
书 欲看 通 鉴 把 看 学 问 增加 从前的

baita be ejeme gaifi, sain ningge be alhūdame yabure, ehengge be targacun
事 把 记录 取得 好 的 把 效法 行 坏的 把 警戒的

obure oci beye gūnin de ambula tusangga, julen bithe serengge, gemu niyalmai
成了 若 身体 心里 在 大 益处 小说 书 所谓 都 人的

banjibuha oron akū gisun, udu minggan minggan debtalin tuwaha seme ai
生出来的 影子 没有 话 几 千 千 册 看了 即使 什么

baita, niyalma hono dere jileršeme niyalma de donjibume hūlambi, tere gurun
事 人 还 脸 恬不知耻 人 向 使人听 念 那 朝

i forgon de wei emgi udu mudan afaha , tere loho i sacici, ere gida i
的 季 时 谁 与 几 次 作战 那 刀 以 砍 这 枪 以

sujaha, ere gida i tokoci, tere loho i jailabuha, burulaha sehede solime
垫了 这 枪 以 刺 这 刀 以 躲避 失败了 说了 请

gajihangge, gemu tugi ci jidere, talman deri genere, fa bahanara endure se,
取来的 都 云 从 来的 雾 从 来的 法术 会 神 们

orho hasalafi morin ubaliyambi, turi sofi niyalma kūbulimbi sembi, iletu holo
草 剪 马 变成 豆 撒 人 转变 说 明显 谎

gisun bime, hūlhi urse yargiyan baita obufi menekesaka amtanggai donjimbi,
话 虽然 糊涂 人 真实 事情 成为 麻木的 有滋有味地 听

sara bahanara niyalma sabuha de, basure teile akū[1], yargiyan i eimeme
知道 知晓 人 看见了 时 耻笑 不止 实在 地 厌烦

tuwambi kai, ede gūnin fohodofi ainambi.
看 啊 这上 心 生气 做什么

注释:

[1] teile akū 为固定用法,义为“不止”。

第三十七课 穿衣

汉文:

甲:阿哥,你听见了吗? 他那话头话尾的口气,都刻薄我,说穿的(曹少），不是我夸口，他呀是个奶黄未退的小孩子，能几日的尿精，这也果然不是他们知道的事啊！新衣服，该当有事情的时候穿的，我还不过是平常穿的啊！旧些何妨？就破些又何妨？因为没有汉子的本事，可耻罢咧，穿不穿有什么关系的去处？即如，我虽不穿好的，心里却安然，怎么说呢？不求告人，不欠债负，这就没有可耻可愁的去处，要像他们那样少年，我眼眷角里也不夹呢，只知道穿着华丽衣服，摇摇摆摆地充体面罢咧。知道学汉子的本事吗？那个样子的就着蟒缎锦缎裹了，有什么奇处！极下贱，没眼珠儿的人们，胡说梦话的样，说他体面尊贵，仰望着罢了，我叫他是挂衣裳的架子啊！

对译：

gūsin nadaci kicen etukulere
三十 七 课程 穿衣

age si donjihao, gisun i ujan šala[1] de gemu mimbe hoilashūn seme
阿哥 你 听见了吗 话 的 零碎话 对 都 把我 破旧 样子

yekeršembi, bi bardanggilarangge waka, tere serengge, teniken juse[2] kai,
打趣 我 夸口的 不是 他 是 小孩子家的 啊

giyanakū udu inenggi siteku, ere ceni sara baita waka mujangga, ice etuku
能有 几 日 尿精 这 他们的 知道 事 不是 确实 新 衣服

serengge, inu emu baita sita de etuci acarangge, mini ere bai an i eturengge
所谓 也 一 事 事 时 穿 应该 我的 这 只 平常 穿的

kai, majige ferengge de aibi, uthai majige manaha de geli aibi, haha i erdemu
啊 略 旧的 在 何妨 就 略 破 在 又 何妨 男子 的 本事

akū jalin giruci acambidere, eture eturakū de, ai holbobuha babi, te
没有 为 耻辱 应当吧 穿 不穿 对 什么 关系 处 现今

bicibe, bi udu sain ningge eturakū bicibe, gūnin dolo elehun, adarame seci
我 虽然 好 的 不穿 心 里面 安逸 怎么 说

niyalma de giohošome bairakū, bekdun edelerakū, ere uthai gicuke nasacuka
人 向 乞食 不求 债 不欠 这 就 可耻 可愁

sere ba akū, aika ceni gese asihata be oci, mini yasai hošo de inu daburakū
处 没有 如果 他们 样子 少年们 把 成 我的 眼睛 角 在 也 看不上

kai, damu gincihiyan ningge etufi maimadame gohodoro be sara dabala, haha
啊 只 华丽 的 穿 摇摆地走 充体面 把 撑起 罢了 男子

i erdemu tacire be sambio, tentekengge udu gecuheri junggin i hūsibuha
的 本事 学习 把 知道吗 那样子的 虽然 蟒缎 锦 用 包裹

seme, ai ferguwecuke, umesi buya fusihūn, yasa faha akū urse, balai
什么 奇特的 很 小 卑贱 眼睛 珠 没有 人们 胡乱

febgiyeme, imbe derengge wesihun seme, oncohon maktafi tuwara dabala, bi
说梦话 把他 体面 尊贵 说 仰面 夸奖 看 罢了 我

terebe lakiyara golbon sembikai.
把他 挂 衣架 说啊

注释:

[1] ujan šala 为固定用法,义为“私底下、背后谈论、零碎话”。

[2] teniken juse 为固定用法,义为“小孩子家的”。

第三十八课　拿书

汉文:

甲:那个书拿来了吗?

乙:还没取来呢!

甲:使唤谁去了? 这早晚还不来。

乙:打发某人取去了。先我们叫他去,他肯问我们的话吗? 没精打采的,耽搁时候,只管延迟,后来说有阿哥的话,才急忙去。一部不是四套吗? 慌速去了,只拿了三套来,遗漏了一套。说你再快着去,不然仔细阿哥来了,你打算着要吃亏。他倒说我们告诉得糊涂、不明白,怎长怎短地抱怨着去了,至今还没来。要差人迎他去呢,又恐怕走岔了路。

甲:这样的滑东西也有呢! 必定往哪个热闹地方玩去了罢咧,要不严严地管或断然不行。来了的时候,捆起来屁股上重重地打一顿,才好;不然,惯了他就不堪了。

对译:

gūsin jakūci kicen bithe be gajire
三十 八 课程 书 把 拿来

tere bithe be gajihao, kemuni gajire unde, webe takūraha, ertele hono
那个 书 把 拿来了吗 还 取来 尚未 把谁 派去了 至今 还

jiderakū, terebe unggifi ganabuha, neneme, be imbe gene seci, i meni
不来 把他 派去 去拿了 先前 我们 把他 去 说 他 我们的

gisun be fonjimbio, ebi habi akū[1], erin šun be tookaha, emdubei
话 把 问来吗 无精打采 时候 日 把 耽误 只管

jibgešembi, amala age i gisun bi sere jakade teni ebuhu sabuhū[2]
延迟 之后 阿哥 的 话 有 说 因为 才 急急忙忙

genehebi, emu yohi duin dobton wakao, ekšeme saksime[3] genefi, damu ilan
去了 一 部 四 套 不是吗 急忙 去了 只 三

dobton gajiha, tede emu dobton melebuhe, si jai hūdun gene, akūci guwelke,
套 拿来 迄今 一 套 遗漏了 你 再 快 去 不然 仔细

age jihe manggi, si nikcaha seme bodo, sere de, elemangga meni
阿哥 来了 后 你 吃亏 而且 打算 说 时 反倒 我们的

alahangge, hūlhi, getuken akū, ai wei seme[4] gasahai genehe, tetele kemuni
告诉的 糊涂 明白 没有 怎长怎短的 抱怨着 去了 至今 还

jidere unde, niyalma takūrafi imbe okdobuki seci, geli jugūn de jurcenjere ayoo
来 尚未 人 派 把他 欲迎接 也 路 在 走岔 恐怕

sembi, ere gese bulcakū jaka geli bini, urunakū ya simengge bade efime
这 样 狡猾 东西 也 有吗 一定 什么 热闹的 地方 玩要

genehe dabala, ciralame jafatarakū oci ainaha seme banjinarakū, jihe manggi
去了 罢了 严格 不管 若 怎样了 不生成 来了 后

huthufi niša emu jergi ura tūci teni sain, akūci, taciha manggi tuwara ba
捆 结实 一 顿 屁股若打 才 好 不然 学习了 后 看的 地方

akū ombi.
无 成了

注释：

［1］ebi habi akū 为固定搭配，形容“无精打采的样子”。

［2］ebuhu sabuhū 为固定搭配，义为“急急忙忙”。

［3］ekšeme saksime 为固定搭配，义为“急急忙忙”。

［4］ai wei seme 义为“怎长怎短的”，形容说话唠叨。

第三十九课　请托

汉文：

甲：托阿哥一件事，只是口难张。

乙：什么缘故呢？

甲：求的遭数太多了，只是不求你，除你之外，想来没有能成全我这个事的啊！因此烦琐你来了。

乙：你不是为那一件事情来的吗？

甲：是，阿哥怎么得知道了？

乙：今日早晨你阿哥就望我说了。小饭时，我去过一次，忽然遇见他不在家；才交晌午，我又到去了，未到他上屋以前，就听见喧笑的声气，我把窗上的纸湿破，从窗户眼儿往里看，你给我拿酒，我给你回盅，搅在一处吃热了。原要进去来，因有好些不认识的朋友，冲散人家吃酒的趣味做什么呢？所以我抽身出来了，家下人看见要告诉去，我急忙摆手拦住了。你别急，我明日黑早去，向他说妥当就完了。

对译：

gūsin uyuci kicen baita yandure
三十 九 课程 事情 请托

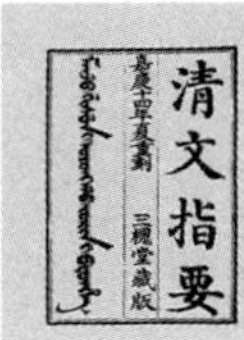

age de emu baita yanduci, baibi angga juwara de manggašambi, turgun
阿哥 向 一 事 请托 只是 口 张开 时 难 原因
ainu seci, baiha mudan jaci labdu ohobi, damu sinde bairakū oci, sinci
为何 说 求的 次数 太 多 成了 只 向你 不求 若 除你
tulgiyen gūnici mini ere baita be muteburengge akū, uttu ofi simbe committee
之外 想来 我的 这 事情 把 成为的 没有 因此 把你 麻烦
jihe, si tere baitai jalin jihengge wakao, inu, age aide bahafi saha, cimari
来了 你 那 事情 为 来的 不是吗 是 阿哥 怎么 得到 知道的 今早
sini ahūn uthai minde henduhebi, osohon budai erinde, bi emu mudan genehe,
你 哥哥 就 向我 说了 小 饭 时 我 一 次 去了
uksa ini boode akū de teisulebuhe, inenggi dulin ome, bi geli isinaha,
意外 他的 在家 没有 遇见 日 一半 成了 我 又 去了
cin i boode isinara onggolo uthai kaka faka[1] injecere jilgan be donjihabi,
正面 的 房 来到 前 就 众人大笑 笑 声音 把 听了
tede bi fa i hoošan be usihibufi sangga deri dosi tuwaci, ere tede
在那 我 窗户 的 纸 把 使湿 孔 从 向内 看 这 在这
darabumbi, tere ede bederebumbi, kūthūme omime wenjehebi, dosiki
让酒 他 因此 回敬 搅 喝 半醉貌 想进去
sembihe, kejine takarakū gucu bisire jakade, weri omire amtan be tuhebufi
很多 不认识 朋友 在 因为 别人 喝的 趣味 把 使倒
ainambi, tuttu bi beye gocime tucike, booi urse sabufi alanaki serede, bi
做什么 所以 我 自己 抽 出来了 家的 人们 看见 去告诉 说 我
ekšeme gala lasihime ilibume, si ume ekšere, bi cimari farhūn suwaliyame
急忙 手 摆动 阻止 你 不要 着急 我 明天 昏暗 掺和
genefi, tede šanggatai gisureci wajiha.
去了 向他 妥当 说 完了

注释:

[1] kaka faka,形容众人大笑的声音。

第四十课　盘缠银子

汉文：

甲：你还没起身吗？

乙：早晚起身。

甲：驮子、行李，诸凡都整理妥毕了，只是盘缠银子还短。“擒虎易，告人难”的话，我今日才信了。舍着脸，各处借贷，不得。因没法儿，阿哥跟前来了，或银子，或当头，求帮我些；回来的时候，本利算着还吧。

乙：幸而你来得早，略迟些，也赶不上。方才，屯里拿了几两银子来，还没有用呢。你拿一半去使。吃了茶，称了给你。你不是初次出外吗？

甲：是。

乙：我告诉你此话，远行的道理，朋友们里头以和为上；待下呢，官人们不必分内外，一样地爱惜，就有得银子挣钱财的去处。脸面要紧，别手长了。要是那样，于声名大有关系！

甲：阿哥提拔的，金玉一样的话呀。我牢托肘肠吧。

对译：

dehici kicen kunesun i menggun
四十 课程 盘缠 的 银子

si kemuni jurara undeo, yamji cimari jurambi, aciha fulmiyen eiten gemu
你 还 启程 尚未吗 晚上 早晨 启程 驮子 行李 所有 都

giyan fiyan i dasatame wajiha, damu kunesun i menggun kemuni eden, tasha
有条有理 地 整理 完了 只 盘缠 的 银子 还 缺少 虎

be jafarangge ja, niyalma de bairangge mangga sehe gisun be, enenggi teile teni
把 抓住 易 人 向 求的 难 说了 话 把 今日 只 才

akdaha, dere felefi, ba bade juwen gaici baharakū, arga akū ofi, age i
相信 脸 仰着 处 处 债 借 没得到 办法 没有 因 阿哥 的

jakade jihe, menggun ocibe, damtun ocibe minde majige aisilarao, amasi jihe
跟前 来了 银子 或者 典当 或者 给我 略 帮助吧 返回 来

manggi beye madagan be bodome toodame buki, jabšan de sini jihengge erde,
后 本 利息 把 计算 偿还 给 幸运 在 你的 来的 早

majige sitabuci inu amcaburakū ombi, jaka tokso ci udu yan menggun gajiha,
略 耽误 也 赶不上 可以 方才 屯 从 几 两 银子 拿来了

kemuni baitalara unde, si dulin gamafi takūra, cai omiha manggi, dengnefi
还 使用 尚未 你 一半 拿去 差遣 茶 喝 后 称量

sinde bukini, si ere tuktan mudan bigarame yabumbi wakao, inu, sinde emu
对你 给 你 这 起初 次 出外 行 不是吗 是 向你 一

babe alaki, goromime yabure doro, gucuse de hūwaliyasun dele, jai fejergi,
处 告诉 远 行走的 道理 朋友们 对 和 为上 再 待下

alban urse be tuku doko[1] seme faksalarakū, emu adali gosi, uthai menggun
公务 人们 把 彼此 不分开 一 样 爱惜 就 银子

bahara jiha butara ba bihe seme, dere oyonggo, ume gala golmin ojoro, tuttu
得到 钱 挣钱 处 有了 说 脸 要紧 勿 手 长 成为了 那样

ohode, labdu gebu algin de holbobuhabi, age i jombuhangge aisin gu i gese
要是 多 名 声名 在 有关系 阿哥 的 提拨的 金 玉 一样

gisun kai, bi ufuhu de ulime fahūn de falime ejeki.
话 啊 我 肺 在 穿绳 肝 在 结绳 记住

注释:

[1] tuku doko 为固定用法,义为"彼此"。

第四十一课 买黑豆

汉文:

甲:阿哥几时从屯里来的?

乙:我到了好些日子了。

甲:阿哥来我总没有听见。要听见,也来瞧来着。

乙:咱们住的方向不同,又是官身子,听不见是该当罢咧。

甲:你们地亩在哪里?

乙：住河那边霸州所属的地方。

甲：不是浑河吗？

乙：浑河。

甲：今年那里的庄稼如何？

乙：好！很丰盛，大收了。

甲：先说涝了，又说旱了，都是谣言，信不得。

乙：何必说别的，黑豆只说着实贱吧。十几个钱得一升，这些年也没像这们样的。

甲：真吗？

乙：果然！阿哥再要使唤家里人去，叫替我买几石黑豆，折多少银子，扣算了告诉我，我照原买的数目叫给阿哥送银子来。

甲：是啊，你家拴着好几匹马，这是该的。与其咱们这里拿贵价儿买，从那里买了拿了来加倍的便宜啊！

对译：

dehi emuci kicen sahaliyan turi udabure

四十 一 课程 黑 豆 买

age atanggi tokso ci jihe, bi isinjifi kejine inenggi oho, age jihe be

阿哥 几时 屯 从 来了 我 来了 很多 日子 有了 阿哥 来 把

fuhali oron donjihakū, donjiha bici, inu tuwanjimbihe, musei tehe falga encu

竟 影子 没听见 听见 若 也 来看了 咱们的 住的 场 不同

geli alban beye, donjihakūngge giyan dabala, suweni usin aibide bi, birai cargi

又 官 身体 没听见的 道理 罢了 你们 田 在哪 有 河的 那边

ba jeo i harangga bade bi, huenhe bira wakao, inu, huenhe bira, ere aniya

霸 州 的 所属 处 有 浑河 河 不是吗 是 浑河 河 这 年

tubai jeku antaka, sain, umesi elgiyen, ambula bargiyahabi, neneme bisaka

那里的 庄稼 怎么样 好 很 丰盛 大 丰收了 先 涝了

sere geli hiyaribuha sere tere gemu yoro gisun[1], akdaci ojorakū, gūwa hacin

说 又 旱了 说 那 都 都 谣言 信 不可以 其他的 类

be aisembi, sahaliyan turi hūda mujakū ja secina, juwan udu jiha de emu
把 说什么 黑 豆 价钱 确实 便宜 说 十 几个 钱 用 一
moro hiyase[2] bahambi, utala aniya inu ere gese akū bihe, yargiyūn,
升 得到 这些 年 也 这 样 没有 曾经 真的吗
mujangga, age jai aika booi niyalma takūraci, mini funde udu hule sahaliyan
果然 阿哥 再 要是 家里 人 派去 我的 替代 几 石 黑
turi udabureo, udu yan menggun salibure babe hengkileme bodofi minde
豆 买 多少 两 银子 折合 处 扣 计算 向我
alakini, bi da udaha ton i songkoi age de menggun benjibure, inu, sini
告诉 我 原来 买的 数 依照 阿哥 给 银子 送来 是 你的
boode ududu morin hūwaitahabi kai, ere giyan ningge, musei ubade mangga
家 几 马 拴了 啊 这 应该 的 咱们的 这里 贵
hūdai udara anggala, tubaci udafi gajici ubui jabšan bahambikai.
价钱 买 与其 那里的 买 拿来 以倍数 便宜 得到啊

注释:

[1] yoro gisun 义为“谣言”。

[2] moro hiyase 义为“升”。

第四十二课　郊游

汉文:

甲:前几日,我们几个人,什么是游玩,竟受了罪了。出了城,放着正经道路不走,不知混绕到哪里去了,沿路问着,将将地到了闸口跟前,就坐上船,彼此说着话,吃着酒,赶到东皋花园;又回到闸口上,早已日平西了。才吃完了饭,我就说,阿哥们走吧!咱们都是步行家里人,离得又很远。实排排地坐着,动也不动,后来见日头将入了,才骑上马,急着回来。到了关庙里,恍惚看见月色了。城里头出来的人,都叫快赶,掩了一扇门,心里更着了急,加着鞭子催着马,一气儿跑着赶,赶上了个末尾儿。我们自己虽然将将地进来了,家里人落在老远的,都关在外头了。实在竟是有滋有味地去,伤心失意地回来了。

对译：

dehi juweci kicen guwali de sargašara
四十 二 课程 郊区 在 游玩

canangi meni udu nofi, ai sargašambi, fuhali sui tuwaha kai, hoton
前日 我们 几 个人 什么 游玩 竟然 罪 受 啊 城

tucifi, jingkini jugūn be yaburakū oso nakū[1], feme mudalime aibide genere
出了 正 路 把 不走 既然 无知 绕弯 往哪里 去了

be sarkū, jugūn i unduri aname fonjihai arkan seme[2] kakū de isinaha,
把 不知 路 的 沿途 顺次 问着 好不容易 闸 在 来到

jahūdai de tefi, ishunde gisurendume[3], omicame, dung g'ao sere ilhai yafan
船 在 坐了 相互 互相说话 互相喝酒 东 皋 叫 花的 园子

de isinafi, geli amasi kakū de isinjitele, aifini šun dabsihabi, buda jeme
在 来到 又 返回 闸 在 直到 是已 太阳 偏西 饭 吃

wajime, bi uthai agese yoki, muse gemu yafaha kutule sandalabuhangge
完了 我 就 阿哥们 走吧 咱们 都 步行的 家里人 相隔了的

geli kejine goro seci, fahame te nakū, aššara ba inu akū, amala šun dosire
又 很 远 说 困乏 坐着 既然 动 处 也 没有 后来 太阳 进入

hamika be sabufi, teni morilafi hacihiyame amasi jimbi, yaluhai guwali de
将近 把 看见 才 骑上马 着急 回 来 骑着 郊外 在

isinaha bici, buruhun i biyai elden gemu sabuha, hoton i dorgici tucike
来到 有了 月暗恍惚 的 月亮的 光 都 看见了 城 的 从里面 出来

niyalma gemu hasa amcame, duka emu gargan dasihabi sere jakade, gūnin i
人 都 快 追赶 门 一 扇 掩 说 因为 心 的

dolo ele ekšehe, morin dabkime emu ergen i feksime amcahai dubeheci
里面 更 着急 马 鞭马 一 气 的 跑 赶上着 从末尾

amcabuha, meni beyese arkan dosinjihabe, booi urse sibša tutafi[4],
追赶 我们的 自己 刚刚 进来了 家里的 人们 落后

gemu tule yaksibuha, yala amtangga i genehe, usatala amasi jihe secina.
都 外面 关 实在 有滋味的 地 去 伤心失意 回 来 说了

注释:

[1] oso nakū 为固定用法,义为"既然"。

[2] arkan seme 为固定用法,义为"仅、好不容易、幸好"。

[3] gisurendume 是动词 gisurembi 的互动态形式。动词的互动态表示动作或者行为是两个或者两个以上的主体相互进行的。其构成形式是在动词的词干上接缀附加成分-nu 或者-du,表示"互相、彼此"的含义。在接缀附加成分-du 时,要在-du 前增加辅音-n。

[4] sibša tutafi 形容"落后"。

第四十三课 发迹

汉文:

甲:方才我上了衙门回来,从老远的哄的一群人,骑着马往这们来了;到了跟前,细认了一认,是咱们的旧街坊某人。穿的骑的好壮观,肥马轻裘,面貌轩昂,大胖了。看见我,问也不问,把脸往那们一扭,望着天过去了。彼时我就要叫住,着实地羞辱他来着,后来想了一想,说罢做什么。他理我,我就体面了吗?他哄别人罢咧。

乙:阿哥,你岂有不知道的?三年以前,咱们这里,他又是谁来着呢?穷得腥气,早起吃了,打算晚上的,终日幽魂一样,饿着肚子各处张罗,拾着一根草,都是稀罕的。一日至少也来我们家里两三遍,不是寻这个,就是寻那个,我的东西他什么没吃过。筷子都咂明了,如今说求不着人了,一旦之间变得忘了旧了,不是自己抬举自己,他那行次,谁又把他放在眼里呢?

对译:

dehi ilaci kicen mukdere
四十 三 课程 发迹

teike bi yamulafi, amasi jidere de, kejine aldangga ci kunggur seme[1]
方才 我 上衙门 回 来 时 很 远 从 成群结队行走

emu feniyen i niyalma morilahai ebsi jihe, hanci isinju nakū, cincilame
一 群 的 人 骑着马 往这边 来 近处 来 既然 仔细看

emgeri takaci, musei fe adaki tere, etuhe yaluhangge absi saikan, tarhūn
一 认识 我们的 旧 邻居 他 穿的 骑的 好不 美丽 肥

morin, weihuken furdehe, cira šehun šahūn[2], ambula tulejehe, mimbe sabure
马 轻 裘皮 脸 红光满面 大 胖了 把我 看

jakade, fonjire ba inu akū, dere casi forofi, abka be šame tuwame duleke,
刚刚 问 处 也 没有 脸 往那边 转 天 把 看 看 过去了

nergin de bi uthai terebe hūlame ilibufi, umesileme girubuki sembihe, amala
那时 在 我 就 把他 叫 停止 实在 想羞辱 后来

gūnici joo ainambi, i mimbe hersere de, bi uthai derengge sembio, i gūwa
想 罢了 做什么 他 把我 理睬 时 我 就 体面 说的吗 他 别人

be holtombi dere, age si aika sarkū, ilan aniyai onggolo, muse i ubade tere
把 哄 罢了 哥哥 你 岂有 不知 三 年的 以前 咱们 的 这里 他

geli we bihe, fungsan yadahūn kai, erde jeke manggi yamjingge be bodombi,
又 谁 是了 很穷 贫穷 啊 早 吃了 后 晚上的 把 打算

inenggidari hergire fayangga adali, omihon be kirime, ba bade facihiyašame,
每日 游荡 魂魄 一样 饿的 把 忍耐 处 处 着急

emu dangšan orho tunggiyeme bahaci, gemu gihan ningge, emu inenggi emu
一 草芥 草 拾 得到 都 稀罕 的 一 日 一

siran i juwe ilan mudan meni boode jifi, erebe bairakū oci, terebe
连 地 二 三 次 我们的 家 来 把这个 不寻找 若 把那个

nandambi miningge i ai jekekū, sabka simibuhai gemu manaha, te
寻找 我的 他 什么 没吃 筷子 被吮 都 吮明了 现在

niyalma de bairakū oho seme, emu cimari andande uthai gūwaliyafi fe be
人 对 不求 成了 说 一 早 瞬间 就 变了 旧 把

onggohobi, beyebe beye tukiyecengge waka, ini nantuhūn be we geli yasa
忘了 把自己 自己 抬举 不是 他的 污秽 把 谁 又 眼睛

de dabumbi.
在 放置

注释:

[1] kunggur seme 为固定搭配,形容“成群结队地行走”。

[2] šehun šahūn 为固定用法,形容“红光满面”。

第四十四课 下大雪

汉文:

甲:昨日夜里好冷,睡梦里冻醒了。天一亮,我急着起来,开了房门看,原来白花花地下了大雪了。吃了饭,傍晌午的时候,大片飘飘雪越下越大了。我想着这无事的上头,怎么得一个人来,坐着说说话儿。家里人进来告诉说,人来了,我心里很爽快了,一面叫收拾酒菜,一面点了一盆旺火,赶请了兄弟们来,酒肴早已齐备了,抬上来慢慢地吃着酒。高高地卷起帘子来看,雪的光景,比诸样的都清雅,纷纷地印着,天地万物都煞白了。看着益发高兴了,讲论迁善改过的道理。直到吃了晚饭,点了灯,才散了。

对译:

dehi duici kicen ambarame nimarara
四十 四 课程 大 下雪

sikse dobori absi beikuwen, amu tolgin de gecehei getehe, abka gereme,
昨日 夜 好不 冷 困 梦 在 冻着 醒了 天 亮了

bi ekšeme ilifi, uce neifi tuwaci, dule šahūn ambarame nimarambi nikai, buda
我 急着 起来 门 开 看 原来 白 大 下雪 呢啊 饭

jefi inenggishūn oho manggi labsan labsan i kiyalmame ele amba oho, bi
吃了 傍午 成了 之后 大雪片 大雪片 的 镶嵌 越 大 成了 我

ere baita akū de adarame bahafi emu niyalma jifi gisureme teceki serede,
这 事情 没有 时 怎么 得到 一 人 来 说 坐着 说时

booi niyalma dosifi niyalma jihe seme alara jakade, mini dolo
家里的 人 进入 人 来了 说 告诉 时 我的 心里

se selaha[1], emu derei nure booha be dagilabuha, emu derei cing sere[2] emu
爽快 一 面 黄酒 菜肴 把 整理了 一 面 火着起 一

fileku yaha dabuha, tereci deote be helneme gajitala, nure booha en jen[3]
火盆 炭火 点起 从那 兄弟们 把 邀请 至取来 酒 菜 现成

belheme jabduha, tukiyefi elhei omicaha, hida be den hetefi tuwaci, nimanggi
准备 妥当 抬上来 缓缓 喝 帘子 把 高 卷起 看 雪

arbun yaya ci bolgo saikan, sor sar sembi[4], abka na tumen jaka gemu
模样 任何 比 干净 好看 纷纷地 天 地 万 东西 都

der seme šeyen[5] oho, tuwahai ele yenden nerebufi, sain de gurire endebuku
洁白 成为 看着 更 兴旺 披衣 好 移 错误

be halara doro be gisurehei, yamji buda jefi, dengjan dabuha manggi
把 改变 道理 把 说着 傍晚 饭 吃后 灯 点了 后

teni facaha.
才 散了

注释:

[1] se selaha 为固定用法,含义为“爽快”。

[2] cing sere 为固定用法,形容“火着起”。

[3] en jen 为固定搭配,义为“现成”。

[4] sor sar sembi 形容“风雪有声,纷纷地”。

[5] der seme šeyen 为固定用法,形容“雪白、洁白”。

第四十五课 指教

汉文:

甲:看起你来,只是寡嘴,外面虽像明白,心里不豁亮,他不寻趁你来,就是你的便宜,你惹他做什么呢?总不听好话,倒像神鬼指使的一样,牛强着去了,到底受了辱磨了,那个刁头你说他是谁?不非轻,有名的厉害人啊!从几时给人留分儿来着。与他无涉的则可,有一点妨碍的去处,不拘谁不给留分儿啊!叠着劲儿必要占住理,得了便宜才休歇。这不是吗?到底把卧着的老虎哄起来,碰了钉子,败兴回来了。这是什么趣儿呢?可是说的"有拐棍不跌跤,有名望不失着",光你一个人知道能到哪里呢?任凭怎么样,我比你长着好几岁,要果然该行的,就是你心里不要讲究,我还提拨催着你去呢!

对译:

dehi sunjaci kicen jorime tacibure
四十 五 课程 指示 教

simbe tuwaci bai angga canggi, giru getuken gese bicibe, dolo surhūn
把你 看 只是 嘴 全是 外貌 明白 样子 虽然 心里 聪明

akū tere sinde latunjirakū oci, uthai sini jabšan kai, si terebe necifi ainambi,
不 他 对你 不来靠近 若 就 你的 幸运 啊 你 把他 招惹 做什么

sain gisun be umai donjirakū, aimaka cargici tokošoro adali murime genefi
好 话 把 全然 不听 有鬼 从那边 戳动 一样 执拗 去

naranggi girucun tuwabuhabi, tere šakšan be si we sembi, ja akū, gebungge
到底 耻辱 使看了 那个 狡猾人 把 你 谁 说 轻 不 有名的

nimecuke niyalma kai, atanggi niyalma de ba bumbihe, tede daljakū baita
厉害的 人 啊 几时 人 对 处 给了 与他 无涉 事情

oci ombi, majige ušabure tatabure ba bici, yaya we de seme ba burakū kai,
若是 可以 略 牵连 牵连 处若有 任何 谁 给 即使 处 不给 啊

fakjilahai urunakū giyan be ejelefi, jabšaha manggi teni nakambi, je ere kai,
依靠着 一定 道理 把 记住 讨便宜 之后 才 停止 是 这 啊

jiduji deduhe dasha be dekdebu nakū, kangsiri foribufi, munahūn i amasi
到底 卧着的 老虎 把 起来 既然 鼻根 使捶 扫兴 地 回

jihe, ere ai yikto, teifungge tuherakū, gebungge ufarakū sehebi, sini
来 这 什么 趣 拐棍 不跌倒 有名的 不失去 说了 你的

emhun saha teile oci, aibide isinambi, ai ocibe, bi sinci lakcafi udu se
一人 知道 仅仅 若 往哪里 到达 什么 虽则 我 比你 超出 几 岁

ahūn kai, unenggi yabure giyan oci, sini gūnin de kimcime giyangnarakū oki
年长 啊 果然 行的 道理 若 你的 心里 在 详查 不讲 成了
seme, bi hono jombume hacihiyame gene sembikai, fudarame ilibure kooli bio.
说 我 还 提拨 催促 去 说啊 反倒 阻止 道理 有吗

第四十六课　生气

汉文：

甲：谁望着他讲长讲短了？被他的话逼着叫我说呀！

乙：蒙蔽得别人罢咧，瞒藏得你吗！从过年以来，还走了什么差事了吗？

甲：今日起那里吃了酒，刚一进来，说，哎呀！我怎么才见你啊！要是那样，我不脱空，成月家里常替你当差的，倒得了不是了。这个话上，我的性子就到了脖颈儿上了。今日说什么，明日再决胜负吧。

乙：阿哥，你怎么望他一般一般地争啊！他那样玩惯了的，你有什么不知道的呢？想来，又是饮得撒酒疯了，只当是没看见、没听见是呢！说什么。阿哥你不知道，像这样丁是丁、卯是卯的人，要给他留个分儿，他就高兴了。

甲：你率性说我是玩不觉的话冒失了，人活着撩得开手罢咧。一脸怒气认真地说呀！谁和他过得去呢？

乙：阿哥，你别生气，我把这醉行次，带在僻静处，剜着眼睛辱磨他一番，给你出气吧！

对译：

dehi ningguci kicen fancara
四十 六 课程 生气
we ini baru ere tere sehe, ini gisun de bošobufi, mimbe
谁 他的 向 这 那 说 他的 话 被 驱赶 使我
gisurebumbikai, gūwa be daldaci ojoro dabala, sinde gidaci ombio, aniya araha
说啊 别人 把 隐瞒 可以 罢了 对你 隐瞒 可以吗 年 过
ci ebsi, i aika alban de yabuha babio, enenggi aibideri omifi jio nakū,
从 以来 他 什么 差事 在 行走 处有吗 今日 从哪里 喝 吃 既然

dosinjime jaka, ara, bi ainu teni simbe sabumbi sembi, tuttu oci, bi tookan
进来 刚刚 哎呀 我 怎么 才 把你 看见 说 那样 若 我 迟误

akū, daruhai biyalame sini fonde alban de dangnahangge, elemangga waka
没有 经常 成月 你的 替 差事 在 接替 反倒 不是

baha, ere gisun de, mini jili uthai monggon i da deri oho, enenggi aiseme
得到 这 话 在 我的 性子 就 脖颈 的 根 从 可以 今日 做什么

gisurembi, cimari jai bolgoki, age si ainu ini gese sasa temšendumbi,
说 明日 再 决定 阿哥 你 怎么 他的 样子 一起 一齐争

tere tuttu yobodome taciha be, si aika sarkū nio, gūnici, geli suisime omiha,
他 那样 说笑话 习惯 吧 你 如何 不知 呢 想是 又 受罪 喝了

damu sabuhakū donjihakū ton okini, aiseme gisurembi, age si sarkū, ere
只 没看见 没听见 算 是 做什么 说 阿哥 你 不知 这

gese ja de ja, mangga de mangga sere niyalma de, ba buci i huwekiyembi,
样 易 在 易 难 在 难 说 人 对 处 若留 以 高兴

si ine mene bi yobodombi hercun akū de gisun okjoslaha seci, niyalma
你 率性 果然 我 开玩笑 不觉 没有 对 话 冒失 若说 人

embici waliyame gamambi dere, cira fuhun unenggilembi kai, we inde ombi,
或者 丢弃 拿去 罢了 脸 怒色 认真 啊 谁 对他 可以

age si ume fancara, bi ere suihutu be dalda bade gamafi, yasa korime, emu
阿哥 你 不要 生气 我 这 醉鬼 把 僻静 处 带去 眼睛 剜着 一

jergi girubume becefi, sinde ki fulhabi.
次 侮辱 折磨 给你 气 出

第四十七课 真假

汉文：

甲：起初见了他，望着人很亲热响快，他的相貌轩昂，口齿利便，看着很羡慕了，想着怎么和他相与呢！不住嘴地夸奖来着。后走上了，一处混混着，细体察他所行的事情，原来不是一个正经人，驾虚弄空，他的真假，哪里捞得着呢？而且心里阴险，不给人好道儿走，口里虽说是向你好，背地里陷害得不轻，要入在他的圈套儿里，就是一个仰面筋斗。即如在他手里坑害的人，还少吗？指不胜屈啊！因此，朋友们提起他来，都说是可怕啊！无有不头疼的，“豹的颜色在浮皮，人的成色在内里”的话，特说的是这样的人啊！实在是我的侥幸，要不留心远着他，有不落在他的骗局里头的吗？

对译：

dehi nadaci kicen yargiyan tašan

四十 七 课程 真 假

tuktan imbe acaha de, niyalmai baru dembei habcihiyan kūwalar sembi[1],

最初 把他 会见 时 人的 向 很 亲热 直爽

terei banin eldengge fiyangga, angga sencehe dacun sain, mujakū buyeme

他的 形象 光亮 相貌轩昂 口 下巴 敏锐 好 确实 羡慕

tuwaha, adarame bahafi ini baru guculeme seme, angga ci tuheburakū

看 怎么 得到 他的 向 相处 说 嘴 从 不终结

maktambihe, amala feliyefi, emu bade fumerehei, ini yabuha ele baita be

夸奖 后来 走了 一 处 搅拌着 他的 所行 所有 事 把

kimcici, dule emu tondokon niyalma waka biheni, fiyanarara mangga holo

检查 原来 一 正经 人 不是 有 扯谎 善于 假

canggi, terei yargiyan tašan be aibideri nambumbi, tuttu bime gūnin butemji,

只有 他的 真 假 把 从哪里 捞着 而且 心 阴险

niyalma de sain jugūn bahaburakū, anggai ergide sini baru banjire sain sere

人 给 好 路 不得到 嘴的 边 你的 向 生 好 即使

gojime, enggici bade tuheburengge ja akū, terei hūbin de dosika sehede

然而 背后 处 陷害的 轻 不 他的 圈套 在 进 说了

sarbaitala[2] ombi, te bicibe, ini gala de jocibuha niyalma aika komso

仰面跌倒 成为 现在 他的 手 在 坑害 人 怎么 少

sembio, simhun bukdafi toloci wajirakū kai, gucuse imbe jondombihede, gemu

说吗 手指 屈 数 不完 啊 朋友们 把他 提起时 都

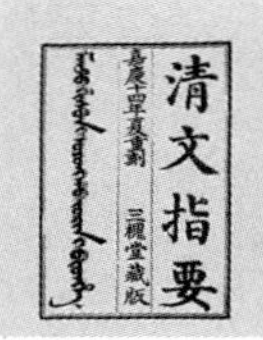

emekei seme, uju fintarakūngge akū, yarha i boco oilo, niyalmai boco dolo
害怕 说 头 不疼 没有 豹子 的 颜色 表面 人的 颜色 里面

sehengge, cohome ere gese niyalma be henduhebi, yala mini jabšan, gūnin
说 特意 这 样 人 把 说了 实在 你的 幸运 心

werišefi aldangga oburakū seci, ini geoden de tuhenerakū biheo.
留着 疏远 不成 若说 他的 骗局 在 不落到 有吗

注释:

［1］kūwalar sembi 为固定搭配,形容"直爽、坦率的样子"。

［2］sarbaitala 为蒙古语借词,"摔跤"之意。

第四十八课 贱货

汉文:

甲:比万物尊贵的叫作人。为人要不辨好歹,不分道理,与畜类何异?即如朋友们的道理,你我彼此相敬,岂不好吗?动不动地寻了来发豪横,不顾头尾,混摔掇信口儿骂,算了自己的本事了吗?是怎么的啊!看那长得怪样儿是呢!鼓着个大肚子,竟是个呆人,又学充懂文派,好叫人肉麻呀!像狗龇着牙叫一样,人都厌烦不听了。要略有人心的,也该知觉来着,还恬不知耻,倒像谁夸他的一样,益发兴头起来。是怎么说呢?他的老子也是一辈子行走的汉子来着,哪上头做了孽,养了这样的贱货。可叹啊!撩了的了,福分都叫他老子的魂灵儿带了去了,这也就是他的尽头处了,再要想升腾未必能了。

对译:

dehi jakūci kicen fusi
四十 八 课程 贱货

tumen jaka ci umesi wesihun ningge be niyalma sembi, niyalma ofi, sain
万 物 比 很 尊贵 者 把 人 称为 人 是 好

ehe be ilgarakū, doro giyan be faksalarakū oci, ulha ci ai encu, ne
坏 把 不辨别 礼节 道理 把 不分开 若是 畜生 比 什么 不同 现在

bicibe gucusei doro, si bi ishunde kunduleci, sain akū, jaci ohode[1]

朋友们的 道理 你 我 彼此 恭敬 好 不吗 动不动地

aidahašame latunju nakū, dere ura be tuwarakū, anggai ici balai lasihidame

发横 来侵犯 既然 脸 屁股 把 不看 嘴 从 胡乱 撺掇

toorengge, beyei bengsen arambio, adarame, banjiha demun be tuwacina,

骂的 自己的 本事 做吗 怎么的 长得 怪样 把 看吧

hefeli wakjahūn fuhali beliyen wajiha bime šucileme taci nakū, absi niyalma

肚子 肚大 竟然 呆子 完了 而且 不懂装懂 学 既然 怎么 人

be yali madabumbi, indahūn i gese ger sere be, niyalma gemu ek sefi[2]

把 肉 起疙瘩 狗 的 样子 狗叫声 把 人 都 厌烦

donjirakū oho kai, majige niyalmai gūnin bici, inu sereci acambihe, kemuni

不听 成了 啊 略 人的 心 若有 也 知觉 应该 还

jileršeme, aimaka we imbe saišaha adali, ele huwekiyehengge, ainu, erei

恬不知耻 反倒 谁 把他 夸奖 一样 更 奋发了的 怎么呢 这

ama inu emu jalan i haha seme yabumbihe kai, aide sui arafi, ere gese fusi

父亲 也 一 世 的汉子 说 行走 啊 在哪 孽 做 这 样 贱货

banjiha, ai, waliyaha, hūturi gemu ini amai fayangga gamaha, ere uthai

养育了 唉 抛弃 福气 都 他的 父亲的 魂魄 拿走了 这 就

ini dube oho kai, geli wesiki mukdeki seci ainahai mutere.

他的 末尾 成了 啊 又 上升 升起 说 如何 能够

注释：

[1] jaci ohode 为固定搭配，义为“动不动地”。

[2] ek sefi 为固定用法，义为“厌憎、厌烦”。

第四十九课 赌场

汉文：

甲：咱们里头，你还是外人吗？瞧我，就直进来，又何必通报呢？既到门口，就回去的，家里人说我不在家的话上，恼了吗？是怎么样呢？若不告诉出缘故来，怎么得知道呢？这一向，咱们那一群阿哥们，合着伙儿，开了要钱场儿了，方才来，起誓发愿的，也必定叫我去，你岂不知道我不得空儿，一会一会儿地有差事，如何定得呢？再王法很紧，偶然出来一件事，把脸放在哪里呢？因此恼就凭他恼去吧！我到底没去，说给家里人们，不拘谁来找我，答应不在家，不想你来了，懵懂的奴才们，也照样地答应，打发去了，才进来告诉了我，所以我急着差人去赶，说没赶上，我心里着实失望，不知道要怎么样的了。

对译：

dehi uyuci kicen jiha efire kūwaran
四十 九 课程 钱 玩 园子

musei dolo kai, si aika gurun gūwao, mimbe tuwaci, uthai šuwe
咱们的 里头 啊 你 怎么 部落 别的吗 把我 看 就 直接

dosimbi dere, geli hafumbure de ai ganaha[1], duka de isinju nakū, uthai amasi
进入 吧 又 转达 在 何必 门 往 进来 既然 就 返回

genehengge, booi niyalma mimbe boode akū sehe gisun de usahahao,
去的 家的 人 把我 在家 没有 说 话 时 恼了吗

ainahao, turgun be tucibume alarakū oci, ainambahafi sara, ere ucuri, musei
怎么呢 原因 把 出来 不告诉 若 怎能 知道 这 时候 咱们的

tere emu feniyen agese dahūme acafi, jiha efire falan neihebi, jaka jifi
这 一 群 阿哥们 再 聚合 钱 玩 场 开了 刚才 来

gashūme garime[2], mimbe inu urunakū gene sembi, mini beye[3] šolo akū
起誓发愿 把我 也 一定 去 说 我的 自己 空闲 没有

be, si sarkū aibi, teike teike alban isinjire be ai boljon, jai fafun šajin
吧 你 不知 岂不 一会 一会 差事 来了 把 怎么 约定 再 法令 法规

umesi cira, talu de[4] emu baita tucinjici, dere be absi obumbi, uttu ofi
很 严格 偶尔 一 事 出来 脸 把 怎么 成为 因此

ushaci hūi ushakini dabala, bi jiduji genehekū, booi urse de henduhengge,
若恼 任他 恼 罢了 我 到底 没去 家的 人们 对 说的

yaya we mimbe baihanjici, boode akū seme jabu sehe, gūnihakū sini beye

任何 谁 把我 来求 在家 没有 说 回答 说 不料 你的 自己

jihede, dulba ahasi inu songkoi jabufi unggi nakū, teni dosifi minde alaha,

来了 糊涂 奴才们 依旧 照样 回答 打发 既然 才 进来 向我 告诉

tede bi ekšeme niyalma takūrafi amcabuci, amcabuhakū serede, min dolo

所以 我 急忙 人 派遣 追赶 没赶上 说 我的 心里

labsa, yala absi yabsi[5] ojoro be sarkū ohobi.

很缺 实在 怎样 成了 把 不知 成了

注释:

[1] ai ganaha 为固定搭配,义为"何必"。

[2] gashūme garime 为固定用法,义为"起誓发愿"。

[3] beye 为反身代词,义为"自己",与人称物主代词连用。

[4] talu de 为固定用法,义为"偶尔"。

[5] absi yabsi 为固定用法,义为"怎样、何止地"。

第五十课 上坟

汉文:

甲:你前日往园里上坟去来着吗?

乙:是。

甲:怎么今日才来?

乙:相隔得很远,因为当日不能打来回,在那里歇了两夜。头一日,顶着城开就起了身,直到晚上才到去了;昨日供了饭,又歇了一夜。今日东方明儿,就起身回来了。路上除了打尖,也总没歇息,刚刚地赶上城门了。

甲:阿哥在远些的地方埋葬,虽是好事,要是子孙没力量,难按着时候上坟啊!

乙:可怎么样呢?旧园子总没地方了。看风水的人们,都说那个地方好的上头,才在那里立了坟院。

甲：总说了吧！咱们有呢，是有的道理；没有呢，是没的道理。凭他怎么样窄累，也往园里去，奠一盅酒啊！到了子孙们跟前，只论有出息没有出息罢咧。要是养了那样不长进的儿子，他的身子就住在园里，还未必烧一张纸钱呢啊！

对译：

susaici kicen eifu kūwaran de genere
五十课 课程 坟墓 园子 往 去

si cananggi yafan de waliyame genehe biheo, inu, ainu enenggi teni jihe,
你 前日 园子 往 上坟 去 有吗 是 怎么 今天 才 来

sandalabuhangge umesi goro, ineku inenggi mudari amasi jici muterakū ofi,
相隔的 很 远 本 日 当日来回 回 来 不能 因为

tubade juwe dobori indehebi, sucungga inenggi hoton i duka neire ishun uthai
在那里 二 夜 歇了 最初 日子 城 的 门 开 顶着 就

juraka, yamjitala yabufi teni isinaha, sikse buda dobofi, geli emu dobori
启程 直到晚上 走 才 去到 昨天 饭 供奉 又 一 夜

indehe, enenggi alin jakarame, uthai jurafi amasi jihe, jugūn de udelereci
歇了 今天 山 裂开 就 启程 回 来 路 在 打尖

tulgiyen, majige teyehe ba inu akū, arkan seme[1] hoton i duka be
除了 略 歇息了 处 也 没有 幸好 城 的 门 把

amcabuha, age gorokon bade umbume sindahangge, udu sain baitabicibe
赶上了 阿哥 很远 地方 埋葬 放置 虽然 好 事

juse omosi de encehen akū oci, erin de acabume waliyara de mangga,
儿子们 孙子们 对 力量 没有 若 时 在 相合 上坟 对 难

eici ainara[2], fe yafan de fuhali ba akū oho, fengsi tuwara urse, gemu tere
无奈 旧 园子 在 竟然 地方 没有 成了 风水 看的 人 都 那

babe sain sere jakade, teni tubade eifu kūwaran ilibuha, eiterecibe, muse
地方 好 说 因为 才 那里 坟墓 园子 立了 总之 咱们

bici, bisire doro, akū oci, akū i doro, ai hacin i hafirahūn suilashūn
若是 有的 道理 没有 若 没有 的 道理 什么 样 的 穷苦 辛苦

seheseme, yafan de genefi, inu emu hūntahan arki hisalambi dere, juse
说了 园子 往 去 也 一 杯 酒 祭奠 吧 儿子们

omosi de isinaha manggi, damu terei dekjire dekjirakū be hendure dabala,
孙子们 往 来的 后 只 他的 有出息 没出息 把 说 罢了

aika tere gese geterakū juse banjiha sehede, ini beye uthai yafan de
要是 那个 样 不长进 儿子 生了 说 他的 身子 就 园子 在

tekini, hono ainahai emu afaha hoošan jiha deijimbini.
住 还 未必 一 张 纸 钱 烧呢

注释:

[1] arkan seme 为固定用法,义为"幸好、好不容易"。

[2] eici ainara 为固定用法,义为"无奈"。

第五十一课　大雨

汉文:

甲:哎呀! 这样大雨,往哪里去来着? 快进去!

乙:我的一个朋友不在了,送了殡来了。今日早晨,天阴阴的,虽有下雨的光景,到了晌午,很晴明了,回来走着看,又一片一片地铺开稠云了。那上头我望着家里人说,这天气不妥当,快走,不然,咱们一定要着雨啊! 正说着,就唰唰地下起雨来了。阿哥你说,在漫荒地里,往哪里去躲? 雨衣毡褂子没穿叠当,浑身湿透了。

甲:不妨,有我的衣裳,拿出来你换。天也晚了,明日再进城去。我们这个幽僻弯曲的园子里,虽然没有好东西,家里养的小猪儿、鹅还有几个,宰一两个给你吃吧!

乙:说什么吃呢,这个样子找到栖息的好去处,就算运气啊! 否则,冒雨走不了,难道还有法子吗?

对译：

susai emuci kicen amba aga

五十 一 课程 大 雨

ara, ere gese amba aga de aibide genehe bihe, hūdun dosi, mini emu

哎呀 这 样 大 雨 对 往哪里 去 有了 快 进去 我的 一

gucu akū oho[1], giran benefi jihe, cimari abka tulhušemeliyan, agara muru

朋友 亡故 尸体 送 来了 今早 天 天阴阴的 下雨 大约

bicibe, inenggi dulin de isinafi gehun gahūn galakabi, amasi marifi yabure de

虽然 日 半 在 来到 明亮 晴朗 晴朗了 返回 回来 走 时

tuwaci, tugi geli bombonofi yur seme[2] sektehe, tede bi booi urse i baru, ere

若看 云 又 稠密云 涓涓 铺开了 在那 我 家的 人们 向 这

abka faijume, hasa yabu, akūci, muse toktofi aga de amcabumbi kai seme,

天 不妥当 快 走 不然 咱们 一定 雨 被 赶上 啊 说

hendutele, uthai šor seme[3] agame deribuhe, age si hendu, šehun bigan de

正说着 就 下雨声 下雨 开始 阿哥 你 说 空旷的 旷野 在

kai, aibide jailanambi, nereku jangci etume jabduhakū de, beyei gubci

啊 往哪里 躲避 雨衣 褂子 穿 没穿及时 因为 身体 全

šeketele usihibuhe, hūwanggiyarakū, mini etuku bi, tucibufi si hala, abka inu

淋湿 使湿了 不妨 我的 衣服 有 出来 你 换 天 也

yamjiha, cimari jai hoton i dolo dosi, meni ere koco wai yafan de sain

晚了 明天 再 城 的 里面 进 我们的 这 幽静 转弯处 园子 在 好

jaka akū bicibe, boode ujihe mihan niongniyaha kemuni udu fali bi, emu juwe

东西 没有 虽然 家里 养的 小猪 鹅 还有 几 个 有 一 二

wafi sinde ulebure, jetere be ai sembi, ere gese beyebe tomoro sain ba

杀 给你 使吃 吃 吧 什么 说 这 样 把身体 栖息 好 地方

bahaci, uthai jabšan kai, akūci, aga be funtume yaburakū, aika fa bio.

若得到 就 运气 啊 否则 雨 把 突入 不能走 难道 办法 有吗

注释：

[1] akū oho 为固定用法，义为“亡故、去世”。

[2] yur seme，形容水缓缓长流的样子，涓涓。

[3] šor seme，形容下雨的声音，潇潇。

五、《续编兼汉清文指要》(卷上)原文及译注

第五十二课　打围

汉文：

甲：我初次打围去，骑的一匹马，颠得稳，跑得快。撅撒袋，才放开围走着，从草里跑出一个黄羊来了，我就夹着马，拉开弓，射了一箭，些微落下了些，回手才要拔箭的时候，那黄羊把尾巴绕了一绕，转眼之间，就过了一个山坡子，往山阳里去了。我跟着尾巴赶去，过了山又往山背里去了，所以我夹马赶到跟前，射了一箭，又从头上过去了，不想一个鹿从那边往这边跑了来了，才过了山迎着来，正中在我射的箭上，噗的一声就跌倒了。实在是个笑话儿！彩头好的呀！赶上的放跑了，没哨的倒得了。若要是告诉那不知道的人，倒像睁着眼睛撒谎的一样。

对译：

susai juweci kicen abalara
五十　二　课程　打围

tuktan bi abalame genehede, emu suru morin yalumbihebi, katararangge
初次　我　打围　去了　一　白马　马　骑了　马慢颠的

necin, feksirengge hūdun, jebele ashaha, teni aba sarafi genehede, orhoi
平安　跑的　快　撒袋　一直带着　才　围　放开　去了　草的

dorgici emu jeren feksime tucike, bi uthai morin be dabkime, beri darafi
从里面　一　黄羊　跑着　出来　我　就　马　把　拍马　弓　拉开

emgeri gabtaci, majige amariha, gala marifi niru gaire sidende, jeren i
一次　射箭　略　落后　手　回来　箭　取　时候　黄羊　的

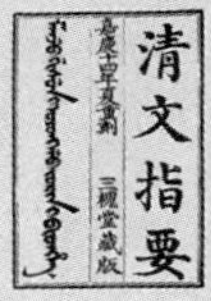

uncehen dube aššame, dartai andande, emu meifehe be dulefi, alin i antu
尾巴 末端 摆动 瞬间 瞬间 一 山坡 经 过去 山 的 阳坡
ergi be baime wesihun ici genehe, uncehen dahalahai amcanaha bici, geli alin
方 经 找 上 顺着 去了 尾巴 跟着 赶去 若有 又 山
be dabame boso ergibe wasime genehebi, tede bi morin be hacihiyahai hanci
经 越过 背后 方经 向下 去了 所以 我 马 把 夹紧 近处
amcanafi emgeri gabtaci, geli uju be dabame duleke, gūnihakū cargici emu
赶去 一次 射箭 又 头 把 越过 过去了 不料 从那边 一
buhū feksime ebsi jihe, teni alin be dabame ishun jiderengge tob seme mini
鹿 跑着 这边 来了 才 山 把 越过 对着 来的 正 我的
gabtaha niru de goibufi, kub seme tuheke, yala yala injeku, mayan
射的 箭 在 射中 重物倒地的声音 跌倒 实在 实在 笑话 彩头
sain, amcabuhangge turibuhe, murakūngge elemangga nambuha, sarkū urse
好 被赶上的 放跑的 没哨的 反倒 拿着了 不知道 人们
de alaci aimaka yasa gehun holtoro adali.
对 告诉 倒像 眼睛 明亮 撒谎 一样

第五十三课 赌钱

汉文：

甲：哎呀！你怎么了？咱们没见面能有几个月，怎么这么快？胡子白了，有了老模样了。阿哥，你别怪我的嘴直，风闻说，你如今玩起钱来，做了好些账。要是真，可不是玩的呀！略收着些才好呢！

乙：这全是没影儿的话，人编造的。

甲：你要不信，可细细地打听是呢！

乙：什么话？自己走的，自己不知道吗。

甲：看起朋友们全议论你的来，你略有些儿吧。玩钱啊，那是了手，要说是贪进去了，就说是有什么能存得住呢？终久不遭罪戾，即将毫无所存。产业荡尽之时，才歇手呢！像这样的，咱们的耳朵里听见，眼睛里看见的，虽然不多，至少也有一百还多。咱们是知己的朋友呀！要是明知不劝，说与谁什么相干，岂说得是相好吗？要是没有的事，好罢咧。我打算做什么呢？

对译：

susai ilaci kicen jiha efire

五十 三 课程 钱 玩

ara, si ainahabi, muse giyanakū udu biya acahakū, ai hūdun de,

哎呀 你 怎么了 咱们 能有 几 月 没见面 什么 快 时

salu šarapi, sakda fiyan gaiha, age si mimbe angga sijirhūnseme

胡子 须发发白 老 面貌 得到 阿哥 你 把我 嘴 顺

wakašara, urahilame dongjici, si te jiha efire de dosifi, tutala bekdun

责怪 探听 听说 你 现在 钱 玩 在 进入 那么多 债

araha sembi[1], yala oci, efiku waka kai, majige bargiyaha de sain, ere gemu

欠 说 真的 若是 玩的 非 啊 略 收着 时 好 这 都

oron akū gisun niyalmai banjibuhangge, si akdakū oci, narhūšame

影 没有 话 人的 编的 你 不信 若是 细细的

fujurulacina, ai gisun serengge, beyei yabuhangge be beye endembio,

打听吧 什么 话 说的 自己的 走的 把 自己 不知道吗

gucuse gemu simbe leolehe be tuwaci, sinde inu majige bifi dere, jiha efire de

朋友们 都 把你 议论 把 看 对你 也 略 有 罢了 钱 玩 在

ai dube, lifa dosika sehede, ai bihe seme taksimbi, wajime dube de weile

什么 末端 贪 进去 说了 什么 有了 存留 完结 末尾 在 罪

daksin ararakū oci, uthai majige hede funceburakū, boo boigon fulahūn

罪戾 不做 若 就 略 痕迹 不剩余 家 产业 一无所有

wajifi, teni nakambi, ere gesengge musei šan de donjiha yasa de

完了 才 停止 这 样子的 咱们的 耳朵 在 听见 眼睛 在

sabuhangge, labdu akū bicibe, absi akū tanggū funcehebi, si bi muse saha

看见的 多 没有 虽然 怎么没有 百 余 你 我 咱们 知道

tuwaha gucu kai, aika same tafularakū wei guwanta seci, banjire sain
看的 朋友 啊 要是 知道 不劝 谁的 关系 说 生的 好
serengge aide, ainame akū oci sain dabala, bi fujurulafi ainambi.
说的 岂有 怎么 没有若 好 罢了 我 打听 做什么

注释:

[1] sembi 具有引号的作用。

第五十四课 大风

汉文:

甲:昨日并没有风,是好好的天气来着,忽然清清亮亮的日色,变得冷飕飕的了。那个上我说不妥,大风要来了呀!乘着风还未起,咱们走吧!所以,各自散了。将到家里,就乱起大风来了,把树梢刮得乱摔的声音,好丑听,吹哨子样地一直响。刮到半夜里,才略略地定了些。今日早起往这里来,走着见街道上的人,全站不住,喝喝哈哈地跑啊!我要是顺着风来,还好来着。又是迎着风的上头,把脸冻得像针扎的一样疼,手指头冻拘了,拿鞭子的劲全没了。吐的吐沫,将到地下,就冻成冰,跌的几截子了。好冷啊!有生以来,这个样的冷啊!谁经过来着呢?

对译:

susai duici kicen amba edun
五十 四 课程 大 风
sikse umai edun su[1] akū, abka hocikosaka bihengge, gaitai eherefi
昨天 全然 风 丝 没有 天 好端端 有的 突然 变坏
sohon šun i elden gemu fundehun ohobi, tede bi, faijuma, ayan edun
葵黄色 太阳 的 光 都 惨淡 成了 在那 有 不妥 大 风
dara isika, edun dekdere onggolo, muse yoki sefi, beri beri[2] facafi boode
刮风 来了 风 升起 之前 咱们 走 说 纷纷 分开 在家
isinarangge, hoo seme[3] amba edun dame deribuhe, mooi subehe edun de
去到 气势大 大 风 刮 开始 树的 树梢 风 被

febume lasihibure asuki, absi ersun, hūjime dahai, dobori dulin otolo

风顶住 使摔 声音 好不 丑 风吹树枝响 随着 夜晚 半 直到

teni majige toroko, cimari ebsi jidere de, jugūn giyai de yabure, gemu ilime

才 稍 风停了 今早 以来 起来 时 路 街的 在 走 都 站立

muterakū, ho ha seme sujumbi, bi aika edun i cashūn bihe bici, hono yebe

不能 打寒噤声 跑 我 要是 风 的 顺风 有 若 还 好

bihe, geli edun i ishun ojoro jakade, dere ai ulme i tokoro adali,

有 又 风 的 对着 可以 时候 脸 怎么 针 的 扎 一样

cak cak sembi[4], gala simhun beberefi šusiha jafara de gemu fakjin akū

很冷 手 手指 冻木 鞭子 抓 时 都 方法 没有

ohobi, juliyaha cifenggu na de isinanggala, uthai juhene nakū, katak seme

成了 吐出 唾沫 地 在 去到 就 冻冰 然后 物体落地声

meyen meyen i lakcambi, adada, banjiha ci ebs i ere gese beikuwen be, we

节 节 地 断开 好冷 生 从 以来 这 样 冷 啊 谁

dulembuhe biheni.

经过 曾有吗

注释:

[1] su 为多义词,此处表示“一丝(风)”。

[2] beri beri 为固定用法,形容“纷纷散去的样子”。

[3] hoo seme 形容“气势盛大的样子”。

[4] cak cak sembi 为固定用法,形容“很冷的样子”。

第五十五课 瘸子

汉文:

甲:你不知道,这全是他年轻血气强壮的过失,吃过几遭亏,他那高兴自然就去了啊!

乙:从什么上知道了呢?

甲:我从前就很好闹硬浪,和我一个户中的阿哥,每日在一处演习来着。

我阿哥的长枪耍得很精，就说是十几个人，不能到他的跟前。这样的，后来还遇见一个对手呢！往舅舅家来的一个屯里的人，瘸着腿子，说是会耍腰刀。他们二人会在一处，要试试本事，各自拿了军器，我阿哥眼里还有他来着吗？也不谦让一下，就颤动长枪，往心窝里一扎；那个瘸子也不慌也不忙，慢慢地拿刀斜磕一下，长枪为了挪开刀砍，枪头儿就磕折了一截子去了，将抽枪时，那腰刀早已放在脖子上了；才要躲时，被刀把脖子缠住，跟着就要砍的上，倒退了好几步，噗的一声就跌倒了。从那个上，把高兴打断，再也不学了。以此看来，天下最大啊！能人岂少吗？

对译：

susai sunjaci kicen doholon
五十 五 课程 瘸子

si sarkū, ini ere gemu se asiha, senggi sukdun eduhun i haran[1],
你 不知道 他的 这 都 年纪 轻 血 气 力壮 的 缘故

udu mudan koro baha[2] manggi, ini cisui amtan tuhembi[3] kai, aide saha
几 次 伤害 得到 后 他的 自然 灰心 啊 如何 知道

seci, bi daci uthai basilara de mujakū amuran, mini emu mukūn i ahūn
说 我 原来 就 把式 对 确实 喜欢 我的 一 宗族 的 阿哥

i emgi inenggidari urebumbihe, mini ahūn i gidalahangge umesi mangga,
一起 每日 练习 我的 阿哥 的 长枪 很 厉害

juwan udu niyalma sehe seme, ini beyede hanci fimeci ojorakū, uttu bime,
十 多 人 说 即使 他的 身体 近处 惹 不可以 虽然

hono emu mangga bata be ucarahabi, nakcu i boode jihe emu toksoi
还 一 厉害 对手 把 遇见 舅舅 的 家 来了 一 屯的

niyalma, bethe doholon, loho maksime bahanambi sembi, juwe niyalma emu
人 脚 瘸子 腰刀 耍 会 说 两 人 一

bade ucarafi, erdemu be cendeki seme, teisu teisu agūra be gaiha manggi, mini
处 遇见 本事 把 欲比试 各自 器械 把 取 之后 我的

age yasa de geli imbe dabumbio, anahūnjara ba inu akū, uthai gida be
阿哥 眼睛 在 又 把他 放置 谦让 处 也 没有 就 长枪 把
dargiyafi, niyalma jaka be baime emgeri gidalaha, tere doholon majige
颤动 人 缝隙 把 找 一次 扎了 那 瘸子 一点
ekšerakū, elhe nuhani jeyen ešeme, emgeri jailabume sacime ofi, gida i
不慌 安稳 从容地 刀 斜着 已经 挪开 砍 因为 抢 的
dube uthai mokso emu meyen genehe, gida be gocime jabdunggala loho aifini
末端 就 齐折断 一 截 去了 枪 把 抽 来不及 腰刀 早已
monggon de sindaha, teni jailaki serede, monggon be hahūra nakū, lasihime
脖子 在 放置了 才 想躲避 时 脖子 把 缠住 既然 摆动
emgeri fahara jakade, ududu okson i dubede maktafi, kub seme[4]
已经 砍 将要 若干 脚步 的 往末端 抛 重物落地声音
tuheke, tereci niyancan bijafi, jai jai[5] tacirakū oho, erebe tuwaci, abkai
跌倒 从此 勇气 挫折 再也 不学习 了 由此 看来 天的
fejergi amba kai, mangga urse ai yadara.
下面 大 啊 厉害 人 岂 缺少

注释:

[1] i haran 为固定用法,haran 在此做后置词,要求其前面的词为属格形式,义为“由、由于”。

[2] koro baha 直译为“受到伤害”,意译为“吃亏”。

[3] amtan tuhembi 为固定搭配,义为“灰心、倒胃口、扫兴”。

[4] kub seme 形容重物落地的声音。

[5] jai jai 为固定搭配,“再也”。

第五十六课 明月

汉文:

甲:我们前日往西山里去,何等的快乐来着。白日里游玩的,说他做什么?到了晚上,越发爽快了。我们几个人,吃了晚饭,坐上了船,不多的时候，月已高升，光辉射照的，就像白日里一样，慢慢地撑着船，顺着风去，转过山嘴子去一看，竟是天水一色，大水无边。真可谓山清水秀！又撑着船将到了芦苇深处，忽然从顺风里听见钟声。到了那个时候，竟把那万宗的思虑，付与流水，无有不干干净净了。虽说是超凡出世的神仙，也不是那样的乐罢咧！因是那样，彼时畅饮，不知怎样的天就亮了。人生在世，能遇见几遭那样的美景明月呢？徒然过去，不可惜吗？

对译：

susai ningguci kicen genggiyen biya
五十 六 课程 明亮的 月亮

cananggi, be wargi alin de oihori sebjelehe bihe, inenggi šun de
前日 我们 西 山 往 何等的 快乐 曾经 白天 太阳 在

sargašara efire be hono ai sembi, dobori oho manggi, ele se selaha[1],
玩耍 玩耍 把 还 什么 说 夜里 成为 后 越发 很爽快了

meni udu nofi yamji buda jefi, jahūdai de tehe manggi goidahakū, biya
咱们的 几 个 晚上 饭 吃 船 在 坐了 后 不久 月亮

mukdefi gehun elden fosokongge, uthai inenggi šun i adali, elhei šurubume
高升 明亮 光 照了的 就 白天 太阳 一样 慢慢 周围

edun i ici wasihūn genehei, alin i oforo[2] be murime dulefi tuwaci, abka
风 的 方向 向下 去了 山鼻子 把 转过 过去 看 天

birai boco fuhali ilgaburakū hūwai sembi[3], yala alin genggiyen muke bolgo
河的 颜色 竟然 不辨别 水大的样子 实在 山 明亮 水 干净

seci ombi, selbihei ulhū noho i šumin bade isinaha bici, holkonde jungken i
说 可以 荡桨 芦苇 尽是 的 深处 处 去到 若是 忽然 钟 的

jilgan yang seme edun i ici šan de bahabure jakade, tumen hacin i gūnin
声音 钟响声 风 顺着 耳朵 在 听见 时 万 种 的 思想

seolen ede isinjifi, uthai muke de oboho adali, geterembuhekūngge akū, udu
虑 在此 来到 就 水 用 洗 一样 不使洗干净的 没有 几

jalan ci colgorome tucike enduri sehe seme, manggai tuttu sebjelere dabala,
世 从 超凡 出来的 神 说 即使 不过 那样 高兴 罢了
tuttu ofi ishunde amtanggai omicahai hercun akū adarame gereke be gemu sarkū
因此 彼此 有兴趣的 互相喝着 知觉 无 怎么 天亮 把 都 不知
ohobi, niyalma seme jalan de banjifi, enteke genggiyen biya sain arbun
成了 人 说 世 在 生活 那样的 明亮的 月亮 好 模样
giyanakū udu, untuhuri dulembumbi, hairakan akū sembio.
能有 几遭 徒然 度过 可惜 没有 说吗

注释:

[1] se selaha 为固定搭配,"很爽快了"。

[2] alin i oforo 直译为"山鼻子",意译为"山嘴子"。

[3] hūwai sembi 形容"水大的样子"。

第五十七课 气色

汉文:

甲:你怎么了? 气色煞白的,消瘦的这样了。

乙:阿哥你有所不知,这几日刨沟的气味,很不好。又搭着忽冷忽热的上,竟没有定准,所以,人不能照常地将养身子。而且,前日饭时,是凉凉快快的来着,忽然叫人受不得烦躁的很,出了通身的汗的上,把袍子脱了凉快着,喝了一碗凉水的上,立刻地头就疼起来了;鼻子也齉了,嗓子也哑了,浑身发冷,很觉着昏沉了。

甲:并不是你一个人那样的,我的身子也有些不舒服,懒怠动转,幸而昨日吃了的喝了的东西全吐了,不然今日也不能勉强来着。我教给你一个好方法儿,把肚子饿着,少吃东西,不要多食了。要是那样的时候,就是着点冷儿,也是无妨的呀!

对译:

susai nadaci kicen cira
五十 七 课程 气色

si ainahabi, cira biyabiyahūn kob seme[1] wasifi, ere durun ohobi, age
你 怎么了 气色 煞白的 完全 消瘦 这 模样 成了 阿哥

si sarkū, ere udu inenggi ulan fetere de wa su[2] umesi ehe, tere dade, geli
你 不知 这 几 日 沟 挖 时 气味 很 坏 那 不但 又

gaitai šahūrun, holkonde halhūn, fuhali toktohon akū, tuttu ofi, niyalma gemu
突然 冷 忽然 热 竟然 定准 没有 因此 人 都

beyebe ujire an kemun baharakū, cananggi budai erinde šahūrušaka
把身体 养 常规 标准 不能 前日 饭的 时候 凉快

bihengge, gaitai halhūn ofi, niyalma hamici ojorakū fathašambi, beyei gubci
曾有 忽然 热 了 人 将近 不可以 烦躁 身体 全

hūmbur seme[3] nei tucire jakade, sijigiyan be sufi majige serguwešeki seme,
出汗样子 汗 出来 时 袍子 把 解开 稍稍 凉快 而且

emu moro šahūrun muke omiha bici, ilihai andande[4] uthai uju nimeme
一 碗 冷 水 喝了 有 立刻 就 头 疼

deribuhe, oforo inu wanggiyanaha bilha inu sibuha, beye tugi de tehe adali hūi
开始 鼻子 也 伤风了 嗓子 也 哑了 身体 云 在 住在 一样 晕

sembi, sini beye teile waka, mini beye inu asuru cahakū, aššara be bambi,
说 你的 自己 这样 非 我的 身体 也 很 不舒服 转动 把 懈怠

jabšan de sikse jekengge omihangge be wacihiyame oksiha, akūci enenggi inu
幸运 在 昨天 吃的 喝的 把 全部 吐了 否则 今天 也

katunjambi ojorakū oho, bi sinde emu sain arga tacibure, damu hefeli be
勉强来 不可以 成了 我 给你 一 好 办法 教 只 肚子 把

omiholobu komsokon i jefu, ume labdulara, tuttu ohode uthai majige šahūraka
饿着 较少 地 吃 不要 多 这样 就 略 冷

seme, inu ainaha hūwanggiyarakū.
即使 也 如何 无妨

注释：

[1] kob seme 义为"完全"。

[2] wa su 为固定搭配，义为“气味”。

[3] hūmbur seme，形容出大汗的样子。

[4] ilihai andande 义为“马上、立刻、立即”。

第五十八课　闹鬼

汉文：

甲：你们对门的那一所房子怎么样？

乙：你问那个做什么？

甲：我的表兄说是要买。

乙：那个房子住不得，很凶。起初是我一个族兄买的，从门房七间，到照房五层，很舒服干净来着。到了我侄子的手里，因为那两边的厢房朽烂的上全拆了，重新翻盖的上，忽然间就闹起鬼什么来了。起初闹得还好，久而久之，青天白日里就出声色，现了形了；家里的女人们动不动儿地就说是遇见了鬼了，竟有怕死了的。跳神呢是个白，送币呢是无用，因那个上，没有法儿，贱贱地卖了。

甲：阿哥你知道吗？这也是运气不好的过失。无论什么房子里并没缘故，运气要好，虽有邪魅外道，也就躲开了。岂能侵害人吗？而且，我这个阿哥胆子很小，我把打听的实在的缘故告诉他就完了。或买与不买，由他自己定夺去吧！

对译：

susai jakūci kicen dabkara

五十　八　课程 鬼作祟

suweni bakcin de bisire tere emu falga boo antaka, si terebe fonjifi

你们　对着　在 有的 那样　一　座　房子　怎样　你 把那　问

ainambi, mini emu tara ahūn udaki sembi, tere boo teci ojorakū, umesi

做什么 我的　一　表亲　兄　买　说　那 房子 住　不可以　很

doksin, da jokson de mini emu mukūn i ahūn udahangge, girin i boo

凶险 原来 当初 时 我的 一 宗族 的 兄弟 买了的 门面 的 房子

nadan giyalan, fere de isitala sunja jergi, umesi icangga sain bolgo bihe, mini
七 间 照房 直到 五 层 很 舒服 好 干净 曾 我的
jalahi jui[1] de isinaha manggi, juwe ergi hetu boo be sangsaraka seme
侄子 到 去到 后 两 边 旁边 房子 把 朽烂 因为
efulefi, dasame weilehe turgunde, holkonde hutu ai dabkame deribuhe,
拆了 再 修建 原因 忽然 鬼 怎么 鬼作祟 开始
sucungga daišahangge, hono yebe, bihe bihei[2], inenggi šun de asuki
起初 闹的 还 好 久而久之 白天 太阳 在 声音
tucibume arbun sabubuha, booi hehesi aika ohode[3], uthai buceli be
出来 模样 看见 家里 女人们 动不动地 就 鬼魂 把
tunggalaha seme golofi ergen jocibuhangge gemu bi, samdaci mekele, fudešeci
遇见了 说 害怕 生命 伤害了的 都 有 若跳神 枉费 若送纸
baitakū ojoro jakade, arga akū, teni ja hūda de uncaha, age si sambio,
无用 成为 因为 办法 没有 才 便宜 价钱 以 卖 阿哥 你 知道吗
ere gemu forgon ehe i haran, yaya boode umai gai akū, forgon sain oci,
这 都 时运 坏 的 原因 无论 房子 全然 缘故 无 运气 好 若
udu bušuku yemji[4] bihe seme, inu jailatame burulara dabala, niyalma be
虽然 妖魅 曾 即使 也 躲过 驱赶 罢了 人 把
nunggeme mutembio, tuttu seme mini ere ahūn umesi fahūn ajige, bi dacilaha
侵害 能吗 而且 我的 这 兄 很 胆子 小 我 打听
yargiyan babe, inde alaci wajiha, udacibe udarakū ocibe, ini
实在 情况 向他 告诉 完了 或买 不买 或 他的
cihai gamakini.
愿望 拿去吧

注释:

[1] jalahi jui 义为"侄子"。

[2] bihe bihei 义为"久而久之"。

[3] aika ohode 义为"动不动地"。

［4］bušuku yemj 义为“妖魅”。

第五十九课　算命仙

汉文：

甲：阿哥，你没听见吗？新近城外头来了一个算命的，很是出奇的好啊！听见人告诉，那个人竟是一个神仙了，把咱们过去的事情，倒像谁告诉了他的一样，会拿着算到，咱们人去得很多，接连不断，填得满满的了。

乙：既有这样的神人啊！多咱咱们弟兄们也去叫他瞧瞧。

甲：我早知道了。我的朋友们这几日会成群儿去的上头，前日我已经到了那里去了，把我的八个字儿给他看了，他竟把父母的什么年纪，弟兄几个，女人什么姓氏，多咱得的官，按件都算得对当，一点儿也不错。

乙：已过去的虽然对了，但只未来的事，未必就照他那说的呢！

甲：可是那样说咱们哪里没花过一百个钱，总说了吧！你又无事，与其在家里白坐着，莫若闲旷的一样，人有什么使不得的去处呢？当作消着愁闷儿走走去吧！

对译：

susai uyuci kicen jakūn hergen tuwara niyalma
五十　九　课程　八　字　看　人

age si donjihakūn, jakan hoton i tule emu jakūn hergen tuwara
阿哥 你　没听见吗　新近　城　的 外面　一　八　字　看

niyalma jihebi, umesi ferguwecuke mangga sembi, niyalma i alara be donjici,
人　来了　很　出奇　厉害　说　人　的 告诉 把　听来

tere niyalma fuhali enduri adali banjihabi, musei dulekele baita be, aimaka we
那　人　竟然　神　一样　生的　咱们的 过去的 事情 把　倒像 谁

inde alaha adali, jafaha sindaha gese bodome bahanambi, musei niyalma
向他 告诉了 一样　拿着　放着　样子　算　会　咱们的　人

genehengge umesi labdu, siran siran i lakcarakū jalu fihekebi, ere gese šengge
去的　很　多　连续的　不断　满满 填满了 这 样　神

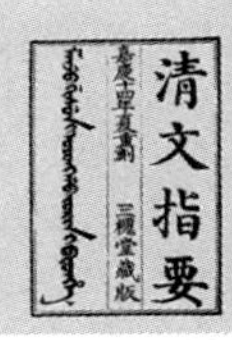

niyalma bikai, atanggi bicibe muse ahūn deo inu inde tuwabunaki, bi aifini
人 啊 何时 咱们 兄 弟 也 让他 去看 我 早已
saha, mini gucese, ere udu ucuri feniyen feniyelefi genere jakade, canggi bi
知道 我的 朋友们 这 几 时 群 成群 去 因此 前日 我
inu tubade isinaha, mini jakūn hergen be inde tuwabuhade, ama eme ai
也 那里 去了 我的 八 字 把 给他 看时 父 母 什么
aniya, ahūn deo udu, sargan hala ai, atanggi hafan bahangge, hacin hacin
年纪 兄 弟 几个 女人 姓氏 什么 何时 官 得到 样样
i baita, gemu tob seme acanaha, heni majige tašarabuhakū, dulekengge udu
的 事情 都 正 相对 一点 稍微 没错 过去的 虽然
acanaha bicibe, damu jidere unde baita, ainahai ini henduhe songkoi ombini,
相对 只 将来 几个 事情 未必 他的 说的 依照 成为了
tuttu seme, muse yamaka bade[1] tanggū jiha fayarakū, eicibe si geli
虽然 咱们 或许 在什么地方 百 钱 没花过 总之 你 又
baita akū, boode bai tere anggala, sargašara gese geneci, ai ojorkū sere
事情 没有 在家 白 与其 游玩 一样 去 什么 不可以 说
babi, ališara be tookabure ton okini.
有事 烦闷 把 解闷 数 充作

注释：

[1] yamaka bade 义为“说不定什么时候”。

第六十课 不成器

汉文：

甲：你看他那行景，不知要怎么样的，还在老实一边来着，进来看着不只老实，竟叫人看不上，村粗的至极了，在人前头言语拙钝不清的，连一问一答的话，全不知道；缩头缩脑的，连怎么进退，也不懂得。醒着倒像睡觉的一样，白算一个人数儿罢咧！糊里糊涂的怎么活着呢？你们相与的好啊！该当指拨指拨他才是呢。

乙：阿哥，你们皆因并未久交，知道得尚不透彻，比这个可笑的事还有呢啊！彼此一处坐着讲话的时候，正说着这个，忽然又提起那个来了；要不是把嘴唇子耷拉着，没气儿一样，眼珠儿也不动，直直地望着你，忽然间又说出一句没头尾的傻话来，把人的肠子都笑断了。前日，他瞧我去，回来的时候，并不一直地走，转过脊背往外倒退着去，那个上我说阿哥仔细门槛子啊！话还未了，脚就绊在上头，仰面跌倒了，我急忙上前，尽力地才扶起来，将将收拾住了。我起初还没数儿地劝过他来着，见他没有改过的样儿，不是个成器的东西啊！为什么费着唇舌说呢？

对译：

ninjuci kicen hūwašara tetun akū
六十 课程 有成就的 器 不是

ini tere arbušarangge absi yabsi[1], neneme sebkesaka imbe acaha de,
他的 那 举动 何等的 原先 行动稀疏 把他 见 时

nomhon ergide bi sembihe, te tuwaci nomhon i teile waka, fuhali niyalma
老实 一边 有 说了 现在 看 老实 的 仅仅 非 竟然 人

de eleburakū, albatu ten de isinahabi, niyalma juleri bubu baba absi fonjire
被 看不上 粗野 极 到了 人 前 浑浊不清 怎么 问

absi jabure babe gemu sarkū, cici goci[2] adarame ibere, adarame bederere
怎么 回答 处 都 不知道 畏首畏尾 怎么 前进 怎么 回来

be gemu ulhirakū, getecibe weri i amgara adali, bai niyalma i ton dabala,
把 都 不懂 虽醒着 别人 的 睡觉 一样 白 人 的 数 罢了

hūlhi lampa i adarame banjihabi, suwe banjire sain bihe kai, tede majige
糊涂 混杂 的 怎么 生活 你们 相处 好 有 啊 给他 略

jorišaci acambi dere, age suwe emu bade guculeme goidahakū ofi, hono
指示 应该 吧 阿哥 你们 一 处 交往 不久 因 尚未

tengkime sara unde, ereci injecuke baita geli bini, ishunde tecefi gisun
确实 知道 尚未 比这个 可笑 事情 又 有 彼此 相坐着 话

gisurembihede, erebe gisureme bihengge holkonde terebe gūninafi leolembi,
说话时 把这个 说 有的 忽然 把那个 想来 议论
akūci angga labdahūn ergen sukdun akū, yasai faha gurinjerakū hadahai
要不是 嘴 垂着 生命 气息 没有 眼睛的 珠 不动 直直地
simbe tuwambi, gaitai gaitai emu uju uncehen akū beliyen gisun tucikede,
把你 看 忽然 忽然 一 头 尾 没有 呆傻的 话 出来
niyalma duha be lakcatala fancame injebumbi[3], cananggi mimbe tuwaname
人 肠子 把 直到 断 大笑 前日 把我 去看
genehe, amasi genere de šuwe yaburakū, fisa forofi amasi sosorome tucimbi,
去 回来 去 时 直接 不走 背 回转 回来 倒退 出来
tede bi age bokson de guwelke sere gisun wajinggala, bethe tafi saksari
在那 我 阿哥 门槛 对 小心 说的 话 未完 脚 绊 仰面跌倒
oncohon tuhenere be, bi ekšeme julesi ibefi hūsun ebsihei tatame jafara jakade,
仰面 跌倒 我 急忙 向前 前进 力量 尽 拉 抓 时
arkan seme tamalibuha, neneme bi hono ton akū tafulambihe, amala dasara
好不容易 收拾住了 原来 我 还 数 没有 劝告 后来 修改
halara muru akū be tuwaci, hūwašara tetun waka kai, aiseme angga
改变 样子 无 把 一看 长进 器物 不是 啊 为什么 嘴
šadabume gisurembi.
使疲乏 说

注释:

[1] absi yabsi 为固定用法,义为“何等的”。

[2] cici goci 为固定用法,形容“踯躅,畏首畏尾”。

[3] fancame injebumbi 义为“大笑”。

第六十一课 烂醉

汉文:

甲:阿哥你看,如今又是分儿了,喝得烂醉,连脚儿全站不住了。我问他，你把那件事情告诉他了没有，摇晃着身子，眼睛直直地望着我递手。又不是聋子哑巴，为什么不答应。像这个叫人生气的也有呢！今日要不重重地打他的时候，我就要说誓了。

乙：阿哥，算了别，他大略忘了没去吧！他的不是，他岂不知道吗？皆因是那样，怕对答不得了。今日遇见我在这里，看我的脸上，饶过这一次吧！往后永远断了酒，总不许喝了。反过来说，驴子容易骑，奴才容易压，抓着辫子才是真主子啊！你可往哪里脱罪去。要改就改了，要是不改，还要是这样喝得烂醉的时候，随阿哥的意儿责罚吧！我虽再遇见了，也就难于求情了。

甲：阿哥你如何知道呢？生来是一个不成器的魂灵儿，一说喝酒，比他阿玛的血还爱。这一次饶过了的时候，就说是改了吗？也不过一两日清醒不醉罢咧！过去了，又是照旧地喝啊！

对译：

ninju emuci kicen lalanji omire

六十 一 课程 烂醉 喝

age si tuwa, te geli isika, lalanji omifi ilime toktorakū ohobi, bi tere

阿哥 你 看 现 又 充分 烂醉 喝得 站立 不定 成了 我 那

baita be si tede alahao akūn seme fonjici, heihedeme yasa durahūn i mini

事 把 你 向他 告诉 没有 说 问 醉得摇晃 眼睛 直瞪 的 我的

baru gala alibumbi, dutu hele ai geli waka, jaburakūngge ainu, ere gese

向 手 摆 聋子 哑巴 怎么 又 非 不回答 怎么 这 样

niyalma be fancaburengge geli bini, enenggi mimbe fiyaratala tantaburakū oci,

人 把 使生气的 还 有 今日 把我 重打 不打 若

bi uthai gashūkini, age joo ume, i ainci onggofi genehekū, ini waka

我 就 说誓了 阿哥 算了 不要 他 或者 忘了 不去 他的 不是

babe i endembio, tuttu ofi olhome jabume baharakū ohobi, enenggi bi ubade

处 他 瞒得过吗 因此 畏惧 回答 不会 成了 今日 我 在这里

bisire be dahame, mini dere be tuwame ere mari oncodome guwembureo, ereci

在 既然 我的 脸 把 看 这 回 宽恕 饶恕吧 从此

julesi, nure omire be eteme lashalakini, hendure balama, kangnaci eihen ja,
以后 酒 喝 把 克服 断了 说 反 若蹿上去 驴 易
bungnaci aha ja sehe, soncoho jafaha jingkini ejen kai, si aibide ukcambi,
若压迫 奴才 易 说 辫子 抓住 正是 主子 啊 你 往哪里 脱开
halaci halaha, aikabade halarakū kemuni uttu suihume omoci, age cingkai
若改 改了 如果 不改 还 这样 烂醉 若喝 阿哥 任意
isebu, bi udu jai ucaraha seme inu baire de mangga ombi, age si
惩罚 我 虽然 再 遇见 也 求 难 成为 阿哥 你
ainambahafi sara, banitai emu gusherakū fayangga, arki omimbi serede, ini
如何能 知道 生来 一 不成器 魂灵 酒 喝 说 他的
amai senggi ci hono haji, ere mudan guwembuhede uthai halambi semeo,
父亲的 血 比 还 爱 这 次 饶过 就 改过 说了吗
manggai oci, emu juwe inenggi subuhūn dabala, duleke manggi kemuni fe
无非 一 二 日 清醒不醉 罢了 过去了 之后 还 旧
an i omimbi.
依照 地 喝

第六十二课 老生子

汉文：

甲：阿哥的这个孩子是第几个的？

乙：这是我的老瘩儿。

甲：出了花儿了吗？

乙：没有呢！他们全是连胎生的，弟兄九个，全存下了。

甲：阿哥我不是玩，嫂子好手段啊！是第一个善养孩子的呀！竟是个子孙娘娘了，你实在是个有福的人啊！

乙：未必是福，生来的孽啊！大些的还好些，小的们终日里呼呼喊喊的，不胜唠叨，心里全熟了。

甲：世上的人就是这样的。孩子们多的人，都厌烦埋怨；像我们这样爱孩子的,要一个哪里有?

乙:天就难测了啊!你那一个爱儿要是不死来着的话,今年几岁了?

甲:七岁死的。

乙:实在是个好孩子。到如今从心里,我替你想念。他那模样儿,言语儿,与别的孩子们迥乎不同;穿上衣裳,雄雄实实的,一见了人,端然正立,慢慢地进前问个好,招人疼的那个小嘴,什么话儿不会说!要问他一件事情,倒像谁教给他的一样,从头至尾,各样的情节都能够详尽。那样的要有一个,就胜强十个啊!养活着那些无用的,做什么呢?

对译:

ninju juweci kicen fiyanggū
六十 二 课程 老来儿子

age ere jui uducingge, ere mini fiyanggū, mama eršeheo, unde, ese
阿哥 这 孩子 几个 这 我的 老来儿 痘子 出疹子 还没 他们

gemu ikiri ahūn deo, uyun banjifi uyun taksiha, age bi yobodorongge waka,
都 一连 兄 弟 九 生出 九 存下 阿哥 我 开玩笑 不是

aša mergen kai, juse banjire de silkabuhabi, omosi mama[1] seci ombi, si
嫂子 贤惠 啊 孩子 生 在 善养 子孙娘娘 说 可以 你

yala hūturi yongkiyaha niyalma kai, ainaha hūturi, gajiha sui kai, amba
实在 福气 全备了 人 啊 未必 福气 拿来的 罪 啊 大

ningge hono yebe, ajigesi ningge inenggidari gar miyar[2] sehei banjimbi,
的 还 好 小 的 每日 小孩哭声 只管 生出

alimbaharakū yangšan, dolo gemu urehebi, jalan i niyalma uthai uttu, juse
不胜 唠叨 心里 都 熟了 世 的 人 就 这样 孩子

bayan urse gemu eimeme gasambi, meni juse haji niyalma de emke bicina
富 人 都 厌烦 抱怨 我们的 孩子 爱的 人 对 一个 有吧

seci, aba, abka inu mangga kai, sini tere nionio waliyarakū bihe bici, ere
说 何处 天 也 难 啊 你的 那 爱儿 不丢弃 曾有 若有 这

aniya udu se, nadan sede akū ohongge, yala emu sain jui, tetele jongko
年 几 岁 七 岁时 死的 实在 一 好 孩子 到如今 提起
dari, bi sini funde nasame gūnimbi, tere banin wen[3], gisun hese, gūwa
每 我 你的 替代 悲痛 想 他 相貌 说话 语气 别的
juse ci cingkai encu, kur kar etufi, niyalma be sabumbihede, beyebe
孩子 比 迥然 不同 鲜明 鲜明 穿 人 把 使见了 把自己
tob seme obufi, fišur seme[4] elhei ibefi sain be fonjimbi, jilakan manggi, tere
端正 成为 慢腾腾 缓缓 前进 好 把 来问 可怜的 后 那
ajige angga ai gisun bahanarakū, tede emu baita fonjiha de, aimaka we
小 嘴 什么 话 不会 向他 一 事情 问 时 反倒 谁
inde tacibuha adali, daci dubede isitala, hacingga demun i akūmbume
给他 教 一样 从头 到末尾 直到 各样的 怪样 以 尽力
mutembi, tentekengge emken bici juwan de teherembikai, utala baitakūngge be
能够 那样的 一个 若有 十 与 相称啊 这些 无用的 把
ujifi ainambi.
养育 做什么

注释:

[1] omosi mama 为专有名词,义为“子孙娘娘”。

[2] gar、miyar 两词都形容小孩的哭声。

[3] banin wen 为固定搭配,义为“相貌”。

[4] fišur seme,形容动作慢腾腾。

第六十三课 貂鼠褂子

汉文:

甲:这个貂鼠褂子,在铺子里买的吗?

乙:不是铺子里的,庙上买的。

甲:银子价钱多少?

乙:你略估略估。

甲:这个任凭怎么样地说,也值六十两吧!

乙:从三十两银子上添到四十两,就卖了。

甲:价儿怎么这样地贱下来了。先前的时候,这样一般的得卖八十两银子。颜色黑,毛厚,做得精致,锋毛儿也齐,而且面子的缎子很厚,时样的花儿,实在很值。

乙:我记得,阿哥你也有一件来着。

甲:我那个哪里算得数?白是个褂子名儿罢咧!毛也磨了,火力完了,反穿不得了。关了俸银的时候,该买一件好的呀!你们少年人,正是往高里走的人啊!上衙门或是会齐,穿个样子,是该当的。我又要什么样儿?过了时候了,暖和就罢了啊!就是穿上好的,不但没样儿,反倒不舒服,况且,我这份差事也不对当,不论什么旧的破的,倒与我对装了。

对译:

ninju ilaci kicen sekei kurume
六十 三 课程 貂的 马褂

ere sekei kurume puseli de udahanggeo, puselingge waka, juktehen de
这 貂的 褂子 铺子 在 买的吗 铺子的 不是 庙 在

udahangge, hūdai menggun udu, si tubišeme tuwa, ere absi akū ninju yan
买的 价钱 银子 多少 你 估量 看 这 怎样 没有 六十 两

menggun salimbi dere, gūsin yan menggun ci nonggihai, dehi yan de isinafi,
银子 价值 吧 三十 两 银子 从 增添 四十 两 到 到

uthai uncaha, hūda ai uttu wasikabi, nenehe forgon de ere gesengge juken
就 卖了 价钱 怎么 这样 贱了 先前 时候 在 这 这样的 一般

jakūnju yan menggun uncaci bahambi, boco sahaliyan funiyehe luku,
八十 两 银子 卖 会 颜色 黑色 毛 厚

weilehengge inu bokšokon, fuserekengge inu teksin, tuttu bime tuku suje
做得 也 精致 锋毛 也 整齐 因此 而且 衣面 缎子

jiramin, ice ilhangga, erin i durun, yargiyan i umesi salimbi, mini
厚 新的 花 时 的 样子 实在 很 价值 我的

ejehengge age sinde inu emke bihe, mini tere ai ton, bai emu gebu
记得 阿哥 在你 也 一个 有 我的 那 什么 数 白 一 名
dabala, funiyehe nanaha, simbe wajiha, tulesi etuci ojorakū ohobi, fulun baha
罢了 毛 磨损 把你 完了 外 穿 不可以 成为 俸禄 得到
manggi, giyan i emu sain ningge udambi dere, suweni gese asihata, jing
后 理应 一 好 者 买 吧 你们的 样子 年轻 正是
wesihun ici genere niyalma kai, yamulara isara bade, etuci miyamici, giyan
高 沿着 去 人 啊 上衙门 会面 时 若穿 若打扮 应该
ningge, minde geli ai yangse, erin dulekebi, damu halukan oci joo kai,
的 对我 又 什么 样子 时 过了 只 暖和 是 罢了 啊
sain ningge etuci, fiyan tucirakū bime, elemangga kušun tere anggala, mini
好 者 若穿 脸色 没出来 而且 反而 不舒服 况且 我的
ere hithai alban de inu teisu akū, inemene ferke manahangge elemangga minde
这 武的 差事 在 也 相称 不 无论如何 旧 破的 反倒 于我
fitheme acanambi.
合 相符

第六十四课 吊唁

汉文：

甲：他们家里谁死了？前日我从那里过，看着家里的人们穿着煞白的孝，我因急着来接班的上，没得问问。

乙：新近他叔叔死了。

甲：不是亲叔叔吗？

乙：是。你道恼去来没有？

甲：昨日做道场，我整一日在那里来着。

乙：几时出殡？

甲：听说是月尽头。

乙：他们的坟园在哪里？

甲：与我们的园里相近。

乙：要是那样，路远啊！

甲：恰好四十里呢。

乙：这个空儿上，再要是遇见了他，说是替我道恼了；等我下了班，会着你一同去走走吧！送殡的以前些，给我一个信儿，我就是不能送到终点，也要送到城外头。素日虽然不常往来，一见了我很亲热。人生在世，哪个不都是朋友？人家有了这样的事情，咱们的身子要是到去了，想来没有说是攀缘附势的吧！

对译：

ninju duici kicen jobolon de acanara
六十 四 课程 丧 对 合

ceni boode we akū oho, cananggi bi tederi dulere de tuwaci booi urse
他们 家里 谁 死了 前日 我 从那 过 时 看 家里的 人

šahūn sinahi hūwaitahabi, bi ekšeme idu gaime jidere jakade, bahafi
淡白色 孝衣 拴了 我 急忙 班 受 来 时 得以

fonjihakū, jakan ini eshen ufaraha, banjiha eshen wakao, inu, si jobolon de
不能问 新近 他的 叔父 失去了 亲生 叔父 不是吗 是 你 丧 对

acanahao akūn, sikse doocan arara de, bi gulhun emu inenggi tubade bihe,
探吗 没有啊 昨天 道场 做 时 我 完全 一 日 在那 曾

atanggi giran tucubumbi, donjici, biya i manashūn de sembi, ceni yafan ya
几时 尸体 出殡 听说 月 的 月末 时 说 他们的 坟场 何

ergide bi, meni yafan de hanci, tuttu oci jugūn goro kai, juken dehi ba
方 在 我们的 坟场 与 近 那样 若 路 远 啊 恰好 四十 里

isimbi dere, ere sidende jai imbe acaci, mini funde gasabuha se, bi iduci
到 吧 这 其中 再 把他 遇见 我的 替代 吊唁 说 我 从班

hokoho manggi, simbe guilefi sasa acaname genere, giran tucibure onggolokon,
离职 后 把你 相约 一起 见面 去 尸体 出 以前

minde emu mejige bu, bi ten de isiname muterakū okini, hoton i tule
给我 一 消息 给 我 极点 到 到达 不能 成为 城 的 外面
isibume beneki, an i ucuri be feliyerakū bicibe, sabuha dari mini baru dembei
到达 送 平时 时 把 不走动 虽然 看见 每 我的 向 很
sebsihiyan, niyalma seme jalan de banjifi, ya gemu gucu waka, weri ere gese
亲热 人 说 世 在 生 谁 都 朋友 没有 人家 这 样
baita de muse beye isinaci, gūnici amcatambi seme leolere niyalma akū dere.
事情 对 咱们 身子 到了 想来 攀高 说 议论 人 没有 吧

第六十五课 拘泥

汉文:

甲:这个不是给女婿的衣裳吗?

乙:是。

甲:这些人都是做什么的?

乙:雇了来的匠人们。

甲:可叹咱们的旧规矩全完了。老时候,十几岁的孩子们,全能够成全一件衣裳。絮上了棉花,合上了里面,翻过来了的时候,你缝大襟,我就行;这个拿腰坎,那个上领子;烙袖子的烙袖子,钉纽子的钉纽子,不过一两天的工夫,就做完了。不但那样,连帽子全是家里做来着。给工钱雇人做,或者拿银钱买着穿的时候,人家全从鼻子眼里笑的。

乙:阿哥的话虽有理,但你只知其一,不知其二,那个时候,与这个时候,作为一样说的吗?再者娶的日子很近,掐根指头算来,恰好能有十日。这个工夫,一点空儿不给,不分昼夜地赶着做了去,赶得上赶不上,还在两可之间呢!要是拘泥旧规矩,旗杆底下误了操,睁着眼睛至于误了时候,什么趣儿呢?

对译:

ninju sunjaci kicen memeren
六十 五 课程 固执

ere hojihon de bure etuku wakao, inu, ese ainarangge, turime gajiha
这 女婿 与 给 衣服 不是吗 是 这些 做什么的 雇 来

faksisa, ai, muse fe kooli gemu wajiha, sakdasai forgon de juwan udu se i
匠人们 唉 咱们 旧 规矩 都 完了 老的 时候 时 十 几 岁 的

juse, gemu etuku šanggabume mutembihe, kubun sektefi, tuku doko acabufi,
孩子 都 衣服 使完成 能够 棉花 铺垫 衣面 衣里 合上

ubašaha manggi, si adasun be ufici, bi uthai jurgan gocimbi, ere ogo
翻转 后 你 大襟 把 缝衣服 我 就 行 出 这 帽子窝

jafara tere monggon hayara hethe huwešerengge hethe huwešeme, tohon
拿 那 领子 缠绕 熨烙痕 熨烙的人 熨烙痕 熨烙 纽扣

hadarangge tohon hadame, manggaci emu juwe inenggi sidende, uthai
钉的人 纽扣 钉 不过 一 二 日 之间 就

wacihiyabumbi, tere anggala mahala ci aname, gemu boode weilembihe, basa
完成了 况且 帽子 以 至于 都 在家 做了 工钱

bume turifi weilebure, jiha menggun i udafi eture oci, niyalma gemu oforo deri
给 雇佣 做 钱 银子 以 买 穿 若 人 都 鼻子 从

suk seme injembikai, age i gisun giyangga bicibe, si damu
从鼻子里发笑的样子 笑 阿哥 的 话 有道理 虽然 你 只

emken be saha gojime juwe be sahakūbi, tere forgon ere forgon de emu adali
一 把 知道 然而 二 把 不知道 那个 时候 这 时候 与 一 样

obufi gisureci ombio, jai gaire inenggi umesi hanci oho, simhun fatame bodoci,
成为 说吗 可以 再 娶的 日子 很 近 成了 指头 掐着 算

arkan karkan[1] juwan inenggi šolo bi, ere sidende jaka šolo[2] tuciburakū,
恰好 十 日 空闲 有 这 其中 空隙 不能出

dobori dulime hacihiyame weileci amcara amcarakūngge, hono juwe sidenderi
夜 连夜 赶紧 做着 赶 赶不上 还 二 从中间

bikai, aika memereme fe kooli sehe, gio turibuhe balame, yasa gehun
有啊 要是 拘泥 旧 规矩 说了 狍子 跑 反 眼睛 瞪眼

tookabure de isibuci ai yokto.
耽误 至于 什么 趣

注释：

[1] arkan karkan 为固定搭配，义为“恰好”。

[2] jaka šolo 为固定搭配，义为“空隙”。

第六十六课 若梦

汉文：

甲：人没有活一百岁的呀！这就是浮生若梦，为欢几何，日月如梭的一样。一仰一合，头发就白了，成了无用的人了。趁还未年老，若不吃不穿，到筋骨硬了的时候，穿的没样儿，吃的没味，反倒望着儿子媳妇们的下颏子，过日子罢咧！什么趣儿呢？你就不过费罢咧！算着得的分儿，略乐些很够了。要说是过于了是使不得的。

乙：你这个话是知道着说我的吗？或是不知道约莫着说的吗？我要手里有些，乐也是应该的，然而并不像别人富富裕裕的有得的去处，叫我怎么乐呢？或是花了产业弄吃的呢？做下账弄穿的吗？要是照着你的话的时候，把财帛花尽了，断气死了才好。倘若不死，还恋着命儿活着，那个时候怎么才好啊！伸着手向你要，你还未必理睬啊！

对译：

ninju ningguci kicen yala tolgin
六十 六 课程 确实 梦

niyalma ofi, tanggū se de banjirengge akū kai, ere taka banjire beye
人 若是 百 岁 时 活着的 没有 啊 这 暂且 活着的 身体

yala tolgin i gese, sebjelere ba giyanakū udu[1], šun biya homso maktara
实在 梦 的 一样 欢喜 处 几何 日 月 梭 抛下

adali, geri fari[2] uju funiyehe šahūn šarapi, baitakū ombi, sakdara unde be
一样 一仰一合 头 发 淡白 白了 无用的 成了 年老 尚未 把

amcame eturakū jeterakū oci, sube giranggi mangga oho erinde, etuci fiyan
趁 不穿 不吃 若 筋 骨 硬 成为 时 若穿 颜色

tucirakū, jeci amtan baharakū, elemangga juse urusei sencehe be šame
不出 若吃 味道 得不到 反倒 儿子们 媳妇们的 下巴 把 瞧

tuwame banjire dabala, ai amtan, si dababume mamgiyarakū dere, bahara
看 生活 罢了 什么 味道 你 过度 不浪费 吧 得到的

ufuhi be bodome majige sebjeleci heo seme[3] ombi, dabali seci ojorakū, sini
分儿 把 算 略 欢喜 很 成为 太过 说 不可以 你的

ere gisun mimbe same gisurehenggeo, eici sarkū de bai tubišeme
这 话 使我 知道 说的吗 或者 不知 时 稍微 推测

gisurehenggeo, minde ele mila[4] bici, sebjelerengge inu giyan, umai gūwa i
说的吗 于是我 更 大方 若有 欢喜的 是 应该 没有 别人

gese funcen daban i bahara ba akū bade, mimbe adarame sebjele sembi,
一样 剩余 超过 的 得到 处 没有 把我 怎么样 欢乐 说

eici boo uncafi jefu sembio, eici bekdun arafi etu sembio, sini gisun
或者 家 卖了 吃 说吗 或 债 欠 衣服 说吗 你的 话

songkoi ohode, fayahai jiha wajiha manggi, ergen yadafi buceci inu okini,
依照 完了时 花费 钱 完结 后 气 气绝 死去 也 可以

talude bucerakū, kemuni ergen tafi banjici, tere erinde ainaci ojoro, falanggū
倘若 不死 还 气 拖着 活着 那 时候 如何 可以 手掌心

be alibume sinde baici, si ainahai hersembini.
把 接着 向你 求 你 未必 理睬

注释:

[1] giyanakū udu 为固定用法,义为"几何"。

[2] geri fari 为固定搭配,义为"恍惚"。

[3] heo seme 为固定搭配,义为"很、完全"。

[4] ele mila 为固定搭配,义为"自然、潇洒、大方"。

第六十七课　信实

汉文：

甲：大凡人要有信实，人心才服。今日推到明日，到了明日又说后日，这样那样地支误日子，几时才是了手。应允了，又要改嘴，早晨这样，晚上那样，人再怎么信你的话呢？像这样拉拉扯扯的，不但没简断，就是预先把实在处给他知道了，人也心里烦了，再不指望了。

乙：不是啊！我或者在哪里有失信的去处来着吗？你如今指出来，没影儿的事情啊！你就先这样扬声诽谤的。

丙：替他着什么急！遇见了各样的事情了的时候，斟酌了又斟酌，必定得了主意了，再做下去呢。

乙：你们一个样子，做事急慢潦草，捞着逮着说话，成吗？况且，走也在我，不走也在我，你催我做什么？我生来就是这样宁折不屈的呀！把事不见真的时候，就冤屈着叫我这样的，那样留下笑话，成为话柄儿的事情，自幼儿没学过，他要信得就等着。要是不信，任凭别处求人去吧！谁叫他停着等来呢？

对译：

ninju nadaci kicen akdun
六十　七　课程 信任

yaya niyalma damu akdun bici, niyalma teni gūnin bahambi, enenggi oci
任何　人　只　信任 若有　人　才　心　得到　今天 若

cimari sere, cimari oho manggi geli coro sere, erken terken i inenggi
明天　说　明天 成了　后　还 后天　说　这样　那样　的　日子

anatahai, atanggi dube da, alime gaisu manggi geli angga aifure, cimari uttu
耽误　几时　头绪　受　接受　后　又　嘴　改变　今早 这样

ojoro, yamji tuttu ojoro oci niyalma jai adarame sini gisun be akdambi, ere
成为 傍晚 那样 成为 若　人　再　怎么　你的　话　把　相信　这

durun i ušan fašan[1] kengse lasha akū ojoro anggala, doigon ci emu
样子 的 拉扯不断 果断 决断 没有 不但 预先 从 一

yargiyan babe inde ulhibuci, niyalma inu gūnin usafi, jai ereme gūnirakū ombi,
实在 处 给他 知晓 人 也 心 伤感 再 指望 不想 可以

waka, bi aimaka bade yamaka baita de akdun be ufarabuha biheo, si te
不是 我 想是 处 或者 事情 在 信任 把 失去 有吗 你 现在

jorime tucibu, baita oron unde kai, afanggala si uttu algingga jubengge,
指 出来 事情 影 没有 啊 预先 你 这样 有名望的 毁谤的

ini funde facihiyašafi ainambi, baita de teisulebufi kimciha dade geli kimcifi,
他的 替 着急 做什么 事情 在 遇见 斟酌 而且 又 斟酌

urunakū gūnin baha manggi, teni yabuci ojoro dabala, suweni adali
一定 心 得到 后 才 行 可以 罢了 你们的 一样

hūluri malari[2] yabure baha nambuhai gisurere oci ombio, tere anggala, yabuci
马马虎虎 行 得到 拿着 说 若 可以吗 况且 走

mini ciha, yaburakū oci inu mini ciha si šorgifi ainambi, bi banitai uthai
我的 任凭 不走 若 也 我的 任凭 你 催 做什么 我 生来 就

uttu camangga, baita be yargiyalahakū de bukdame jafafi mimbe uttu oso
这样 难缠 事情 把 没明白 时 委屈 抓 把我 这样 成为

seci, tenteke basucun werifi gisun i anakū ojoro, baita be bi ajigan ci
说 那样 笑话 留下 话 的 话柄 成为 事情 把 我 年幼 从

tacihakū, i akdaci aliya se, akdarakū oci, cihangga bade genefi encu niyalma
没学 他 若信 等 不信 若 任意的 地方 去 别的 人

de yandukini dere, we imbe ilibuhabio.
向 求 吧 谁 把他 停着呢

注释：

[1] ušan fašan 为固定搭配，形容“拉扯不断，纠缠不清”。

[2] hūluri malari 为固定用法，形容“马马虎虎、潦潦草草、敷衍了事”。

第六十八课　装鬼

汉文：

甲：这几日，因为闷热的上，把窗户支着，在明间里睡觉来着。夜里，到了三更的时候，转过去面往里正睡着，耳朵里听见响了一声，带困睁开眼一看，头前里一个怪物站着呢！脸像纸一样的白，眼睛里流血，浑身雪白的，蓬着头发，在地下跳呢！我乍然一看，大吃了一惊。哎呀！这个大略就是鬼吧！想看他怎么样，眯缝着眼看时，不想他跳了一会，就把箱子打开了，拿出了好些衣裳，夹在胳肢窝里，要从窗户里出去了。因那个上我猛然明白了，心里想着，要是鬼，也有拿衣裳的理吗？正自言自语的时候，那个砍头的也来了，我慌忙站起来，拔出腰刀，给他个措手不及，结结实实地用刀背一砍，唉的一声，就四肢伸直地跌躺在地下来了，叫了家里的人们，点上灯看时，很可笑，却原来是一个穷贼，装作鬼来吓人来了的呀！

对译：

ninju jakūci kicen hutu arara

六十　八　课程　鬼　做

ere udu inenggi gūngkame halhūn ojoro jakade，　fa　be sujahai tanggūli

这　几　日　闷热　热　成为　因为　窗户　把　支着　明间

de amgaha bihe，sikse dobori ilaci ging ni erinde isinafi，dosi forome jing

在　睡觉　曾　昨天　夜　三　更　的　时　到了　里面　转　正

amgame bisire de，šan de asuki bahabumbi，amu suwaliyame yasa neifi

睡觉　时　耳朵　在　声音　得到　困倦　掺和　眼睛　睁开

tuwaci，ujui ninggude emu aldungga jaka ilihabi，dere šanyan hoošan i adali，

看　头的　上面　一　奇怪　东西　站着　脸　白　纸　一样

yasa ci senggi eyembi，beyei gubci šahūn，ujui funiyehe lekdehun，na de

眼睛　从　血　流　身体的　全　淡白　头的　头发　蓬着　地　在

fekuceme bi，gaitai sabure jakade，bi ambula gūwacihiyalaha，ara，ere uthai

跳　有　忽然　看见　刚刚　我　大　吃惊　哎呀　这　就

hutu serengge inu dere, ini ainara be tuwaki seme, yasa jiberefi tuwaci
鬼 说的 是 吧 他的 如何 把 想看 眼睛 眯着 看
fekucehei goidahakū, uthai horho be neifi etuku adu be kejine tucibufi oho
跳着 不久 就 柜子 把 打开 衣服 服 把 好久 出来 成了
de, hafira nakū fa deri tucifi genehe, tede bi gaihari ulhifi dolori gūnime,
时 夹在 然后 窗户 从 出去 去了 在那 我 猛然 知道 心里 想着
hutu oci etuku be gamara kooli bio seme, jing bodonggiyara de tere waburu,
鬼 若 衣服 把 拿 道理 有吗 正 自言自语 时 那个 该死的
geli jihe, bi ekšeme ilifi loho be gocime tucibufi jabdurakū de masilame
又 来了 我 急忙 站立 腰刀 把 抽 出 来不及 时 结实
emgeri gencehelere jakade, ara sefi, na de sarbatala tuheke, booi urse be
一 用刀背砍 时候 哎呀 叫 地 在 伸展躺着 跌坐 家的 人们 把
hūlame gajifi dengjan dabufi tuwaci, umesi yobo, dule emu butu hūlha[1]
叫 来捉拿 灯 点 看 很 可笑 竟然 一 窃贼
jortai hutu arame niyalma be gelebumbiheni.
故意 鬼 做 人 把 吓呢

注释:

[1] butu hūlha 为固定搭配,义为"窃贼"。

第六十九课 姻缘

汉文:

甲:有缘分的上,我们来求做亲来了。我的这个儿子,虽然没有出类超群的本事,但只喝酒耍钱,与那混账人们胡诓等项的事情,一点也没有。老爷们要是不嫌,给句疼爱的话吧!阿哥你往前些来,咱们给老爷们磕着头求啊!

乙:老爷们别,坐下听我一句话,咱们呢全是旧亲戚,而且一样儿的骨头肉儿,谁不知道谁的。但只夫妻啊,全是前世里造定的啊!不是由着人的啊!养活着孩子们啊,亲身眼看着成双成对的了,为父母的那些劳苦心肠也

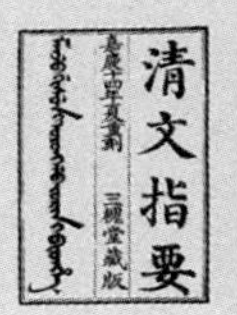

就完了。虽然那们说，头一件，我有老家儿，没见这个阿哥；第二件，未来太太们也瞧瞧我的傻女儿。

甲：是啊！老爷们的话很圣明啊！

乙：是！把这话就通知咱们来的太太们，瞧了姑娘的时候，把阿哥也叫进去，给这里的太太们瞧瞧，彼此全说是合适了，再磕头，也不迟啊！

对译：

ninju uyuci kicen salgabun
六十 九 课程 姻缘

feten bifi, be niyaman jafaki seme baime jihe, mini ere jui, udu
缘分 有 我们 亲戚 做 求 来了 我的 这 孩子 虽然
colgoroko erdemu ferguwecuke bengsen akū bicibe, damu nure omire jiha efire
超群的 本领 出奇 本事 没有 只 酒 喝 钱 玩耍
ehe facuhūn urse de dayanafi, balai sargašara jergi baita, inde heni majige
坏 叛乱 人 与 依附 胡乱 玩的 等 事情 与他 一点 稍微
akū, looyesa hatame gūnirakū oci, emu gosire gisun bureo, age si julesiken i
没有 老爷们 厌恶 不想 若 一 疼爱 话 请给 阿哥 你 稍往前
jio, muse looyesa de hengkišeme baiki, looyesa ume, tecefi mini emu gisun
令来 咱们 老爷们 向 磕头 请求 老爷们 别 同坐 我的 一 话
donjire, muse gemu fe niyaman, gese gese giranggi yali, webe we sarkū,
听 咱们 都 旧 亲戚 一样 一样 骨 肉 把谁 谁 不知道
damu eigen sargan serengge, gemu nenehe jalan i toktobuha salgabun,
只 丈夫 妻子 是 都 先前 世 的 定的 姻缘
niyalmai cihai oci ojorakū, juse be ujifi beye šame tuwame emu sain juru
人的 愿望 不可以 孩子们 把 养 自己 看 看 一 好 对
acabuci, ama eme oho niyalma i joboho suilaha gūnin inu wajimbi, tuttu
配成 父 母 成了 人 的 困苦 劳苦 心 也 完了 虽然
sehe seme, emude oci, minde ungga jalan i niyaman bi, ere age be sabure
说 一则 若 对我 前辈 辈 的 人 有 这 阿哥 把 看

unde, jaide oci, jihe taitai sa, mini mentuhun sargan jui be inu majige
还没 二则 若是 来的 太太 们 我的 傻 女儿 把 也 略

tuwaki, inu, looyesa i gisun umesi ferguwecuke genggiyen[1] kai, je, ere
看看 是 老爷们 的 话 很 通理 啊 是 这

gisun be uthai musei jihe taitai sa de hafumbu, gege be tuwaha manggi,
话 把 就 咱们的 来的 太太 们 对 通知 姑娘 把 看 后

age be inu hūlame dosimbufi, ubai taitai sa de tuwabuku, ishunde gemu
阿哥 把 也 叫 进去 这里的 太太 们 对 看 彼此 都

gūnin de acanaha sehede jai hengkileci, inu goidarakū kai.
心意 对 合 说 再 磕头 也 不迟 啊

注释:

[1] ferguwecuke genggiyen 为固定搭配,义为“通理”。

第七十课 夫妻

汉文:

甲:你说他们是结发夫妻吗?

乙:不是啊!是继娶的啊!这个女人妨了好几个汉子了,身形儿也好,针指儿也成,但只一件短处,平时好吃醋。汉子直过了五十岁了,并没有后,说要放妾使小,她就横躺着不依,说要吊死,又是要自尽,各样的吓闹。自己耽误的王八,又很软,被女人吓得,一点不能施威,竟把她不能怎么样的,而且忍住气儿,死人一样的。

甲:看起这个来,世上的事情实在不齐啊!我们那里一个阿哥,新近用五百两银子买了个女人,收在跟前,竟像宝贝一样,要怎么样地就怎么样地疼的,说什么是什么的,也不敢略有违背,把这个淫妇,拿头顶着,反把正经妻子折磨得不如奴才、婢女,每日里打过来打过去。至于吊死了,被她那娘家的人告了,到如今还没完呢!这个惹祸的女人,那个凶恶的男人,正是一对啊!老天怎么就没配成老婆汉子呢?

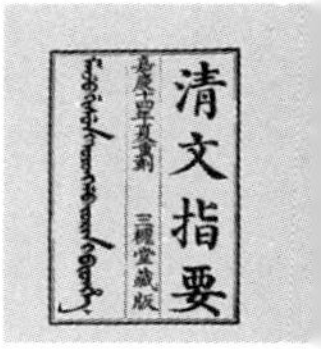

对译：

nadanjuci kicen eigen sargan
七十 课程 丈夫 妻子

ceni ergen sargan be, si bacihi sembio, waka kai, sirame gaihangge,
他们 夫 妻 把 你 结发夫妻 是吗 不是 啊 接续 娶的
ere emile ududu eigen anahabi, banin giru inu sain, gala weilen[1] inu ombi,
这 女人 几个 丈夫 推了 相貌 模样 也 好 手艺 也 成
damu emu ba eden, jušūn jetere mangga, eigen susai se tulitele, umai juse
只 一 处 短 醋 吃 喜欢 丈夫 五十 岁 直到 全然 儿子们
enen akū bime, guweleku sindambi, sula hehe[2] takūraki serede, hetu dedufi
后代 没有 而且 妾 放 婢妾 想派 时 横侧 卧睡
ojorakū, fasime buceki sere, beyebe beye araki[3] sere, hacingga demun i
不可以 上吊 死 说 把身体 自缢 说 各种的 样 的
gelebume daišambi, fisiku aihūma geli eberi ten, sargan de ergelebufi fuhali
恐吓 乱闹 耽误 乌龟 又 怯懦 极 妻子 被 吓唬 竟然
horon gaibuha, imbe umainame muterakū bime, beye niohon jili banjihai,
施威 取走 把他 全然 不能 而且 身体 暗怒 怒气 生
ergen susaka, erebe tuwaci, jalan i baita teksin akū mujangga, meni
生命 断送 把这 看 世 的 事情 整齐 无 实在 我们的
tubai emu age, jakan sunja tanggū yan menggun de, emu hehe udafi beyede
那里的 一 阿哥 新近 五 百 两 银子 以 一 女人 买 在自己
gocika, fuhali ini oho i funiyehe[4] i adali, aika faikan i gese gosime, ai
跟前 竟然 他的 头发 一样 要是 怎么样 一样 疼惜 什么
seci ai, jai gelhun akū majige jurcerakū, ere hayan baikū be uju de hukšehe
说 什么 再 敢 不 略 违背 这 淫荡的 娼妇 把 头 用 顶着
bime, jingkini sargan be elemangga aha nehū de isiburakū adunggiyambi,
而且 正 妻子 把 反倒 奴才 婢女 不如 使唤

ineenggidari tantahai fasime bucere de isibuha, dancan i urse habšaha, tetele
终日 打着 上吊 死了 到了 娘家 的 人们 告 到如今

kemuni wajire unde, ere felehun hehe, tere doksin haha de, jing emu juru
还 完 未 这 惹祸的 女人 那 凶恶的 男人 与 正 一 对

kai, abka ainu eigen sargan obume holboburakū ni.
啊 老天 怎么 夫 妻 成为 未联结 呢

注释:

[1] gala weilen 为固定搭配,义为“手艺”。

[2] sula hehe 为固定搭配,义为“婢妾”。

[3] beye araki 为固定搭配,义为“自缢”。

[4] oho i funiyehe 形容“宝贝”,直译为“胳肢窝的毛”。

第七十一课 大祸

汉文:

甲:咱们那个野东西,惹了大祸了。

乙:怎么了?

甲:把一个什么人打杀了。

乙:怎么一个缘故?

甲:无缘无故啊!把他们一个街坊,就是在旁边撒了尿了,也不问一问,就摔个仰面筋斗拉倒,跨坐着,照着脸庞眼睛打起来了。起初打还骂着叫喊,后来只管捶打的上,连哼的声儿也全没了。攒看的人们,知道光景不好了,止住了打,看时早已断气了。所以,步兵们,把他拿了去。死人家里的人们全来了,把他家闹了个七零八落,家伙器皿打了个净,连瓦全揭了,叫喊的声音,直听到二三里路远。昨日到那里去了,说今日上了刑了。

乙:阿哥你有没有听见说吗?恶人自有恶人报应啊!这是他自己惹的罢咧!与谁什么相干?

对译：

nadanju emuci kicen amba jobolon
七十 一 课程 大 忧患

musei tere oshon ningge, amba jobolon necihebi, ainahabi, ainaha
咱们的 那 凶恶 的 大 忧患 招惹 怎么了 什么
niyalma tantame waha, turgun adarame, fili fiktu akū[1] kai, ceni emu adaki
人 打 杀 缘故 怎么 无缘无故 啊 他们 一 邻居
be, ini dukai dalbade sitehe seme, fonjin hese akū, fahame tuhebu nakū,
把 他的 门的 旁边 小便 说 问 谕旨 没有 摔倒 坐 既然
aktalame tefi, dere yasa be baime tantame deribuhe, sucungga tantara de hono
跨 坐 脸 眼 把 寻找 打 开始 起初 打 时 还
toome surembihe, amala gudešehei, nidure jilgan gemu akū oho, borhome
骂 喊叫着 后来 捶打着 呻吟 声音 都 死了 聚集
tuwara urse arbun faijime be safi, tantara be ilibufi, tuwaci aifini ergen
看的 人们 模样 不好 把 知道 打 把 停止 一看 早已 气
yadahabi, ede yafahan uksin sa imbe jafafi gamaha, bucehe niyalmai booi
断了 因此 步兵 披甲 们 把他 抓 拿 死的 人的 家里
gubci gemu jifi, ini boo nahan be susubuha, agūra tetun be hūwalaha, wase
全部 都 来了 他的 家 炕 把 毁坏 器皿 器皿 把 打破 瓦
ci aname yooni kolaha, kaicara jilgan juwe ilan bai dubede isitala donjihabi,
从 连 全 揭瓦 喊叫 声音 二 三 里的 远处 直至 听见
sikse jurgan de isinaha, enenggi erun nikebuhe sembi, age si donjihakūn,
昨天 部 往 去到 今天 刑 用 说 阿哥 你 没听见吗
ehe niyalma de ehe karulan bi sehebi, ere ini beye baihangge dabala, wede
恶 人 对 恶 报应 有 说了 这 他的 自己 惹得 罢了 与谁
ai guwanta.
什么 相干

注释：

[1] fili fiktu akū 为固定搭配，义为“无缘无故”。

第七十二课　金锭子

汉文：

甲：要说是交结朋友，可学那古时的管仲、鲍叔啊！这两个人，一日走到旷野地方，看见道旁边，有一个金锭子放着，彼此想让，谁也不肯拿，撂了去了。遇见一个庄稼汉子，指着说，那里有一个金锭子，你去取来吧！那个庄稼汉子急忙前去取时，不见金子，见一个两头蛇，吃了一大惊，拿锄头把蛇砍为两段；赶回来吵闹着说，我与你们有仇吗？把两头蛇怎么哄我说是金锭子？几乎送了我的命啊！二人不信，一同前去看时，照着还是金锭子，可砍为两段在地下，管仲、鲍叔各取了一半来了。那个庄稼汉子仍旧空手回去了。古人交结朋友的道理是这样，这个虽与野史相近，实在可与如今争利的人，做个榜样啊！

对译：

nadanju juweci kicen aisin i šoge
七十　二　课程　金　的　锭子

guculeki seci, julgei guwan jung boo šu be alhūda, ere juwe nofi, emu
交朋友　说　从前　管仲　鲍　叔　把　效法　这　二　人　一

inenggi šehun bigan yabure de tuwaci jugūn i dalbade, emu aisin i šoge
日　空旷的　旷野　行走　时　一看　道路　的　旁边　一　金　的　锭子

maktafi bi, ishunde anahūnjahai, yaya we gaijarakū, waliyafi generede, emu
放置　有　互相　只管谦让着　任何　谁　不拿　抛弃　去了　一

usin i haha be ucarafi jorime hendume, tubade emu aisin i šoge bi, si
庄稼　的　汉子　把　遇见　指着　说　那里　一　金　的　锭子　有　你

genefi gaisu serede, tere usin i haha ekšeme genefi gaici aisin be saburakū,
去　取　说　那　庄稼　的　汉子　急忙　去　取　金子　把　没看见

juwe ujungga meihe be sabuha, ambula golofi, homin i meihe be juwe meyen
二 头的 蛇 把 看见 大 惊惧 锄头 用 蛇 把 二 节
obume lashalame sacina, amcanafi jamarame hendume, bi suwende aika kimun
成为 断开 砍 赶回来 吵闹 说 我 与你们 岂有 仇
bio, juwe ujungga meihe be, ainu aisin šoge seme holtome alambi, elekei
有吗 二 头的 蛇 把 为何 金 锭子 说 撒谎 告诉 几乎
mini ergen be jocibuha serede, juwe nofi akdarakū, emgi sasa genefi tuwaci,
我的 生命 把 伤害 说 二 个 不相信 一起 齐 去 看
da an i aisin šoge sacibufi, juwe dalame ofi, na de bisire be, guwan jung,
依旧 金 锭子 使砍 二 块 成为 地 在 有 把 管仲
boo šu emte dulin gaiha, tere usin i haha kemuni untuhun galai amasi
鲍 叔 一 半 取了 那 庄稼 的 汉子 仍旧 空 手的 返回
genehe, julgei niyalma gucelere doro uttu, ere udu julen i gisun de hanci
去 古时的 人 交朋友 道理 这样 这 虽然 小说 的 话 与 近
bicibe, yargiyani te i forgon i aisi be temšere urse de, durun tuwakū
实在 现在 的 时 的 利益 把 争夺 人们 对 榜样
obuci acambi.
成为 应该

第七十三课 人皮

汉文：

甲：这几天我们那里好热闹，去寺里烧香的女人们真多，一个比一个标致，生的似九天仙女下凡尘的也有，俊美的脸庞，洁白，黑青的眉，细细长长，光润的媚眼，有如秋水，软颤苗条的身子，春柳一般，一旦移步，佩玉玛瑙，铿铿锵锵地响，每一行动，兰花麝香的香味，一阵一阵飘来。

乙：你们的样子虽说是看来少年，要是不知如何举动成吗？

甲：不是啊！

乙：我要不说你，怪受不得的，可惜一张人皮，怎么给你披上了，往六十岁上去的人呀！还小吗？土到了脖子上了，寡剩了点儿头皮儿啊，斜着眼儿，只管在富人们的群里，躲躲闪闪地光着稀软的身子摆浪子的。怎么说呢？譬如人在背地里，怎长怎短地讲论你的女人的时候，你心里怎么样呢？所谓"善有善报，恶有恶报"，善恶的报应如影随形的一样。偌大的年纪了，一点阴德儿不积，寡要行这样吃屎的事情。如今的天低啊！叫怎么替你愁呢？

对译：

nadanju ilaci kicen niyalmai sukū
七十　三　课程　人的　皮

ere udu inenggi meni tubade absi simengge, juktehen de hiyan dabume
这　几　日　我们　那里　好不　热闹　寺　在　香　烧

genehe hehesi umesi labdu, emken ci emke saikan, uyun dabkūri ci
去的　女人们　很　多　一个　比　一个　好看　九　重的　从

ebunjihe, enduri gegei adali banjihangge gemu bi, hocikon dere, der seme[1]
下来　神仙　姑娘　一样　生的　都　有　俊美的　脸　洁白

šeyen, yacin faitan yar seme[2], nilgiyan irgašara hojo yasa bolori mukei adali,
白　青　眉毛　眉毛细长　光滑　媚眼　漂亮　眼睛　秋天　水　一样

sunggeljere kanggili beye, niyengniyeri fodoho i gese, emgeri oksoci, ashaha gu
柔软　细条　身体　春天　柳　一样　一旦　若移步　佩戴　玉

fiyahan kalang kiling seme guwembi, aššaha dari šungkeri ilha jarin i wa,
玛瑙　玉相撞的声音　响　行动　每　兰花　花　麝香　的　香

guksen guksen i jimbi, suweni gese asihata sabuha sehede, maka absi
阵阵　来　你们　一样　少年们　看　说　不知　如何

arbušara be sarkū ombikai, waka, bi simbe gisurerakū oci, baibi dosorakū,
举动　把　不知　成吗　不是　我　把你　不说　若　白白　耐不住

hairakan niyalmai sukū, adarame sinde nerebuhe, ninju se fargame genehe
可惜　人的　皮　怎么　给你　披上了　六十　岁　追赶　去的

niyalma kai, kemuni ajigen semeo, boihon monggon deri isinjifi, saliyan i
人 啊 仍旧 小 说吗 土 脖子 由 来到 稍剩 的
ujui koika funcehebi, yasa kaikara nakū, urui hehesi feniyen de,
头的 头皮 剩余 眼睛 斜眼 既然 只管 女人们 群 在
guwele mele [3] gohodorongge, adarame, duibuleci niyalma enggici bade, sini
鬼祟畏缩 充体面 怎么 譬如 人 背后 处 你的
sargan be uttu tuttu seme leoleci, sini gūnin de ai sembini, karu de karu,
妻子 把 这样 那样 说 议论 你的 心里 在 什么 说呢 报 在 报
furu de furu serengge, sain ehe i karulan helmen beyede dahara adali, utala
疤 在 疤 所谓 善 恶 的 报应 影子 身体 跟随 一样 这些
se unufi, majige butui erdemu be isaburakū, baibi ere gese hamu dundara
年纪 背 一占点 阴的 德 把 不积累 只 这 样 屎 喂猪
baita yabuci, tei forgon i abka fangkala kai, absi sini funde jobošombi.
事情 行 现在的 时候 的 天 低 啊 怎么 你的 替代 忧愁

注释:

[1] der seme 为固定搭配,形容"很白的样子"。

[2] yar seme 为固定搭配,形容"眉毛细长的样子"。

[3] guwele mele 为固定搭配,形容"贼头贼脑的样子"。

第七十四课 春景

汉文:

甲:这是春末的时候,静坐在家里,何等的愁闷啊! 昨日我兄弟来邀我,说该往城外头旷去,所以出了便门,到了旷野地方一看,春景何等的可爱。沿河一带,桃红似火,绿柳被风摆动摇扭活软,雀鸟儿乱哨,树叶儿青青,春风儿阵阵,草味儿充充。河内有船,岸上有树,船内弹唱的接连不断,林内看花的三五成群。那上头,又有从茅路上寻找小河儿去钓鱼的,实在好极里呀! 在森林内,乘着凉,饮着酒,很有趣。再者那一带地方的,花园儿也全好,大庙也洁净,所以,我们尽量旷了一天。论理,该当会你来着,没给你信的缘故，并不是有心偏你，这里头，有与你不对当的人啊！

对译：

nadanju duici kicen niyengniyeri arbun

七十　四　课程　春天　景色

ere niyengniyeri dubesilehe erinde, boode norohoi bici, absi ališacuka,

这　春天　末　时　在家　停留　若有　何等　愁闷

sikse mini deo jifi, hoton i tule sargašaci acambi seme, mimbe guilefi, ildun

昨日　我的　弟弟　来　城　的　外　游玩　应该　说　把我　相约　方便

dukai tule genehe, šehun bigan de isinafi tuwaci, niyengniyeri arbun absi

门的　外　去了　空旷的　旷野　往　来到　一看　春天　景色　何等

buyecuke, birai šurdeme emu girin i bade, toro ilha fularjambi, fodoho gargan

可爱　河的　周围　一　河沿　的　处　桃　花　红火　柳　枝

sunggeljembi, cecike i jilgan jingjing jangjang, mooi abdaha niowari nioweri,

柔软颤动　雀　的　声音　群鸟争鸣声　树的　叶子　绿油油

niyengniyeri edun falga falga dame, orhoi wa guksen guksen jimbi, bira de

春天　风　一阵阵　刮风　草的　香味　阵阵　来　河　在

jahūdai bi, dalan de moo bi, jahūdai de fithere uculerengge, siran siran i

船　有　岸上　在　树　有　船　在　弹奏　唱的　陆续

lakcarakū, mooi fejile ilgašame yaburengge, ilan sunja feniyelehebi, tere dade,

不断　树的　下面　闲逛　走的　三　五　成群　那　上面

yen jugūn deri birgan be baime nimaha welmiyerengge, yala oihori, šumin i

羊肠　小路　从　小溪　把　寻找　鱼　钓的　确实　好极了　深　的

bujan dolo, sebderi de serguwešeme, nure omici, umesi amtangga, jai terei

树林　里　荫凉　在　乘凉　酒　喝　很　有趣　再　那

šurdeme emu girin i bade, ilha yafan gemu sain, amba juktehen inu bolgo,

周围　一　河沿　的　处　花　园子　都　好　大　庙　也　干净

tuttu ofi, be eletele emu inenggi argašaha, giyan be bodoci, simbe guileci

所以　我们　尽量　一　日　玩耍　道理　把　想　把你　邀请

acambihe, sinde mejige isibuhakūngge, umai ūnin bifi simbe goboloki serengge
应该 对你 消息 没送给 全然 心 有 把你 遗漏 所谓
waka, erei dorgide sinde acarakū niyalma bifi kai.
不是 这 里面 与你 不对当 人 有 啊

第七十五课 买衣

汉文：

甲：听说，咱们的那个阿哥穷透了，艰难的至极，衣裳很糟烂，跟讨吃的一样，打着战儿咕推在光土炕上，披着一个破被窝。

乙：好啊呀！砍头的，岂不是走到四达运气里了吗？

甲：去年，什么罪没受过？什么样的苦没经过呢？略有一点人心的时候，也改悔了。俗话说的，"学着富的去了的时候，必要穷得精光的"呀！受着罪，还有什么心肠说，这里的酒艳，那里的菜好，像富有的人们一样各处里去旷的上，我到了那冻着的时候，再瞧罢咧！如今实在苦了。

乙：虽然这样说，或者怎么样的，眼看着叫死吗？咱们共同攒凑攒凑才好。

甲：银子还无意。怎么说呢？他的毛病儿你岂不知道吗？想来到了手里，吃完了的时候，仍旧是光光的罢咧！剩下什么呢？将计就计地买一套衣裳给他，倒像有益的样呢。

对译：

nadanju sunjaci kicen etuku udara
七十 五 课程 衣服 买

donjici, muse tere gabula gacilabufi, umesi oitobuha, hešenehe giohoto i
听说 咱们 那 穷阿哥 贫困 很 穷困了 衣衫褴褛 乞丐
adali, dardan seme ilban nahan de šoyohoi, emu farsi manaha jibehun
一样 受冻的样子 光 炕 在 瑟缩 一 片 破旧 被子
nerehebi sembi, hojo sanggū, waburu, wasihūn bethe gaiha[1] aise, duleke
披着 好看 该啊 砍头的 交坏运的 想必 过去

aniya ai sui t uwahakū, ai gosihon dulembuhekū, majige niyalma gūnin
年 什么 罪 没看过 什么 苦 没经历过 略 人 心

bici, inu aliyame gūnifi halahabi, dekdeni gisun bayan se be amcambi sehei,
若有 也 后悔 心 改变 俗语 语 富人 们 把 追赶 说了

bethe niohušun ombi sehebi, akaburengge, ai gūnin bifi, ubai nure tumin,
脚 光身子 成为 说 受罪 什么 心思 有 这里 酒 稠密

tubai booha amtangga seme, bayan urse i gese sasa babade sargašambi, tede
那里 酒菜 有滋味 富 人们 一样 齐 各处 游玩 那里

bi gecuhun i erinde isinafi, jai tuwara dabala seci, te yala keikehebi, uttu
我 霜冻 的 时 去到 再 看 罢了 现 实在 苦了 这样

henducibe, eici ainara yargiyan i tuwame bucebumbio, mini gūnin de, muse
虽说 或者 怎么样 实在 看着 死吗 我的 心 在 咱们

uhei majige šufafi inde aisilaci teni sain, menggun hono tusa akū, adarame
共同 略 拼凑 向他 帮助 才 好 银子 还 益处 没有 怎么

seci, ini banin be si sarkū aibi, gūnici gala de isina nakū jeke yadahai
说 他的 性子 把 你 不知 岂有 想来 手 到 来到 既然 吃 贫穷了

wajifi, da an i fulahūn ojoro dabala, ai funcembi, ine mene emu jergi etuku
完了 仍旧 光光的 成为 罢了 什么 剩余 不如 一 套 衣服

udafi buci, inde hono tusangga dere.
买 给 对他 还 有益 罢了

注释:

[1] wasihūn bethe gaiha 为固定搭配,义为"交坏运气"。

第七十六课 家雀儿

汉文:

甲:我告诉你一个笑话儿。将才,我自己一个在这里坐着,窗棂儿上落着一个雀儿,日头影儿上照着,一啄一跳的。这个上我不出声儿,慢慢地迈步走到跟前,忽然一拿的时候,把窗户纸抓破了,拿着了看时,是一个家雀儿；换手的上，扑棱的一声飞了。急着关上门拿时，将要拿住，又放跑了。这里那里正赶着拿的上，小人儿们听见说得了雀儿了，叫喊着磕磕绊绊地跑了来了。扑着赶的赶，拿的拿，拿帽子扣着得了。后来，我说人还要买雀儿放生呢，无故的，咱们拿他做什么，放了吧！就死也不依，一定呱嗒着脸要，到底给了，才喜欢着跑了去了。

对译：

nadanju ningguci kicen fiyasha cecike[1]
七十 六 课程 家雀

bi sinde injeku alara, teike mini emhun ubade terede, fa i duthe de
我 给你 笑话 告诉 刚才 我的 一个 这里 坐着 窗 的 棂 在

emu cecike dohabi, šun i elden de helmešeme, emgeri congkifi, emgeri
一 雀 落 太阳 的 光 在 照着 一次 啄 一次

fekucembi, ede bi asuki tuciburakū, elhei oksome hanci isinafi, leb seme
蹦跳 在这 我 声音 不出 慢慢地 迈步 近处 来到 突然

emgeri jafara jakade, fa i hoošan be fondo hūwajafi lakdari nambuha, tuwaci
一 拿 时候 窗 的 纸 把 直透 破碎 恰好 拿着了 看

emu fiyasha cecike, gala guribume, pur seme deyehe, ekšeme uce dasifi jafaci
一 家雀 手 使迁移 鸟飞样子 飞了 急忙 门 掩闭 拿将

namburilame, geli turibuhe, uba tuba jing amcame jafara sidende, buya
拿住 又 放跑 这里 那里 正 追赶 拿 时候 小

juse cecike baha sere be donjire jakade, kaicaha gio i gese tuhere afarai
孩子们 雀 得到 说 把 听到 时候 叫喊 旗杆 一样 跌倒 颠蹶

sujume jifi, bur seme amcarangge amcame, jafarangge jafame, mahala gaifi
跑着 来 扑着 追赶的 追赶 拿的 拿 帽子 取

ungke nakū baha, amala bi niyalma hono ergengge jaka udafi sindambikai,
翻扣着 既然 得到 后来 我 人 还 生的 东西 买 放

oron giyan akū, muse erebe jafafi ainambi, sindaki serede, buceme susame
影子 道理 没有 咱们 把这 拿 做什么 放 说 死 死

ojorakū, lakdahūn i wasifi gaji sembi, jiduji buhe manggi teni urgunjefi

不可以 下垂 的 下降 拿 说 到底 给 之后 才 高兴

fekucehei genehe.

跑 去了

注释:

[1] fiyasha cecike 为固定搭配,义为“家雀”。

六、《续编兼汉清文指要》(卷下)原文及译注

第七十七课 远虑

汉文:

甲:你那件事怎么样了?

乙:我因为这个正犯着思想呢。要行呢,又像有关系的样子不得行;半途而废吧,又很可惜。眼看着到了嘴里的东西了,不得吃,白白地让给人了。行吧不是,不行又不是,实在是两下里全难了,怎么得万无一失的计策才好。因这个上,特来你这里讨了主意来了。

甲:阿哥你和我商量啊!我要是草草了事地照着答应了去,要亲戚何益呢?这个事情是明明显显地有什么不得主意的去处,日后必定是要露出来的呀!要是不行,是你的便宜,要说是行了,掩得住谁的嘴,至于众论的时候,那才难了呢!总而言之,有圣人“人无远虑,必有近忧”的嘉言呀!把这个眼前的小利也算得喜吗?这是明显着把日后的大患的根隐藏着,图个便宜,必定是有失的呀!难保不无有利无害啊!我的心里你别想着商量,爽爽快快地一甩手,就完了。要不听我的话,尽着疑惑着不果断,到了个绊住的时候了,不但不得米,反而口袋丢了。出什么样的丑,全定不得呀!那个时候,别怨我看着不劝啊!

对译:

nadanju nadaci kicen goro bodoro

七十 七 课程 远的 考虑

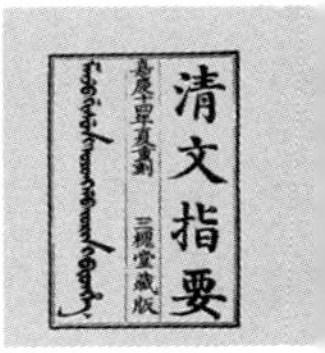

sini tere baita absi oho, bi ede jing gūnin baibumbikai, yabuki seci
你的 那 事情 怎么 成为 我 这 正 心 使寻啊 行 说
majige holbobuha ba bisire gese de yaburakū, aldasi nakaci, umesi
略 关系 情况 有 样子 在 不使行 半途 停止 很
hairakan, ne je[1] angga de isinjiha jaka be bahafi jeterakū, baibi niyalma
可惜 眼看着 嘴 在 到了 东西 把 得到 不能吃 白白的 人
de anabumbi, yabuci waka, nakaci geli waka, yargiyan i juwe de gemu mangga
给 使让了 行 不是 停止 又 不是 实在 二 在 都 难
ohobi, adarame ohode, emu tumen de yooni ojoro arga bahaci, teni sain, uttu
成为 如何 成为 一 万 在 全 可以 办法 得到 才 好 这样
ofi cohome sinde gūnin baime jihe, age si minde hebešembi kai, bi
因为 特意 向你 主意 求 来了 阿哥 你 与我 商量 啊 我
ainame ainame ici tamin i jabufi unggici, niyaman serengge ai tusa, ere
草草了事 沿着 意向 回答 去了 亲戚 所谓 什么 益处 这
baita iletusaka ai gūnin baharakū sere babi, amaga inenggi urunakū bultahūn
事情 明显的 什么 心意 不得 说 有处 将来 日子 一定 露出
tucinjimbi, yaburakū oci, sini jabšan, yabuha sehede, wei angga be butuleci
出来 不行 若 你的 便宜 行 说 谁的 嘴 把 掩住
ombi, dur sehe manggi, tere erinde, teni mangga de ilinambikai, ai ocibe,
可以 众人说话 后 那 时 才 难 在 去站呢 总之
enduringge niyalmai gisun sain, niyalma goro bodorakū oci, urunakū hanci
圣 人的 话 好 人 远 不算计 若 必 近处
jobolon bi sehebi, ere yasa i juleri ajige aisi be urgun seci ombio, tob seme
忧虑 有 说 这 眼睛 的 跟前 小 利 把 喜 说 可以吗 正
amaga inenggi amba jobolon i ursan daldaki sehei iletulebumbi, jabšan sehei,
后来 日 大 忧虑 的 苗芽 隐藏 说 使显露 便宜 说
ufarabumbi kai, aisi bici, jobolon akū obume muterakū kai, mini gūnin ohode,
丢失 啊 利 有 灾害 无 成为 不能 啊 我的 心意 成为

si ume hebešeme gūnire, kafur seme ashūci wajiha, aika mini gisun be
你 不要 商量 想 爽快样子 若撒手 完了 要不 我的 话 把
donjirakū, emdubei jecuhunjeme lashalarakū oci, taha manggi, bele baharakū
不听 只管 迟疑 不裁决 若 绊住 后 米 得不到
bime, fulhū waliyabure balama, ai gese bocihe tuwabure be gemu boljon
而且 口袋 使丢弃 反 什么 样 丑 看 把 都 测
akū, tere erinde mimbe šame tuwame tafularakū seme ume gasara.
不 那 时 把我 瞧 看 不劝 说 不要 埋怨

注释:

[1] ne je 为固定搭配,义为"眼看着"。

第七十八课 抹脸

汉文:

甲:说比你那们好的人再没有的呀!还不住嘴地提说是你的朋友,太过于老实了,把那个混账东西算在那个数儿里尽着说呀!来人的时候,咱们怎么说,就怎么样地照着样儿的行呀!他的事情一完了,把脸一抹,任凭是谁全不理了。去年,不知被什么逼着了,彼时谁还和他要来着,自己说有好书,阿哥若要瞧,我送去,怎长怎短地许了我了,后来事情完了,也不提了。所以,将才我指着脸说,阿哥你给我书怎么样了问的上,脸就一阵白一阵红的,寡支支吾吾地说别的罢咧!总不得答应的话了。如今,虽然一套书什么稀罕,给是怎么样的,不给又是怎么样的,但只无缘无故地哄人的,很讨人嫌。

对译:

nadanju jakūci kicen dere be mahūlara
七十 八 课程 脸 把 涂抹
sain niyalma sinci cala jai akū secina, kemuni angga ci tuheburakū
好 人 比你 除了 再 没有 说吧 仍然 嘴 从 不住的
sini gucu be jodorongge, jaci nomhon dabanahabi, tere nantuhūn ai ton bi
你的 朋友 把 来往的 太 老实 过分 那 混账 什么 数 有

seme jing dabufi gisurembi, niyalma de baire yandure ucuri oci, musei ai
说 正 算入 说 人 向 请求 请托 时候 若 咱们的 什么

seci, uthai ai gese gese dahame yabumbi, ini baita wacihiyame, dere be
说 就 什么 样 样 依照 行 他的 事情 完成 脸 把

emgeri mahūla nakū, yaya webe seme herserakū, duleke aniya ai hafirabuha
一 涂抹 既然 任何 把谁 不理睬 过去 年 什么 被逼

nerginde we inde aika gaji sembiheo, ini cisui inde sain bithe bi, age
彼时 谁 与他 要是 取 说了吗 他的 私自 在他 好 书 有 阿哥

tuwaki seci, bi benebure, ai wei seme minde angga aljaha, amala baita wajiha
想看 我 使送去 嘟嘟囔囔 对我 口 答应 后来 事情 完了

seme jondoro ba inu akū oho, tuttu ofi, jakan bi dere dokome, age si
提起 地方 也 没有 因此 刚刚 我 脸 指着 阿哥 你

minde bumbi sehe bithe, absi oho seme fonjire jakade, dere emu jergi šahūn
与我 给 说了 书 怎么样 问 时候 脸 一 阵 白

emu jergi fulahūn, damu hetu gisun i tookabume gūwa be gisurere dabala,
一 阵 红 只 横 话 以 使耽搁 别的 把 说 罢了

fuhali karu jabume baharakū ohobi, te bicibe, emu yohi bithe, giyanakū
毕竟 报应 回答 得不到 成了 如今 虽然 一 套 书 能有

ai hihan, buhede, ainambi, burakū ohode geli ainambi, damu turgun akū
什么 稀罕 给了 如何 不给 成了 又 怎么样 只 原因 没有

niyalma be holtorongge jaci ubiyada.
人 把 哄骗 太 讨人嫌

第七十九课 撒谎

汉文:

甲:你这是怎么说?人家恭恭敬敬地来求你,要是知道就说知道,要不知道说不知道就完了。撒的是什么谎呢?倘要误了他的事情的时候,像是你有心陷害他的一样,他要是一个毁毁弄弄的厌恶人,我也不说来着,他是一个老实人呀！看起他那个可怜懒怠样儿来就知道了，别人看他是这样，咱们理该劝导，你反倒行这个样的刻薄事情。打错了，实在不入我的意。

乙：阿哥，你却原来不知道他，被他哄了啊！那个人，外面虽像老实，心里却不平常。他的利害不好处，你没有试过，因此不知道，也是应该的。计策多，圈套大，好与人要实据，凡事将到，先拿话诓住，把人的心料得了一点规模的时候，后来才看着等着，瞅你的短处，略有了一点破绽，就跟进去，就给你一个措手不及。阿哥你想着瞧，这个事情与我有关系啊！怎么把实实在在的心肠告诉他，使得吗？因这个怪我的不是，我岂不屈吗？

对译：

nadanju uyuci kecen holtoro
七十 九 课程 撒谎

sini ere absi, weri gingguleme sinde baimbikai, saci sambi se, sarkū
你的 这 怎么说 别人 恭敬 向你 请求啊 若知 知道 说 不知

oci, sarkū seci wajiha, holtofi ainambi, talu de[1] ini baita be tookabuha
若 不知 说 完了 撒谎 做什么 偶尔 他的 事 把 耽误

sehede, aimaka si gūnin bifi, imbe tuhebuhe adali, i aika emu usun
说了 好像 你 心 有 把他 陷害 一样 他 要是 一 可恶的

seshun niyalma oci, bi inu gisurerakū bihe, tere emu nomhon niyalma kai,
可厌 人 若 我 也 不说 他 一 老实 人 啊

jilakan manggi fišur seme banjiha mudan be tuwaci endembio, gūwa imbe tuwaci
可怜 后 磨蹭样子 出生 次 把 看 瞒得过吗 别人 把他 看

uttu, muse giyan i tafulaci acara bade, si elemangga ere gese keike baita be
这样 咱们 理应 劝告 应该 处 你 反倒 这 样 刻薄 事情 把

yabuhangge, ambula tašarahabi, yala mini gūnin de dosinarakū, age si dule
行使的 大 错了 实在 我的 心 往 进入 阿哥 你 原来

imbe sarkū, tede eiterebuhe nikai, tere niyalma, bai oilorgi de mentuhun i
把他 不知 被他 诈骗 呢啊 那个 人 里的 表面 在 愚笨

gese bicibe, dolo ja akū, ini ehe nimecuke babe, si cendehekū be
样子 虽然 里面 平常 不 他的 恶 利害 处 你 没试验

dahame, sarkūngge inu giyan, arga labdu, hūbin amba, niyalma ci ten gaire
依照 不知道的 也 应该 办法 多 圈套 大 人 比极 取

mangga, yaya baita bici, afanggala gisun i yarume geodebume niyalmai gūnin
喜好 任何 事情 若有 预先 话 以 引导 诱骗 人的 心

be murušeme baha manggi, amala tuwašame aliyakiyame, sini eden bade
把 粗略 得到 后 后来 瞧着 等候 你的 短 处

hiracambi, majige jaka ba bici, dahalame dosi nakū, uthai emgeri
偷窥 略 缝隙 处 有 跟着 进入 既然 就 一

ura tebumbi[2], age si gūnime tuwa, ere baita minde holbobuha ba bikai,
措手不及 阿哥 你 想着 看 这 事情 与我 关系 处 有啊

adarame tondo kosaka fere gūnin be inde alaci ombini, ede mimbe wakašaci,
怎么 正经 实在 底 心 把 与他 告诉 可以吗 因此 把我 指责

bi sui mangga akū semeo.
我 罪 厉害 不是 说吗

注释:

[1] talu de 为固定搭配,义为"偶尔"。

[2] ura tebumbi 为固定搭配,义为"措手不及"。

第八十课 好马

汉文:

甲:要买,买一匹好马!拴着喂着也有趣儿,总说是要费草料的呀!拴着这个样的平常马做什么呢?

乙:阿哥,你不知道,昨日拿了来,我就拿到城外头试验了,可以骑得。颠得稳,跑得正。要是射马箭,一点往里踏往外拐的毛病儿没有,随着波棱盖儿,顺着手儿转动。

甲:要是这样,你原来不认得啊!所谓的好马,腿子结实,耐得长,围场上熟，牲口上亲，样儿好而且良善。俊俏年轻的人，系上一副俏皮撒袋骑上了的时候，仰着脸儿就像鹰一样的啊！这是什么？老了，嘴唇子全耷拉了，腿子沉了，好打前失，你的身子又重，很不对当。

乙：如今可怎么样呢？业已买了吗？任他有着去罢咧！总而言之，我并没有什么重差使，又没有远差遣，但只老实，就与我对当，比步行走的如何？

对译：

jakūnjuci kicen sain morin
八十　课程　好　马

udaci, emu sain morin udacina, hūwaitame ujire de inu amtangga, eicibe
若买　一　好　马　买吧　拴着　喂养 时 也　有趣　总之
orho turi wajimbikai, ere gese alašan be hūwaitafi ainambi, age si sarkū,
草　豆　费啊　这 样子 平常马 把　拴着　做什么　阿哥 你　不知
sikse gajime jaka, bi uthai hoton i tule gamafi cendehe, yaluci ombi,
昨日　拿来　时候 我　就　城　的 外面　拿　试验　骑　可以
katarara necin, feksirengge tondo, niyamniyaci majige dosire milara hacin akū,
马慢颠　平　跑的　正　射马箭　略　进入　捌　毛病 没有
buhi dahame, galai ici jabdubumbi, uttu oci, si dule takarakū nikai, sain
膝盖　随着　手　顺　使适当　这样 若是 你 原来　不认识　呢啊　好
morin serengge, bethe akdun, on dosombi, aba saha de ureshūn bime, gurgu
马　所谓　腿　结实　路程　耐得住　围 围猎 时　熟练　而且　兽
de mangga, giru sain bime, ildamu, yebken asihata, kiyab seme jebele ashafi
对　喜好　模样 好　而且　敏捷　俊俏　年轻人 急速样子 弓箭袋 佩带
yalumbihede, dere tukiyebufi, nacin šongkon i gese ombi, ere ai, se jeke[1],
骑马　脸　仰头　隼　海青　一样 成为 这 什么　老了
sencehe gemu labdahūn oho, bethe ujen, buldurire mangga, sini beye geli
齿　都　嘴唇下垂 成了　腿　重　打前失　喜好　你的 身体 又
laju, labdu acarakū, te ainaci ojoro, emgeri udame jabduha kai, ainame bikini
重　多 不相符　现 怎么　可以　已经　买　来得及　啊　何必　有呢

dabala, eicibe minde umai ujen alban akū, geli goro takūran akū, damu
罢了 总之 与我 全然 重 差事 没 又 远 派遣 没有 只
nomhon oci, uthai minde teisu, yafahalara ci ai alji.
老实 若 就 与我 对当 步行 比 什么 相干

注释:

[1] se jeke 为固定搭配,形容"马老了"。

第八十一课 盛怒

汉文:

甲:人家说他呢呀!与你什么相干?越劝越发恼了的急躁了吧!等客散了的时候,再说罢咧!一定要这个时候见个明白吗?

乙:阿哥,你这个话总不入我的意思,咱们是一个船上的人啊!这个事情与你也不甚爽利,说一点关碍没有吗?要议论他,也带着咱们啊!你不替说话就罢了,反倒一溜神气地随着人家的意思说的,安什么心?

甲:我实在不说你的是,不是那们,有话慢慢地找着理说是呢!生气就完了吗?你看这里坐着的人们,全为你的事情来的,你总爱这样挣跃生气,倒像有心撵谁的一样,来的人有什么趣儿呢?往家里去吧,脸上又过不去,在这里吧,你又威吓得不止,出去进来全不是,坐着站着全是难得呀!朋友们再怎么往你家来往走呢?

对译:

jakūnju emuci kicen jolhocoro
八十 一 课程 怒气上冲

weri imbe gisurembi kai, sinde ai guwanta, ele tafulaci ele
别人 把他 说 啊 与你 什么 相关 愈 劝说 愈
nukcihangge, šosiki bai, antaha facaha manggi, jai gisurembi dere, urunakū
发怒了的 急躁 罢了 客人 散去 后 再 说 罢了 一定
ere erinde getukeleki sembio, age sini ere gisun, fuhali mini gūnin de
这 时 欲查明 说吗 阿哥 你的 这 话 毕竟 我的 心思 在

dosirakū, muse emu jahūdai i niyalma kai, ere baita sinde lak seme akū,
不入 咱们 一 船 的 人 啊 这 事情 与你 不合适
heni majige goicuka ba akū sembio, imbe leolembi, muse be inu dabuhabi,
一点 略 关系 处 没有 说吗 把他 议论 咱们 把 也 算入了
si dangname gisurerakū oci okini dere, fudarame anan šukin[1] i niyalmai ici
你 代替 不说 若 可以 罢了 反倒 随众 的 人的 顺
tamin i gisurengge, ai gūnin, bi yala simbe urušerakū, tuttu waka, gisun
意向 以 说的 什么 心 我 实在 把你 不是 那样 不是 话
bici elhe nuhan i giyan be baime gisure, šara fancaha de wajimbio, si tuwa
若有 平 从容 的 道理 把 找 说 极 生气 时 完了吗 你 看
ubade tehe ele niyalma, gemu sini baita de jihengge, si cingkai uttu
这里 坐着 所有 人 都 你的 事 向 来的 你 任意 这样
jolhocome jilidaci, aimaka gūnin bifi webe bošome unggire adali, jihe niyalma
怒气上冲 生气 反倒 心 有 把谁 驱赶 派 一样 来了 人
ai yokto tembi, boode yoki seci, dere de eterakū, ubade biki seci, si geli
什么 趣味 坐 往家 去 说 脸 在 过不去 这里 有 说 你 又
ek tak seme nakarakū, tucici dosici gemu waka, teci ilici gemu mangga kai,
呵斥声 不止 出去 进来 都 不是 坐 立 都 难 啊
gucuse jai sini boode absi feliyembi jiya.
朋友们 再 你的 家 怎么 走动 呢

注释:

[1] anan šukin 为固定搭配,义为"随众"。

第八十二课 委屈

汉文:

甲:世间比你没记性的人,再也没有了呀!我前日怎么向你说了,把这个事情任凭是谁,不要叫知觉了。你到底漏了风声了,把咱们瞒着商议的话,如今传扬出去了,各处的人们全知道了啊!他们岂没听见?他们倘若羞恼变成怒，抗拒咱们，好吗？把一件好好的事情，弄到了这个地步，全是你啊！

乙：阿哥你怪我，我实在委屈。但只事已至此，我如今就分析着说到嘴酸了，你信吗？这个心就只天知道吧！我的是与不是，久而自明，我的心里，你也别埋怨，就那们不知道的一样由着去吧！看他们怎么样？依了，罢了；至于很不依的时候，再酌量着预备，也不至于晚啊！

对译：

jakūnju juweci kicen sui mangga[1]

八十　二　课程　委屈

jalan i niyalma ejesu akūngge, sinci cala jai akū secina, cananggi bi

世上 的 人 记性 没有的 比你 除了 再 没有 说呢 前日 我

adarame sini baru henduhe, ere baita be yaya wede ume serebure seci, si

怎么 你的 向 说了 这 事情 把 任何 谁 不要 知觉 说 你

naranggi firgembuhebi, musei weilume hebešehe gisun te algišafi babe i

到底 泄露了 咱们的 瞒藏 商量 话 现 张扬 处 的

niyalma gemu saha kai, ce bahafi donjirakū ainaha, ese talude yertehe

人 都 知道 啊 他们 得到 未听 如何 他们 倘若 羞愧

ibagan inenggi šun de maksire balama, muse de eljeme iselere oci saiyūn,

妖怪 日 太阳 在 舞蹈 反倒 咱们 对 抗拒 反抗 若 好吗

hocikosaka emu baita be ondohoi, ere ten de isibuhangge, wacihiyame si kai,

好端端 一 事情 把 乱丢 这 极 到达 完全 你 啊

age si mimbe wakašaci, bi yala sui mangga, damu baita emgeri uttu oho,

阿哥 你 把我 指责 我 实在 委屈 只 事情 已经 这样 成为

bi te jayan jušutele, faksalame gisurehe seme, si akdambio, ere gūnin be

我 现 牙齿 直到酸 分析 说了 说 你 相信吗 这 心 把

damu abka sakini, mini beye biheo, waka biheo, goidaha manggi, ini cisui

只 天 知道呢 我的 自己 有吗 不是 有吗 久了 之后 他的 自然

getukelebumbi, mini gūnin ohode, si gasara be joo, ine mene[2] sarkū i gese

显明　　我的　心　成了　你　抱怨　把　免了　不如　　不知　一样

bisu, ceni ainara be tuwaki, oci, oho, hon ojorakū dubede, jai arara be

有　他们　怎样　把　　看　　若　成了　很　　不可　　末端　　再　做　把

tuwame belheci, inu sitaha sere ba akū.

看　　预备　也　迟慢　说　处　没有

注释:

[1] sui mangga 为固定搭配,义为“委屈”。

[2] ine mene 为固定搭配,“干脆、不如”之义。

第八十三课　乱撒米粮

汉文:

甲:把好东西稀罕着俭省的时候,才是过日子人的道理呢!要不说你,我总是不舒服,吃剩下的饭,给家里的人们吃,也好啊!任着意见全倒在阳沟里是怎么的,你心里也安吗?你虽然知道吃饭,但只未知米粮的艰难处啊!耕种与那贩运的人们,是怎么样的辛苦劳碌,才到了这里来了,就是一粒是轻易得的吗?况且,咱们又是什么富翁呢?吃着这个,想着那个,想来想去,就买了来,抛抛撒撒地花费了,嘴有什么规矩,吃有什么尽休啊!一味地要是这样的时候,不但折福啊!就有什么不完呢?有老家儿们说的,“惜食常饱,惜衣常暖”的话啊!你能有多大的福啊!这样地抛撒五谷,紧着,到了折受的、受饿的时候,才悔之不及呢呀!

对译:

jakūnju ilaci kicen　sotara

八十　　三　课程　乱撒米粮

sain jaka be hairame malhūšaci teni banjire　were　niyalmai doro, simbe

好　东西　把　爱惜　　节省　　才　生活　过日子　人的　道理　把你

gisurerakū oci, bi eicibe ojorakū, jeme wajirakū funcehe buda be booi urse de

不说　　若　我　总　　不可以　吃　　未完　　剩余　饭　把　家的　人　给

ulebuci, inu sain kai, gūnin cihai wacihiyame ko sangga[1] de doolahangge
若喂 也 好 啊 心 任意 全 阳沟 在 倾倒的
ainu, sini gūnin de inu elhe sembio, si damu buda jetere be sara gojime,
怎么 你的 心 在 也 安 说吗 你 只 饭 吃 把 知道 却
bele jeku i mangga babe sahakūbi, tarire niyalma juwere urse, ai gese
米 粮食 的 难 处 不知 耕种的 人 贩运 人们 什么 样
jobome suilafi, teni ubade isinjiha, emu belge seme ja de bahangge semeo,
忧愁 辛苦 才 到这里 来到 一 粒 容易 得到的 说吗
tere anggala, muse ai bayan mafa seme, erebe jeme, terebe kidume, gūniha
况且 咱们 什么 富贵 祖辈 说 把这 吃 把那 想着 想着
gūnihai uthai udafi, waliyan gemin[2] i mamgiyanmbi, angga de ai kemun,
想来 就 买 抛抛撒撒 的 花费 嘴 在 什么 规矩
jetere de ai dube, cingkai uttu oci, hūturi ekiyembumbi, sere anggala,
吃 时 什么 尽头 任意 这样 若 福 损害 不但
ai bihe seme wajirakū, sakdasa i gisun, hairame jeci jeku i da,
什么 有了 而且 不完 老人 的 话 爱惜 吃 粮食 的 本源
hairame etuci etuku i da sehebi, sini hūturi giyanakū udu, ere durun i
爱惜 穿 衣服 的 本源 说 你的 福 能有 多少 这 样子 的
sotaci, fede, beyede sui ai isifi, omihon de amcabuha erinde, aliyaha
抛撒粮食 紧着 身体 罪 什么 到 饥饿 时 赶到 时候 后悔
seme amcaburakū kai.
说 不赶 啊

注释：

[1] ko sangga 为固定搭配，义为“阳沟”。

[2] waliyan gemin 为固定搭配，义为“抛抛撒撒”。

第八十四课 病入膏肓

汉文：

甲：夏天的时候，还可以勉强来着，久而久之，越发添了病，竟潦倒了。因此，全家全乱乱哄哄地不得主意了，老家儿们全熬得瘦了，家里就像乱丝一样了，看起他，瘦得寡剩下骨头了，躺在炕上，挣命呢。那个上我慢慢地到跟前："你好些了吗？"问时，睁开眼睛拉着我的手不放，叹着说："这也是我做的罪，病已况了，不能够脱离我岂不知吗？自从得病以来，什么医生没治过？什么药没吃过？将好了，又犯了，就是命了，这个我一点儿也没有委屈处，但只父母年纪老了，兄弟们又小，再亲戚与骨肉全看顾着我罢咧！我就狠着心可离得开谁呢？"话将完了，眼泪直流。唉！何等的可叹，就说是铁石人心，听见那个话，没有不动心的呀！

对译：

jakūnju duici kicen nimeku facuhūn bade dosire
八十 四 课程 病 紊乱 处 进入

juwari forgon de, kemuni katunjaci ombihe, bihe bihei[1] ulhiyen i
夏天 季节 时 还 勉强 可以 久而久之 渐渐 的

nimeku nonggibufi fuhali maktabuhabi, erei turgunde booi gubci buran taran[2]
病 增加 竟然 病倒了 这 原因 家的 全 乱哄哄

mašan baharakū, sakdasa yali gemu wajiha, boo i dolo facaha sirge i gese
主意 得不到 老人们 肉 都 费了 家 的 里面 散乱的 丝 一样

ohobi, imbe tuwaci, gebsereci giranggi teile funcehebi, nahan de dedu nakū
成了 把他 看 很瘦 骨头 只 剩余 炕 在 卧睡 既然

ergen hebtešembi, tede bi elhei hanci ibefi, si majige yebeo seme fonjire
生命 挣命 在那 我 慢慢 近处 来到 你 略 好吗 说 问

jakade, yasa neifi mini gala be jafafi, geli jafašame, ai, ere mini gajiha erun
时候 眼睛 开 我的 手 把 抓 又 只管抓 唉 这 我的 取 刑

sui, nimeku facuhūn bade dosifi, ebsi duleme muterakū be bi endembio,
罪 病 紊乱 处 进入 以来 过去 不能 把 我 瞒得过吗

nimeku bahaci ebsi, ya okdosi de dasabuhakū, ai okto omihakū, yebe
病 得到 以来 什么 医生 往 没治过 什么 药 没吃 痊愈

ojorolame geli busubuhengge, uthai hesebun, ede bi umai koro sere ba akū,
可以 又 犯了 就 命 因此 我 没有 怨恨 说 处 没有

damu ama eme se de oho, deote geli ajige, jai niyalma hūncihin giranggi
只 父亲 母亲 岁 在 成了 兄弟们 又 小 再 人 亲戚 骨头

yali gemu mimbe tuwašahai bikai, bi mangga mujilen i ya emken be lashalame
肉 都 把我 看着 啊 我 很 心 以 谁 一个 把 断开

mutere seme, gisun wajinggala yasai muke fir seme eyehe, ai, absi usacuka,
能 说 话 讲完 眼睛 水 痛哭样子 流 唉 怎么 可叹

udu sele wehei gese niyalma sehe seme, terei gisun de mujilen efujerakūngge
虽然 铁 石头的 样 人 说 那个 话 对 心 不受损的

akū.
没有

注释:

[1] bihe bihei 为固定搭配,义为“久而久之”。

[2] buran taran 为固定搭配,义为“乱哄哄”。

第八十五课 天生的恶人

汉文:

甲:什么下贱东西也有呢,不是人的崽子,生得活像他阿玛一样,实在是他阿玛的种儿,怎么看怎么讨人嫌啊!大凡使了去的地方,闭着眼睛,什么看不见,横冲直撞;嘴里打呜噜,倒像戏弄人的一样,谁懂得他的话呢。正经地方很无用,一说玩起来没有对儿,一点空儿不给。叫在跟前服侍着使唤还好,略离了些的时候,淘气得很不堪,竟是个天生的恶人。拿起那个来,放下这个去,一会儿不闲着,猴儿一样地跳踏。一时性子上来了,把这个杂种的膛开了，才称心如意罢咧！过去了的时候，又想着可怎么样呢？实在地杀他吗？第一件，火棍虽短到比手强；第二件，事家生子儿，所得的与吃的去处，又不由得多疼他些儿。

对译：

jakūnju sunjaci kicen abkai ari
八十 五 课程 天的 难缠的人

ai fusi geli bini, niyalmai deberen waka, ini ama i gese urehe
什么 贱 又 有呢 人的 崽子 不是 他 父亲 一样 生变熟

banjihabi, yala ini ama i hūncihin, absi tuwaci, absi ubiyada, yaya
生了 实在 他的 父 的 同姓 怎么 看 怎么 讨人厌 任何

bade takūršaci, yasa nicu nicušame eiten saburakū, balai cunggūšambi, anggai
处 若使唤 眼睛 闭眼 眨眼 一切 看不见 胡乱 撞头 嘴的

dolo ulu wala seme, aimaka niyalma be nioboro adali, we ini gisun be
里面 言语不清 反倒 人 把 戏弄 一样 谁 他的 话 把

ulhimbi, jingkini bade umai baitakū bime, efimbi sere de jergi bakcin akū,
明白 正经 处 全然 用处 而且 玩耍 说 时候 等 对手 没有

jaka šolo burakū, hanci eršebuci hono yebe, majige aljabuha de, taji
缝隙 空闲 不给 近处 使侍奉 还 好 略 离开 时候 淘气

tuwara ba akū, fuhali abkai ari, terebe gaisu, erebe sinda, majige andande
看 处 没有 毕竟 天的 难缠 把那 取 把这 放置 略 瞬间

seme ekisaka banjirakū, kūwak cak seme monio cilambi, jili nerginde oci, ere
寂静 不生活 棍棒相打声 猴子 跳 性子 临时 若 这

lehele i duka be sarabuha de, teni kek sere dabala, duleke manggi, geli
杂种 的 膛 把 使开了 时 才 称心如意 罢了 过去 后 又

gūnici, ainara jiya, yargiyan i imbe wambio, uju de foholon taimim galaci
想 怎么样 呢 实在 把他 杀吗 第一 在 短 火棍 从手

ai dalji, jai de oci, booi ujin jui seme bahara jetere bade, geli esi seci
什么 干涉 第二 在 若 家生子 得到 吃的 处 又 自然 虽然

ojorakū[1], imbe fulu majige gosimbi.
不可以 把他 多 略 疼爱

注释:

[1] esi seci ojorakū 为固定搭配,义为“不由得”。

第八十六课 拿腔

汉文:

甲:安的是什么心肠?把我轻视得至极了,我望你说话不是分内的吗?来了就用巧言刻薄我,倒算个什么?常在一处搅浑,我不过不说罢咧!要把根子说出来的时候,又说我刨根子了。他的家乡,我的住处,谁不知道谁的呢?不叫人揉揣,能有几年了,受着罪,到如今望着我拿起腔来了。索性说话说错了,我的心还过得去,一定要强着说他的话是,任凭怎么地不忍不是啊!因那个上,不由得叫人生气,怎么把我看容易了,伏着谁的威势,今日招呼特意叫我来的呀!实在谁把谁怎么样呢?谁怕谁呢?要试个高低上下,倒很称我的心罢咧!要是略略地迟疑的时候,也就不是汉子了啊!

对译:

jakūnju ningguci kicen beilecilere
八十 六 课程 拿腔

ai guwejihe tatabuhabi, mimbe weihukelerengge ja akū[1], bi sini baru
什么 心肠 使拉 把我 轻视的 至极了 我 你的 向

gisun gisureci teisu akū semeo, jime ohode, faksi gisun i mimbe
话 说 本分 不是 说吗 来 成了 巧 言 以 把我

yekeršerengge, beyebe ai obuhabi, dere yasa emu bade fumereme ofi, bi
刻薄 把自己 什么 作为 脸 眼 一 处 搅拌 成了 我

damu gisurerakū dabala, da sekiyen be tucibuhede, geli mimbe fetereku sembi,
只 不说 罢了 根 源 把 出来 又 把我 刨根 说

ini da gašan, mini fe susu, webe we sarkū, niyalma de monjiršaburakū oci,
他的 原 家乡 我的 旧 籍贯 使谁 谁 不知 人 使 不揉摸 若

giyanakū udu goidaha, akabume te mini baru beilecileki sembi, ine mene
能有 几 多久 困苦 现在 我的 向 拿腔 想要 干脆

gisun endebuhe seci, mini dolo hono yebe, muritai ini gisun be uru arafi,
话 失误 说 我的 心里 还 好 强迫的 他的 话 把 是 做

ainaha seme waka be alime gaijarakū kai, tede niyalma esi hūr seci, mimbe
必然 不是 把 受 不受 啊 那个 人 自然 发火样子 把我

adarame ja tuwahabi, wei fiyanji de ertufi enenggi teile gala elkime mimbe jio
怎么 易 看 谁的 依靠 向 依靠 今日 只 手 招手 把我 来

sembi, yala webe we ainambi, wede we gelembi, meke ceke[2] cendeki seci,
说 实在 把谁 谁 怎么样 把谁 谁 害怕 高低上下 试验 说

mini gūnin de keb sere dabala, majige tathūnjaci, inu haha waka.
我的 心 在 称心 罢了 略 若迟疑 也 汉子 不是

注释:

[1] ja akū 为固定搭配,"至极了"之义。

[2] meke ceke 为固定搭配,义为"高低上下"。

第八十七课 巨响

汉文:

甲:滴滴答答地连阴了这些日子了,心里全熟了。这里漏了,那里湿了,睡觉的地方全没了。又搭着,那个臭虫、蛇蚤咬的,很受不了。翻来覆去地直到亮钟以后,睡不着,把眼睛强闭着,又忍着的上,将将地才恍恍惚惚地睡着了。正睡着的时候,忽听得西北角上,就像山崩、地裂的一样响的上,我兢兢地警醒了,好些工夫身子打战,心还跳呢!睁眼一看,屋里炕上一切器具并没怎么样的,急忙使人去看,说是隔壁的房,山墙被雨湿透倒下来了。那个响声,在睡梦中听见的上,声音怎么那样的大来着呢?

对译:

jakūnju nadaci kicen amba uran
八十 七 课程 大 声响

utala inenggi tab tib seme sirkedeme agahai, dolo gemu urehe, uba
这些 日子 滴滴答答 连绵 下着 心里 都 熟了 这里
sabdaha, tuba usihihe, amgara ba gemu akū ohobi, ere dade, wahūn umiyaha
漏了 那里 湿了 睡觉 处 都 没有 成了 这 起初 臭 虫
suran ai šufarangge, fuhali hamici ojorakū, kurbušehei tanggū ging[1]
跳蚤 什么 叮咬的 竟然 忍耐 不可以 愁闷辗转 亮钟
tulitele, amu isinjirakū, yasa eteme nicubu nakū, geli majige kiriha bici,
直到逾线 困倦 不来 眼睛 克服 闭眼 既然 又 略 忍着 有了
arkan buru bara[2] amu šaburaha, jing sereme amgara de, gaitai wargi amargi
恰好 恍惚 困倦 打瞌睡 正 知觉 睡觉 时 忽然 西 北
hošo ci uthai alin ulejehe, na fakcaha adali kunggur seme emgeri guwere
角 从 就 山 崩塌 地 散开 一样 响亮声 已经 响
jakade, tar seme dokdoslafi getehe, kejine beye kemuni šurgeme dargime
时 恐惧样子 吓一跳 醒了 好些 身体 还 战栗 打战
niyaman jaka tuk tuk sembi, yasa neifi tuwaci, boo nahan agūra tetun
心 刚刚 心跳样 眼睛 睁开 看 家 炕 器具 器皿
umainahakū, ekšeme niyalma takūrafi tuwanabuhai, adaki boo i fiyasha aga de
无恙 急忙 人 派出 去看 邻居 家 的 山墙 雨 被
šekebufi tuheke sembi, tere asuki be amu tolgin de donjiha turgunde, uran
淋湿 塌陷 说 那个 声音 把 困倦 梦 在 听 原因 声音
ainu tuttu amba bihe.
怎么 那样 大 有了

注释:

[1] tanggū ging 为固定搭配,义为“亮钟”。

[2] buru bara 为固定搭配,义为“恍惚”。

第八十八课　一服打药

汉文：

甲：这几日因为有事，一连两夜熬眼睛的缘故，浑身不得主意悉软的了。昨日晚上，我就要睡觉来着，因为亲戚全在这里的上头，我怎么说撂了睡觉去呢。因为那样，虽然勉强着又勉强，打着精神坐着，眼睛不由得抹搭下来，恍恍惚惚地去了。后来客们将散了，我就放了一个枕头，穿着衣裳，把头一倒竟自睡熟了。到了第二更的时候才醒了，那个上，也不知凉着了些，或者怎么样的了，心里很怅闷，浑身发热，就像火烤的一样；又搭着耳底疼，拉扯的牙花子全肿了，吃饭、喝茶，没味儿；坐着、站着，不安。我说这想必是存住食了吧！吃了一服打药的时候，把好歹的东西全打下来了，那个上才略略地松闲了些了。

对译：

jakūnju jakūci kicen emu jemin wasibure okto
八十　八　课程　一　一服　使下降　药

ere udu inenggi baita bifi, emu siran i juwe dobori yasatabuha turgunde,
这　几　日　事情　有了　一　陆续　的　二　夜　熬眼睛　原因

beye gubci fakjin akū liyar sembi, sikse yamji erinde, bi uthai amgaki
身体　全　注意　没有　黏糊　昨日　傍晚　时候　我　就　想睡觉

sembihe, niyalma hūncihin leksei ubade bisire jakade, bi ai hendume
人　亲戚　完全　这里　在　因为　我　什么　说

waliyame amganambi, tuttu ofi katunjara dade geli katunjame, beye udu
丢弃　去睡觉　那样　因　勉强　上头　又　勉强　身体　虽然

simen arame tececibe, yasa esi seci ojorakū debsehun, murhu farhūn[1] ome
精神　打着　坐着　眼睛　不由得　耷拉下来　恍惚　成了

genembi, amala antaha facame, bi emu cirku sindafi, etuku nisihai uju makta
去　后来　客人　散开　我　一　枕头　放置　衣服　穿着　头　倒下

hiri amgaha, jai ging otolo teni getehe, tede majige šahūraka ainaha be
睡熟 睡觉 第二 更 到 才 醒 在那 略 受凉 怎么 把

sarkū, dolo umesi kušun ping sembi, beye i gubci wenjerengge, uthai tuwa
不知 心里 很 烦闷 膨胀 身体 的 全 发热 就 火

de fiyankūbuha adali, ere dade šan geli sulhume ofi, tatabufi jayan ergi gemu
在 烤 一样 这 既 耳朵 又 耳底疼 因 拉 牙齿 一起 都

suksurekebi, jeci omici amtan akū, tecibe ilicibe elhe akū, bi ere ainci jeku
肿了 吃 喝 味道 没有 坐着 立着 安 无 我 这 想是 粮食

taksilabuha ayoo seme, emu jemin wasibure okto omire jakade, sain ehe jaka
存在 恐怕 一 一服 下降 药 吃 时候 好 坏 东西

gemu wasinjiha, tede teni majige sulakan oho.
都 使下来 那个 才 略 宽心 成了

注释:

[1] murhu farhūn 为固定搭配,义为“恍惚”。

第八十九课 朝珠

汉文:

甲:阿哥,你的那盘朝珠,我说要拿了去,到底没得拿了去。

乙:什么缘故呢?

甲:每逢来了,你全不在家,没见你的面,怎么说糊里糊涂地把你的东西拿了去呢?所以我今日特来见你告诉了,好拿了去。

乙:对着那个值的,你说要什么,我就照着你的心买了来换啊!就是铺里卖的没有好的,我也必定在各处,转找了来给你。你心里怎么样,你还提什么,不论怎么拿了去也好来着,如何至于丢了呢?菩提子的岂少吗?可惜赶得上那个的很少啊!

甲:可不是什么?每日拿着的上,汗全浸透的,很光润了,不拿了往别处去的时候,把它装在箱子里来着,也是该丢的上。去月里我们往园里去的时，忘了没收起来，回来找时，哪里有？连影儿也不见了，也不知被谁偷了去了，想着找了个够，总没找着。

对译：

jakūnju uyuci kicen erihe

八十　九　课程　珠

age　sini　tere erihe be，bi gamaki sehei，jiduji bahafi gamahakū，turgun

阿哥 你的 那　珠　把 我　拿　　说　到底 得到　　没拿　　原因

ai　seci，jihe　dari，si gemu boode akū，simbe acahakū de，　ai　hendume

什么　说　来了　每　你　都　在家 没有 把你 没见面 时 什么　　说

buksuri，sini　jaka　be gamambi，uttu　ofi，bi　enenggi cohome sinde acafi

含糊　你的 东西 把　　拿去　所以　　我　今日　特意　与你 见面

alaha manggi，gamaki sembi，tede teherebume，si　ai　jaka　gaji　seci，bi

告诉　后　　想要拿　　　　在那　　值得　　你 什么 东西 拿来　说　我

sini gūnin de acabume udafi hūlašaki，uthai puseli deuncara uncara sain ningge

你的　心　与　符合　　买　　交换　　就　铺子　　在　　卖　　好　　者

akū seme，bi inu urunakū babade ulame baifi sinde bure，sini gūnin de

没有　说　我 也　一定　　各处　到处转　找　给你　给　你的　心　在

antaka，si kemuni jondofi ainambi，ine mene gamaha bici sain bihe，ainahai

怎么样 你　还　　提　　做什么　　不如　　拿　　若　好　有　　如何

waliyabumbini，hairakan bodisu ningge　ai　yadara，damu tede isirengge

丢弃呢　　　很可惜　菩提子　　的　　什么　　少　　只　在那　　来的

umesi komso，tuttu waka oci　ai，　inenggidari jafašahai gemu　siberi　daha

很　　少　　那样 不是 若 什么　　每日　　　抓着　　都　手足汗 得到

umesi nilgiyan ohobi，jafašarakū gūwabsi genembihede，terebe horho de

很　　光润　　成了　不抓着　　往别处　　去时候　　把那　箱子　在

asarambihe，inu waliyabure giyan ofi，manaha biyade　be　yafan de generede，

存在呢　　也　　丢弃　　应该 成　上月　　月里 我们 园子 往　　　去

onggofi bargiyahakū, amasi jifi baici, aba arun durun[1] saburakūoho, wede
忘了 没收 返回 回来 找 大 踪影 不见 被谁

hūlhabuha be inu sarkū, merkime baiha seme fuhali Bahakū.
偷窃 把 也 不知 回忆 找 竟然 没得到

注释:

[1] arun durun 为固定搭配,义为"踪影"。

第九十课 燥热

汉文:

甲:今日好厉害。自从立夏以来,可算得头一等热天了啊!一点风儿没有,潮热得很。各样的器具,全烫手得热。越喝冰水越渴,没法儿的上,洗澡去,在树底下凉快了许久,心里才略略地定了些。这样的燥热,人家光着身子,闲坐着还怕受热中暑呢!你怎么了?总低着头写字,受什么罪呢?不惜命吗?你没有差事,白闲着受受用,用的学罢咧!

乙:譬如,买卖人们,挑着沉重的东西,伸着脖子,往各处奔走吆喝,压得浑身是汗,将将地剩个一百多钱养命,像我吃着现成的,安安静静地写字能够得吗?况且,冬天冷,夏天热,自古不移一定的理啊!要是不论怎么样地静静地受去,也可以凉快罢咧!烦躁会有何用呢?能够免得吗?

对译:

uyunjuci kicen hūktame halhūn
九十 课程 闷热 热

enenggi absi nimecuke, juwari dosika ci ebsi, ujui uju halhūn seci
今日 好不 厉害 夏天 进入 从 以来 头的 头 热 说

ombi, majige edun akū, ludur sembi, eiten agūra tetun gemu gala halame
可以 一点 风 没有 无风样 所有 器具 器具 都 手 烫

halhūn, ele juhe muke omici ele kangkambi, arga akū ebišefi mooi fejile
热 愈 冰 水 喝 愈 口渴 办法 没有 洗澡 树的 下面

kejine sebderilehe manggi, teni majige tohoroko, ere gese hūktame halhūn de
好些 乘凉 之后 才 略 安定 这 样 闷热 热 时
weri beye niohušun, bai tehede hono halhūn calirahū sembikai, si ainahabi
别人 身体 光身体 平白 坐着 还 热 恐中暑 说啊 你 怎么了
uju gidahai hergen ararangge ai sui, ergen haji akū semeo, si alban cagan
头 压着 字 写 什么 罪 命 爱惜 没有 说吗 你 差事 差事
akū, baisin i jirgame taciha dabala, duibuleci hūdai urse okini,
没有 白白 的 受用 学习 罢了 譬如 买卖 人 做
haijung sere ujen jaka be damjalafi, monggon sampi, ba bade šodome
载得很重样子 重 东西 把 挑着 脖子 伸着 处 处 奔忙
hūlahai, nei taran waliyatala arkan teni tanggū jiha funcere butafi ergen
叫着 汗 浑身汗 压着 刚刚 才 一百 钱 剩余 挣钱 生命
hetumbumbikai, mini adali beleningge be jefi, elehun i hergen araki seci
糊口啊 我的 一样 现成的 把 吃 安静 的 字 写 说
bahambio, tere anggala, tuweri beikuwen, juwari halhūn ojorongge, julgeci
得到吗 况且 冬天 冷 夏天 热 成为 自古代
ebsi halaci ojorakū toktoho doro, ine mene ekisaka dosobuci, embici serguwen
以来 变化 不可以 一定的 道理 不如 安静 耐得住 或者 凉快
ombidere, fathašaha seme ai baita, bahafi guweci ombio.
可以吧 焦躁 什么 事 得到 避免 可以吗

第九十一课 讨人嫌的

汉文:

甲:他来的时候,我还睡觉来着,惊醒了,听见上屋里有人高声说话呢呀!谁来了?怎么这样的嗓子大?大略是那个讨人嫌的来了吧!去看时可不是什么,直挺挺地坐着,正有滋有味地讲论呢!自从一来总没住嘴,怎长怎短地说着,吃了两顿饭,直到黄昏,才去了。汉子人家没事的时候,在人家里坐到日落也受得吗?把哪里忘了乏的事情说的,叫人脑子全疼。寡要是这样的还罢了，不论什么东西不可给他看见，一说搭上了眼，问也不问，挠着了，早早地就拿了去。实在一辈子寡知道要人家的东西，给人家的遭数儿说是没有的。像这样人的五脏，这么长着，我实在不知道啊！都是你便宜，你得吗？天有眼睛啊！未必容他呢！

对译：

uyunju emuci kicen usun dakūla
九十 一 课程 可恶的 肚囊

i jidere fonde, bi hono amgaha bihe, sek seme getefi donjici, cin i
他 来的 时候 我 还 睡觉 突然 醒了 一听 正向 的
boode niyalma jifi den jilgan i gisun gisurembi, we jiheni, ai uttu konggolo
屋 人 来 高 声音 的 话 说 谁 来呢 怎么 这样 嗓子
den, ainci tere usun dakūla jihe aise seme, genefi tuwaci waka oci ai,
高 想是 那 可恶 肚囊 来了 想是 去 看 不是 若 什么
godohon i te nakū, jing amtanggai leolemebi, jiheci angga majige mimihakū,
身直 的 坐 既然 正 有滋味 议论 从来 嘴 略 没闭口
uttu tuttu sehei, juwe erin i buda jefi, gerhen mukiyetele teni genehe, haha
这样 那样 说着 二 顿 的 饭 吃 黄昏 直到熄灭 才 去 汉子
niyalma baita akū de weri boode šuntuhuni teme dosombio, aibi onggoho
人 事情 没有 时 别人 在家 终日 坐着 耐得住吗 岂有 忘了
šadaha baita be gisurehei, niyalma fehi gemu nimehe, damu uttu oci ai
疲乏 事情 把 说着 人 脑 都 病 只 这样 若 什么
baire, yaya jaka be hono inde sabubuci ojorakū, emgeri yasalabuha sehede,
来 任何 东西 把 还 给他 看见 不可 一 搭上眼 说
fonjin hese akū nambuha be tuwame, deleri deleri seme gamambi, yala beye
问 谕旨 没有 挠着 把 看 早早 拿去 实在 身体
dubentele, damu gaji sere be sambi ma sere sere mudan inde fuhali akū
终于 只 拿 说 把 知道 给 次 给他 竟然 没有

secina, enteke niyalma duha do absi banjiha be, bi yargiyan i sarkū, imata
说吧 这样 人 肠子 内脏 怎么 生长 把 我 实在 不知 都是
si jabšambio, si bahambio, abka de yasa bikai, ainahai inde ombini.
你 便宜吗 你 得到吗 天 在 眼睛 有啊 未必 是他 成为呢

第九十二课 愁眉

汉文:

甲:咱们的那个朋友怎么样了?这一向皱着眉愁闷的,倒像有什么缘故的样?

乙:素常下雨下雪的天道,在家里罢咧!除了那个无缘无故的地方全去到啊!

甲:白白地在家里坐着,也受得吗?

乙:这些日子不出房门,总在家里坐着。

甲:昨日我去瞧的上,看那气色什么,还说像先吗?明显瘦了,出去进来,总没定准,不知要怎么样的呢!那个上我很疑惑,他怎么了呢?才要问时,他的一个亲戚去了的上隔开了。

乙:哎哟!我算着了,大略被那个事情绊住,心全糊涂了吧!但有"被雨湿的人不怕露水"的话呀!先前他把什么样的难事情,全能够霎时间办理完结,这有什么关系?这样的愁闷呢!

对译:

uyunju juweci kicen šenggin hiterere
九十 二 课程 额头 蹙(眉)
muse tere gucu ainahabi, ere ucuri šenggin hitere nakū munahūn i
咱们 那 朋友 怎么样 这 时机 额头 蹙(眉) 既然 无聊 的
jobošorongge, maka ai turgun bisire be sarkū, an i ucuri aga labsan
忧愁的 反倒 什么 缘故 有 把 不知 平时 雨 大片飘雪
inenggi oci, boode bisire dabala, tereci tulgiyen murikū bade gemu šudumbikai,
日子 若 在家 有 罢了 那 除了 迁远 处 都 逛到

baibi boode teme dosombio, ere ucuri duka be tucike akū, boode norohoi
白白 在家 坐着 耐得住吗 这 时机 门 把 出去 没有 在家 只管定住
tehebi, sikse bi tuwaname genehede, tuwaci cira ai kemuni nenehe adali
坐着 昨日 我 去看 去了 看 脸 什么 仍 从前 一样
sembio, serebume wasika, tucire dosire de fuhali teme toktorakū, ebsi
说吗 使觉得 下降 出去 进入 时 毕竟 坐 不定 以后
casi akū[1] secina, tede bi labdu kenehunjeme, ere ainahabi ni, teni fonjiki
疑惑不定 说呢 在那 我 多 疑惑 这 怎么了 呢 才 问
serede, ini niyamangga niyalma jio nakū hiyahalabuha, ara, bi bodome
想要 他的 亲戚的 人 令来 既然 隔开 唉 我 算计
bahanaha, ainci tere baita de lahin tafi gūnin farfabuha aise, tuttu seme aga
得到 想是 那 事情 在 烦琐 绊住 心 混淆了 想是 虽然 雨
de usihibuhe niyalma silenggi de gelerakū sehe kai, seibeni antaka antaka
被 淋湿 人 露水 对 不怕 说 啊 先前 怎么样 怎么样
mangga baita be i gemu uksa faksa[2] wacihiyaha bade, ere giyanakū ai
难 事情 把 他 都 干脆果断 完成 处 这 能有 什么
holbobuha seme, jing uttu jobošombi.
关系 正 这样 愁闷

注释：

[1] ebsi casi akū 为固定搭配，义为“疑惑不定”。

[2] uksa faksa 为固定搭配，义为“干脆果断”。

第九十三课 伤损

汉文：

甲：原先是什么强壮身子呢，还搭着不知道养法，进于酒色，混被伤损的过失，如今被病包着，极度缠身了。昨日，我瞧去的时候，还勉强着来上正屋里来，说：“阿哥劳乏了啊！这个样的燥热的时候，常常地来瞧，而且没遍数地送东送西，很乏了，着实地费心了，也是亲戚里头这样地挂心罢咧！要是不相干的,还想着我吗?我很感激啊!不过寡谨记在心里,等好了的时候再叩谢盛情吧!"嘴里虽然这样说着,身子显着勉强不住。所以那个上,我说:"阿哥你是个明白人啊!用我多说吗?把身子好好地养着,快快好吧!有了空儿,我再来瞧吧!"说了回来了。

对译:

uyunju ilaci kicen kokirabure

九十 三 课程 损伤

daci ai etuhun beye, tere dade geli ujire be sarkū, nure boco de

原先 什么 强壮 身体 那 搭着 又 养 把 不知 酒 色 在

dosifi, balai kokirabure jakade, te nimeku de hūsibufi dembei sirke ohobi,

进入 胡乱 损伤 因为 现 病 被 包着 极度 缠身 成了

sikse bi tuwanahade, kemuni katunjame cin i boode jifi, mini baru age

昨日 我 去看 仍旧 勉强 正向 的 屋 来 我的 向 阿哥

jime joboho kai, ere gese hūktame halhūn de, ta seme tuwanjire, ton akū jaka

来 忧愁 啊 这 样 燥热 热 时 频繁 来看 数 没有 东西

benjiburengge, ambula šadaha, umesi baniha, inu niyaman hūncihin i dolo

送来的 大 疲乏 很 谢谢 也 亲戚 亲戚 的 里面

tatabume ofi uttu dabala, halba dalba[1] oci geli mimbe gūnire mujanggo, bi

使挂 因为 这样 罢了 不相干 若 又 把我 想 确实吗 我

labdu hukšembi, damu hadahai gūnin de ejefi, yebe oho erinde, jai hengkišeme

多 感激 只 牢牢 心 在 记住 好 成 时候 再 叩头

baniha buki, baili jafakai seme, angga de uttu gisurecibe, beye serebume

谢 给 恩情 拿啊 嘴 在 这样 说 身体 使觉得

katunjame muterakū, tuttu ofi, age si sure niyalma kai, mini fulu gisurere

勉强 不能 因此 阿哥 你 明白 人 啊 我的 多 说

be baibumbio, beyebe saikan ujikini, hūdun yebe okini, šolo de, bi jai

把 求吗 把身体 好好 养呢 快 好 成呢 空闲 时 我 再

tuwanjire sefi amasi jihe.

来看 说 回 来

注释:

[1] halba dalba 为固定搭配,义为"不相干"。

第九十四课 奴才们

汉文:

甲:昨日往别处去的上,臭奴才们,就任意闹了一场。我回来了的时候,猴儿们还正在争嚷喧哗呢!那个上我喀的一声,打扫着嗓子进去的上,一齐住了声,彼此互相做着眼色儿,各自畏避了。我来得也晚了,身子也乏的上,什么没说,忍着睡了觉了。今日早起起来出去,砍头的们全来了,说,"奴才们该死",一齐地直倔倔地跪着,求的求,磕头的磕头的上,我的性子才略略地消了些。那个上我说:"你们怎么了,不太太平平地过日子,肉痒痒了吗?一定叫打一顿得什么,好生的往后再有这样的次数,提防着眼珠子,要不往死里重打的时候,想来你们也不怕啊!"全哦的一声,答应了去了。

对译:

uyunju duici kicen ahasi

九十 四 课程 奴才们

sikse gūwabsi genere jakade, fatan ahasi, uthai cihai balai emu falan

昨日 往别处 去 时候 臭 奴才们 就 任意 胡乱 一 场

daišaha, bi amasi jihe erinde, monio sa[1] jing ge ga seme curginduhai bi,

乱闹了 我 回 来 时候 猴子 们 正 争吵声 喧哗着 有

tede bi kak seme emgeri bilha dasafi dosika bici, leksei jilgan nakafi, si bi

在那 我 喀喀声 一 咽喉 治理 进入 若有 一齐 声音 停止 你 我

ishunde kūlisitame yasa arafi[2], son son i[3] melerjeme yoha, mini jihengge inu

互相 惊慌 递眼色 分散地 畏避 走了 我的 来的 也

goidaha, beye inu šadaha turgunde umai sehekū, kirifi amgaha, cimari ilifi

久了 身体 也 疲乏 因为 全然 不说 忍着 睡觉 今早 起来

tucikede wabure sa gemu jihe, ahasi meni bucere giyan isika seme, emu
出去时 砍头的 们 都 来了 奴才们 我们 死 应该 到了 说 一

teksin godohon i niyakūrafi bairengge baire hengkišerengge hengkišere jakade,
整齐 挺直身 地 下跪求的 求的人 求 磕头的人 磕头 因为

mini jili teni majige nitaraka, tede bi suwe ainahabi, taifin i banjirakū,
我的 怒气 才 略 平息 在那 我 你们 怎么了 太平 的 不生活

yali yoyohošombio, urunakū tantabuha de ai bahambi, fede ereci julesi geli
肉 痒痒了吗 一定 使打 在 什么 得到 好生 从这 以后 又

ere gese mudan bici, yasai faha guwelke, fita jokjarakū oci, gūnici suwe
这 样子 次数 若有 眼睛的 珠 仔细 结实 重打 若 想是 你们

inu iserakū sehe manggi, gemu je sefi genehe.
也 不怕 说 后 都 喳 说 去了

注释:

[1] monio sa"猴子们",sa 表示复数附加成分。

[2] yasa arafi 为固定搭配,义为"使眼色"。

[3] son son i 为固定搭配,义为"分散地"。

第九十五课 畜生心肠

汉文:

甲:你把那个没福的,怎么看了?

乙:虽然披的是人皮,却是畜生的心肠啊!躲着走好啊!于无事的里头,生事作乱的头儿啊!心苦善用谗间,实在叫他眼睛看见的,就是一个仰面筋斗,听见了的,就抖搂起来。有像虮子一样的小事儿,到了他的嘴里的时候,说到一个离乎了。把这里的事情告诉那里去,那里的话儿告诉这里来,把两下里成了仇了,他一溜神气地从中间做好人。要说我们的话没凭据,你看,不但没人和他交结朋友,若不指着脊背骂,就是他的便宜。唉!可叹啊!他的父母无缘无故的,受这个下贱东西拉扯的,叫人骂的,怎么样的

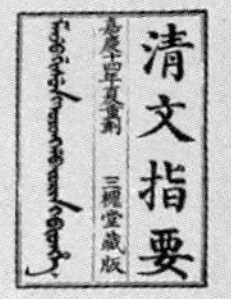

一个冤枉呢？

对译：

uyunju sunjaci kicen ulha i duha

九十 五 课程 畜生 的 肠子

tere kesi akūngge be, si absi tuwahabi, niyalmai sukū nerecibe, ulha

那 福气 没有的 把 你 怎么 看 人的 皮 披着虽 畜生

i duha kai, jailame yabuha de sain, fuhali baita akū de, baita dekdere emu

的 心肠 啊 躲避 走 时 好 毕竟 事情 没有 在 事情 升起 一

facuhūn da secina, gūnin silhingga oforodoro mangga, yala sabuha de saksari,

紊乱 头 说吧 心 嫉妒 挑唆 善于 实在 看 时 仰面摔

donjihade dokdori, cihe use i gese majige baita bici, ini angga de isinaha

听见 抖搂 蚊子 种子 一样 略 事情 有 他的 嘴 在 到

sehede, jubešehei fikatala genembi, ubai baita be tubade ulaname, tubai

说 背后毁谤 绕远 去 这里的 事情 把 那里 传去 那里的

gisun be ubade alanjime, juwe ergide kimun jafabun nakū, i ikiri tatame

话 把 这里 来告诉 二 方 仇 使结 既然 他 一连 拉

sidenderi sain niyalma arambi, meni gisun be temgetu akū seci, si tuwa,

从中间 好 人 做 我们的 话 把 凭据 没有 说 你 看

ini baru guculere niyalma akū sere anggala, fisa jorime toorakū oci, uthai ini

他 向 交朋友 人 没有 不但 背 指着 不骂 若 就 他的

jabšan, ai, nasacuka, erei ama eme fili fitku akū[1], ere fusi de ušabufi,

便宜 唉 可叹 他的 父 母 无缘无故 这 下贱 被 拉扯

niyalma de tooburengge, ai sui.

人 被 骂的 什么 冤枉

注释：

［1］fili fitku akū 为固定搭配，义为“无缘无故”。

第九十六课　复原

汉文：

甲：要不该死，自然就出一个机会啊！那一晚上，病得很昏沉，迟了许久，才苏醒过来了，嘴里说，“我无妨，你们把心放得宽宽的”，不叫人慌来着。实在托祖上的恩典、阖家的福上。第二日，另请一个医生来医治，眼看着一日比一日好了。前日，我去看了一看，虽然没还原，气色也转过来了，也长了点肉了，正靠在枕头上坐着吃东西呢！那个上我说：“你侥幸啊！大喜啊！这一遭虽然没死，可脱落一层皮啊！”望着我眯嘻眯嘻地笑，实在可是攥着把汗过来了。

对译：

uyunju ningguci kicen aiture

九十　六　课程　复原

bucere giyan waka oci,　ini　cisui emu nashūn tucinjimbi, tere emu dobori

死　应该 不是　若　他的 自然　一　机会　出来　那　一　夜

ujelehe farapi kejine ofi, teni aituha, angga de bi hūwanggiyarakū, suwe gūnin

沉重　昏　很久 因　才　复原　嘴　在 我　无妨　你们　心

sulakan　i　sinda seme, niyalma be nacihiyambihe, yala　mafai　kesi,　booi

宽　的　放　说　人　把　劝慰来着　实在 祖辈的　福　家里的

gubci hūturi,　jai　inenggi encu emu oktosi be halafi dasabure jakade, yasa

全　福　第二　日　不同　一　医生 把 改变　医治　时　眼睛

tuwahai emu inenggi emu inenggi ci yebe oho, cananggi bi genefi tuwaci, da

看着　一　日　一　日　比 好　成为　前日　我　去　看　本

beye bahara unde bicibe, cira inu aituha, yali inu majige nonggiha, jing cirku

身体 得到　尚未　虽然　脸　也　复原　肉　也　略　增加　正　枕头

de nikeme tefi, jaka jeku jeme bi, tede bi sini jabšan kai, urgun kai, ere

在　靠　坐　东西 食物　吃　在那 我 你的　幸运　啊　喜　啊　这

mudan bucehekū bicibe, sukū emu jergi kobciha kai serede, mini baru ijaršame
次 不死 虽然 皮 一 层 脱落 啊 我 向 笑盈盈
injembi, yala nei tucifi umesileme dulekebi.
笑 实在 汗 出 着实 过去了

第九十七课 没坐性

汉文:

甲:你怎么这样没定准,规规矩矩地坐着,谁说你是个木头墩子吗?不说话,谁说你是个哑巴吗?倒像给谁做笑的一样,惹惹这个,招招那个,有什么乐处?你不觉罢咧!旁人全受不得啊!多咱你遇见一个很刻薄的人,碰钉子的时候,你才说,哎哟!原来是这样的厉害啊!

乙:阿哥,你兄长的话对,要是旁不相干的人,岂肯这样说吗?玩啊!是拌嘴的引子啊!久而久之,恩么能够变好呢?总而言之,他的身子虽然长大成汉子了,岁数没到呢!咱们没从那个时候过过吗?正是好玩的时候啊!自然是这样的,这个时候这样,只有请个有名的先生教书啊!演习规矩啊!日子久了,一历一历懂得了,一朝要说是知道了世间上的事情的时候,自然就改了,何愁不能成人呢!

对译:

uyunju nadaci kicen sofin akū
九十 七 课程 坐性 没有
si ai uttu sofin akū, doronggo yangsanggai teci, we simbe moo šolon
你 怎么 这样 坐性 没有 规矩 文采 坐 谁 把你 木头 墩子
sembio, gisun hese akū oci, ya simbe hele hempe sembio, aimaka wede yobo
说吗 话 谕旨 没有 若 谁 把你 哑巴 说吗 反而 给谁 儿戏
arara adali, erebe neci manggi, geli terebe nungnerengge, ai sebjen babi, si
当 一样 把这 惹 后 又 把那 招惹 什么 快乐 处 你
sererakū dere, dalbai niyalma gemu dosorakū ohobi, atanggi bicibe si emu
不觉得 罢了 旁边的 人 都 耐不住 成了 终究 你 一

jekšun kecu niyalma be ucarafi, koro baha manggi, si teni ara, dule uttu
刻薄 狠 人 把 遇见 仇怨 结成 后 你 才 哎 原来 这样

nimecuke ni sembikai, age sini ahūn i gisun inu, hetu daljakū[1] niyalma
厉害 呢 说啊 阿哥 你的 兄 的 话 是 不相干 人

uttu gisurere aibi, efin serengge, becen i deribun kai, bihe bihei[2] ai
这样 说 岂有 顽 所谓 拌嘴 的 开始 啊 久而久之 怎么

sain banjinara, eiterecibe, ini beye bai hahardaha gojime, se oron unde,
好 生来 总之 他的 身体 平白 长大 虽然 岁 影子 尚未

muse tere fonci dulembuhekū nio, jing efin de amuran erin kai, esi
咱们 那 从时候 不过来 呢吗 正 玩要 喜好 时候 啊 自然

uttu oci, ere sidende uttu, damu gebungge sefu be solifi bithe be tacibukini,
这样 若 这 中间 这样 只 有名的 师傅 把 挑 书 把 教啊

doro be urebukini, inenggi goidaha manggi, cun cun i ulhinjefi, emu cimari
道理 把 熟练 日子 久了 后 一历一历 懂得 一 早晨

andande jalan i baita be saha sehede, ini cisui dasabumbi, hūwašarakū
瞬间 世上 的 事情 把 知道 说 他的 自然 修改 长成

niyalma ojorakū jalin aiseme jobombi jiya.
人 不可 为 怎么 忧愁 呢

注释:

[1] hetu daljakū 为固定搭配,义为“不相干”。

[2] bihe bihei 为固定搭配,义为“久而久之”。

第九十八课　怯弱

汉文:

甲:什么事情没有经过,怯弱得很,有话为什么闷在肚里?一直地去了,向他明明白白地往开里说啊!他也是人罢咧!有不遵着道理行的吗?把缘故从头至尾分析明白了的时候,怕把你怎么样吗?怕杀吗?或者怕吃吗?况且,人家那里并没什么声色,就怕得吞声失了主意。这们那们逆料预备的,还有个汉子的味儿吗?无妨啊!你只管把心放宽吧!他要是当真的不依,要说是怎么样地给你留脸吗?你就是这们那们怕了的时候,岂能够干干净净地脱离了吗?看起到如今没有音信来,想来早已撂在脖子后头,忘了,很要不信,悄悄地打听信去,我管保无妨啊!

对译:

uyunju jakūci kicen oliha
九十 八 课程 怯弱

eiten baita dulembuhekū, oliha ten, gisun bici aiseme dolo gingkambi,
所有 事情 没经过 怯弱 极 话 有 怎么 心里 闷

šuwe genefi, ini baru getuken šetuken i neileme gisurecina, tere inu niyalma
直 去 他 向 明白 明白 的 往开 说吧 他 也 人

dabala, doro giyan be baime yaburakū mujanggo, turgun be tucibume da dube
罢了 规矩 道理 把 求 不行 确实 缘故 把 出来 头 尾

ci aname sume faksalaha, imbe ainarahū sembio, warhū sembio, aici
从 推脱 解释 分析 把他 怕怎么样 说吗 怕杀 说吗 或者

jeterahū sembio, tere anggala, weri tubade umai asuki wei akū bade,
怕吃 说吗 况且 别人 那里 全然 声音 微小 没有 处

afanggala kūlifi fekun waliyabu nakū, uttu tuttu seme, tosorongge, aika haha
预先 唬住 跳 丢弃 既然 这样 那样 说 防范 要是 汉子

wa bio, hūwanggiyarakū, si damu gūnin be sulakan sinda, tere unenggi
味 吗 无妨 你 只 心 把 宽 放 他 真

ojorakū, ainaki seci sinde dere banjimbio, si uttu tuttu gelehe seme, bahafi
不可以 怎么 说 给你 脸 生吗 你 这样 那样 害怕 得到

bolokosaka ukcara aibi, tetele umai mejige akū be tuwaci, gūnici aifini hū
干干净净 逃脱 岂有 到如今 全然 略 无 把 看 想是 早已 脖子

i da i amala maktafi onggohobi, hon akdarakū oci, jenduken i mejigele, bi
的 根 的 后 抛 忘记 很 不信 若 悄悄 地 打听 我

akdulafi hūwanggiyarakū obure.
保证 不妨碍 成为

第九十九课 吃药

汉文：

甲：你劝的可不是好话什么？但只我另有个心事，若果应该吃药，我又不是个木头墩子，有舍不得银钱不治自己身子的理吗？怎么说呢？前年我被药伤着了，差一点没有伤了命，直到如今想起来还胆战呢！既如医生们里头，说是总没有好的，他们也冤屈，有只有吧！但只咱们知道真切的稀少啊！况且，靠得的，也偶有一两个吧！其余的，寡知道为挣银钱啊！你的生死他顾吗？要不信，你试问着瞧，知道药性了没有？就是大方脉儿的，治人的病啊！急急忙忙地到你家里来，说是拿脉，把手指头混抹了一会儿，草草了事地立了一个方子，要了马钱去了。好了说是他的功，死了是你的命，与他毫无相干。自己不知道自己的病吗？与其用各项的药材，不如自己静静地调养为贵。

对译：

uyunju uyuci kicen okto omire
九十 九 课程 药 吃
sini tafularangge sain gisun waka oci ai, damu minde emu encu gūnire
你的 劝的 好 话 不是 若 什么 只 在我 一 不同 想的
babi, unenggi okto omici acaci, bi moo šolon waka kai, jiha menggun be
处 果真 药 吃 应该 我 木头 墩子 不是 啊 钱 银子 把
hairame beyebe dasarakū doro bio, adarame seci, cara aniya bi okto de
珍惜 把身体 不治 道理 有吗 怎么 说 前年 年 我 药 被
endebufi, elekei ergen jocibuha, tetele gūnihadari silhi meijembi, te bicibe
失误 差点 生命 伤害 到如今 每想起 胆 碎 现今
oktosi sei dorgi de, sain ningge fuhali akū seci, ce inu sui mangga, bici bi
医生 们 里面 在 好 者 竟然 没有 说 他们 也 冤屈 若有 有

dere, damu musei tengkime sarangge umesi tongga, tere anggala, nikedeci
吧 只 咱们 切实 知道 很 稀少 况且 依靠
ojorongge inu talu de emke juwe bisire dabala, tereci funcehengge, gemu jiha
可以 也 偶尔 一 二 有 罢了 从那 剩余的 都 钱
menggun be butara be sambi, sini bucere banjire be i bodombio, akdarakū
银子 把 挣钱 把 知道 你的 死 生 把 他 想着吗 不相信
oci, si cendeme fonjime tuwame geneki, okto banin be sahao undeo, uthai
若 你 试验 问 看 去 药 性 把 知道 尚未吗 就
amban i maname[1], niyalma i nimeku be dasambi, ekšeme saksime sini
大方脉 人 的 病 把 治理 急忙 你的
boode jio nakū, sudala jafambi seme, gala simhun i balai emu jergi bišume,
在家 来 既然 脉 拿 说 手 指头 以 胡乱 一 次 抚摸
ainame ainame emu dasargan ilibu nakū, morin i jiha be gaifi yoha, yebe oci
草草 一 药方 立 既然 马 的 钱 把 取 走 好 若
ini gungge, endebuci sini hesebun seme, inde fuhali daljakū, beye beyei
他的 功 失误 你的 命说 与他 竟然 不相干 自己 自己的
nimeku be endembio, hacingga okto i baitalabure anggala, beye ekisaka
病 把 瞒过吗 各种 药 以 使用 与其 自己 静静
ujirengge wesihun.
养的 贵

注释:

[1] amban i maname 为固定搭配,义为“大方脉”。

第一百课 喝酒

汉文:

甲:看起你来,与烧酒、黄酒很亲啊,一刻离不得。每逢喝酒一定要乱醉如泥,站不住脚了的时候,才扳开手。不是好事啊!戒一戒儿好些。

乙:要是筵席上,可怎么说不喝呢?有事情的时候,可怎么样呢?拿着喝些儿有什么？

甲：无事的时候，把他当一件事情，拿着盅子不肯放，称赞起来，有什么好处？只看见得罪老家儿、犯大罪、耽误要紧的事情罢咧！实在没听见会喝酒算学了哪样本事、长了才学、叫人恭敬、成就了正经事情的呀！乱了性子、伤了身子，是毒药啊！长喝使得吗？要是不信，你照着镜子看着，鼻子全糟了，不是撂分儿的人啊！不分昼夜地，如此往糟里喝去，不是叫自己快着吗？

对译：

emu tanggūci kicen arki omire

一 百 课程 酒 喝

simbe tuwaci, arki nure de haji, dartai andande seme aljabuci ojorakū,

把你 看 烧酒 黄酒 与 亲近 瞬间 瞬间 离开 不可以

omihadari urui lalanji heperefi, ilime toktorakū oho manggi teni nakambi, sain

每喝酒 常常 烂 醉 站立 不定 成为 之后 才 停止 好

baita waka kai, majige targaha de sain, sarin yengsi oci ai hendure, baita

事情 不是 啊 略 成 在 好 筵席 筵席 若 怎么 说 事情

sita bici ainara, saliha i majige omiha de aibi, baita akū de baita obume,

事物 有 怎么样 拿着 的 略 喝 时 岂有 事情 没有 事情 作为

hūntahan jafašahai angga ci hokoburakū maktaci, ai sain ba banjinara,

杯子 抓着 嘴 从 不停下 夸奖 什么 好 处 生出

ungga dangga de waka baha, amba jobolon necihe, oyonggo baita tookabuha be

长辈 长辈 与 不是 得到 大 灾祸 侵犯 重要 事情 耽误 把

sabuha dabala, omiha turgunde tenteke bengsen taciha, erdemu nonggibuha,

看见 罢了 喝 因为 哪样 本事 学习 德行 增加

niyalma de kundulebuhe, jingkini baita be mutebuhengge be yala donjiha ba

人 被 恭敬 正 事情 把 使成就 把 实在 听见 处

inu akū, banin be facuhūrara, beyebe kokirabure, ehe okto kai, cingkai omici

也 无 性子 把 混乱 把身体 损伤 坏 药 啊 任意 喝

ombio, akdarakū oci, si bulekušeme tuwaki, oforo gemu ibtenehebi, ubu
可以吗 不信 若 你 照镜子 看 鼻子 都 糟了 分
waliyabure niyalma waka kai, inenggi dobori akū, uttu bešeme omici, beyebe
撂 人 不是 啊 日 夜 没有 这样 往糟 喝 把身体
beye hū ularangge wakao.
自己 快着 不是吗

第一百零一课 提拔

汉文:

甲:阿哥你看,受什么罪呢?人家这么那么提拔你的,也是叫你好,有心不叫你学坏,把念的书,温习温习,怕会了吗?

乙:学正经本事很难,不好的事情于他很容易,任凭怎么样地把嘴说破了,他要是听了求什么,越发怠儿慢儿地,噘着嘴,搿鼻子脸子的上,我看不过,生了气大声地呵斥了一顿,把脸红了,反望着我说,你寻我的空子做什么呢?泪汪汪的,何等的糊涂,没福的罢咧!可是说的,"良药苦口,忠言逆耳"的话呀!要不是骨肉,我寡哄着他,叫他喜欢就完了啊!为什么一定要叫他厌烦呢?

对译:

emu tanggū emuci kicen jombure
一 百 一 课程 提拔
age si tuwa, ai sui biheni, niyalma uttu tuttu seme sinde
阿哥 你 看 什么 罪 有 人 这样 那样 即使 与你
jomburengge, inu simbe sain okoni, ehe tacirakū sere gūnin, hūlaha bithe be
提拔的 也 把你 好 成为 坏 不学 说 心 读的 书 把
majige urebuci bahanara de gelembio, jingkini bengsen be tacire de umesi
略 温习 学会 在 怕吗 正经 本事 把 学 时 很
mangga bime, ehe demun inde nokai ja, ai hacin i angga hūwajatala
难 而且 坏 样子 与他 很 容易 什么 样 的 嘴 直到破碎

gisurehe seme, i donjici ai baire, nememe ebi habi[1] nakū, angga
说 说 他 听 什么 求 愈加 气馁 既然 嘴
mongniohon i dere yasa waliyatambi, tede bi tuwahai dolo dosorakū, fancafi
噘嘴 的 脸 眼 丢 在那 我 看 里面 耐不住 生气
hiyang seme emgeri esukiyere jakade, dere fulara nakū, fudarame mini baru, si
斥责声 一 斥责 因为 脸 脸红 既然 反 我 向 你
mimbe cihalafi ainambi seme, yasa muke gelerjembi, ai hūlhi kesi akū
把我 寻缺点 做什么 眼睛 水 眼泪水汪汪 怎么 糊涂 福气 没有
dabala, hendure balama, sain okto angga de gosihon, tondo gisun šan de
罢了 说 然而 好 药 嘴 在 苦 忠 言 耳朵 在
icakū sehebi, aika giranggi yali waka oci, bi damu ainame hoššome
不符合 说 要是 骨 肉 不是 若 我 只 怎么 哄骗
urgunjebuci wajiha kai, urunakū inde eimeburengge ai hala.
高兴 完了 啊 一定 与他 厌烦 什么 样子

注释:

[1] ebi habi 为固定搭配,“气馁”之义。

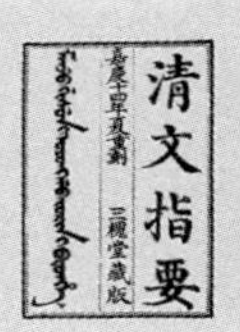

参考文献

［1］季永海. 漫谈满文古籍文献及其整理［C］// 贾春光，吴肃民，关照宏. 民族古籍研究. 北京：民族出版社，1987.

［2］旧满洲档［M］. 台北：台北故宫博物院，1969.

［3］庄吉发. 清语老乞大［M］. 台北：文史哲出版社，1976.

［4］张华克. 清文指要解读［M］. 台北：文史哲出版社，2005.

［5］张华克. 续编兼汉清文指要解读［M］. 台北：文史哲出版社，2005.

［6］季永海.《清语老乞大》研究［J］. 满语研究，2007(2).

［7］季永海.《清文启蒙》语音研究［J］. 满语研究，1994(2).

［8］赵志忠. 从《清文启蒙》看清代前期满族人的双语使用［J］. 满语研究，2000(1).

［9］吴雪娟. 论满文翻译观［J］. 满语研究，2005(2).

［10］林毅. 清代满汉双语会话书研究［J］. 北方民族大学学报，2011(3).

［11］赵令志. 清代满汉合璧字辞书及其作用探析［J］. 满语研究，2009(2).

［12］王敌非. 清代满文读本会话类文献研究［J］. 满语研究，2010(1).

［13］季永海，刘景宪，屈六生. 满语语法［M］. 北京：民族出版社，1986.

［14］刘景宪，赵阿平，赵金纯. 满语研究通论［M］. 牡丹江：黑龙江朝鲜民族出版社，1997.

[15] 屈六生. 满文教材[M]. 乌鲁木齐:新疆人民出版社,1991.

[16] 赵志强. 论满语的 akū——兼与锡伯语比较[J]. 满语研究,2007(2).

[17] 晓春. 满语否定动词 akū 的语义及起源[J]. 中央民族大学学报(哲学社会科学版),2002,29(6).

[18] 栗振复. 谈谈几个虚词[J]. 满语研究,1992(1).

[19] 佟永功,季永海. 从满文文献看满语的形动词[J]. 中央民族学院学报,1985(3).

[20] 王希杰. 汉语修辞学[M]. 北京:北京出版社,1983.

[21] 陈望道. 修辞学发凡[M]. 上海:上海教育出版社,1976.

[22] 太田辰夫. 汉语史通考[M]. 江蓝生,白维国,译. 重庆:重庆出版社,1991.

[23] 赵杰. 汉语语言学[M]. 北京:朝华出版社,2001.

[24] 杨锡春. 满族风俗考[M]. 哈尔滨:黑龙江人民出版社,1988.

[25] 清实录(第一册). 太祖高皇帝实录[M]. 北京:中华书局,1986.

[26] 清实录(第二册). 太宗文皇帝实录[M]. 北京:中华书局,1985.

[27] 清实录(第十二册). 高宗纯皇帝实录[M]. 北京:中华书局,1985.

[28] 西清. 黑龙江外记[M]. 哈尔滨:黑龙江人民出版社,1984.

[29] 方拱乾. 绝域纪略(宁古塔志)[M]. 世楷堂藏版. 道光年间.

[30] 杨宾. 柳边纪略[M]. 北京:中华书局,1985.

[31] 张缙彦. 宁古塔山水记 · 域外集[M]. 哈尔滨:黑龙江人民出版社,1984.

[32] 小横香室主人. 清朝野史大观[M]. 上海:上海书店,1981.

[33] 宁安县志编纂委员会. 宁安县志[M]. 哈尔滨:黑龙江人民出版社,1989.

[34] 徐珂. 清稗类钞[M]. 北京:中华书局,1986.

[35] 成百仁,高东昊. 韩国的满语研究概况[J]. 蒋理,译. 满语研究,

1999(1).

[36] 黄定天.苏联的满学研究[J].满语研究,2000(2).

[37] 吴振臣.宁古塔纪略[M].世楷堂藏版.道光二十一年(1841).

后　记

初学满语时，吴雪娟老师推荐了《现代满语八百句》《清文指要》《清文启蒙》《清语老乞大》等满语会话体文献，要求学生选择语段诵读，一来加深学生对文献的理解，二来增强学生自身的满语基本功。其中，《清文指要》百余篇课文短小精练，颇受学生关注。我对其也特别留意，希望有机会仔细研读。

攻读博士学位期间，我有幸参加香港意得集团资助的"满族文化抢救开发研究"项目的子课题"满文档案抢救开发与研究"，在参与满文档案整理、著录的同时，承担了"《清文指要》整理研究"的工作，研究公文档案与读本会话两种风格迥异的满文文献，使我的满语文学习无形中增添了一份凝重。本书稿待刊之际，我被母校录取，进入黑龙江大学中国语言文学博士后科研流动站从事博士后研究工作。本书稿既为我在母校攻读中国少数民族语言文学(满语)专业本硕博学位期间完成的习作，也是我入职满族语言文化研究中心的首部成果。今习作初成，不敢妄言。拙作必有疏漏舛误，唯以此激励自己埋首满文文献，潜心求学，不负满学研究之名。

回首十年间的满语学习，收获颇多。我的导师吴雪娟老师带我走进这样一个凝结着厚重历史感的满语世界，教我了解一种语言，领略一种文字。导师治学严谨，坚持利用满文档案研究清史、满族史，并耐心指导我开展满文文献研究工作。非常感谢导师的教导和关爱，也感谢导师为本书出版所做出的努力。同时，作为母校首届满文本科班学生，自 2005 年入学以来，即受到满族语言文化研究中心各位老师的谆谆教诲，各位恩师也见证了我的成长。在此特别感谢郭孟秀老师、赵阿平老师、哈斯巴特尔老师、阿拉腾老师以及长山老师，他们是我学业和生活道路上的引路人。我将此铭记于心，不敢忘怀，唯勤奋治学以报师恩。我也会始终记得，在黑龙江大学满族语言文化研究中心，有这样一群默默无闻的满语教学专家和研究学者，他们多年来以各自不同的方式方法致力于满族语言与历史文化的传承和保护，为满学学科的发展做着不懈的努力。

我也期待在合作导师郭孟秀先生的指导下，在完成“满语修辞研究”项目的同时，继续深入研究满语会话体文献，寻找满语会话发展演变的轨迹。

最后，我要感谢家人多年以来的理解和支持，是他们的关爱让我在学业道路上一心坚持，终得善果。我在专业上的每一次进步都与家人密不可分，他们也同样以我的专业为荣，赞赏我坚持从事满语文研究这样一项于民族、历史都有益的事业。

本人水平有限，习作疏漏之处，敬祈各位专家前辈批评指正。

魏巧燕

2017年7月于哈尔滨